为转型时代的人们，提供知识和智慧。

约翰·加尔通和他的部分作品

约翰·加尔通在给学生上课

美帝国的崩溃

过去、现在与未来

The Fall of the US Empire
And Then What?

[挪威] 约翰·加尔通 著

阮岳湘 译／刘 成 审校

人民出版社

责任编辑：钟金铃
封面设计：田杰华　汪　莹
版式设计：周方亚

图书在版编目（CIP）数据

美帝国的崩溃：过去、现在与未来／〔挪〕约翰·加尔通　著；
　阮岳湘　译；刘成　审校．-北京：人民出版社，2013.4（2013.8 重印）
ISBN 978 - 7 - 01 - 011560 - 3

Ⅰ.①美… Ⅱ.①加… ②阮… Ⅲ.①美国 - 研究 Ⅳ.① D771.2

中国版本图书馆 CIP 数据核字（2012）第 308168 号

The Fall of the US Empire - And Then What?
© Johan Galtung
TRANSCEND University Press, 2009
北京市版权局著作权合同登记号：01 - 2012 - 6969

美帝国的崩溃
MEIDIGUO DE BENGKUI
过去、现在与未来

〔挪威〕约翰·加尔通 著

阮岳湘 译 刘成 审校

人民出版社 出版发行
（100706　北京市东城区隆福寺街 99 号）

环球东方（北京）印务有限公司印刷　新华书店经销

2013 年 4 月第 1 版　2013 年 8 月北京第 2 次印刷
开本：710 毫米 × 1000 毫米 1/16　印张：18.25　插页 1
字数：270 千字

ISBN 978 - 7 - 01 - 011560 - 3　定价：39.00 元

邮购地址 100706　北京市东城区隆福寺街 99 号
人民东方图书销售中心　电话（010）65250042　65289539

此书献给我热爱的美利坚合众国：

如果除去套在脖颈上的帝国主义枷锁，你将游得更好；
卸下它，别因此而溺毙。

让百花齐放、百家争鸣吧！

目录

The Fall of the
US Empire

译 者 序

　　黑格尔说过：历史上重大事件都出现过两次。马克思补充道：第一次以悲剧方式出现，第二次以笑剧形式出现。哲人对历史洞若观火，因为有了拿破仑一世威武雄壮的正剧，于是引出了拿破仑三世啼笑皆非的闹剧；因为有了气吞千古的罗马帝国，于是引来不伦不类的"神圣罗马帝国"。然而，美国的崛起似乎要打破这一历史规则？

　　冷战结束后，美国迎来了有史以来最富活力的经济扩张期之一。美国学者查尔斯·克劳特哈默声称："海湾战争标志着美国治下和平的建立。"美国前国家安全事务助理布热津斯基在《大棋局》一书中指出，美国"在军事、经济、技术、文化等四个具有决定性作用的方面居于首屈一指的地位"，是有史以来"唯一的全面的全球性超级大国"。美国著名的《外交》杂志更以《新的罗马帝国》为题，宣称美国正在回归"古罗马帝国"。

　　尽管无论黑格尔还是马克思都认为历史上的重大事件不会超过两次，而美国却偏偏以"第三罗马帝国"的姿态出现在世界历史上，这难道是"异象"？如何解释"第三罗马帝国"的出现并对其未来的命运作出判断？挪威政治学家约翰·加尔通在其著作《美帝国的崩溃》一书中对此作出了大胆预言。

　　约翰·加尔通认为美帝国的日子屈指可数，美帝国主义在走下坡路，对其言听计从的国家变得比从前少了，竞争变得更加激烈。作者旁征博引地阐释帝国现在衰退、没落的原因、过程、方式后，郑重向世界宣布：美帝国将于 2020 年崩溃。

　　如何判断一个帝国正在衰落，继而推测出帝国的终结日？加尔通提出一个新阐释：当政治、经济、军事和文化四大权力的滥用程度逐渐降低时，帝国开始衰退；当四大权力不再被滥用时，帝国就走向崩溃。在本书中，他用现实主义手法为我们描述美帝国这样一只"四足畸胎"：以经济榨取、政治服压、军事干涉及文化克隆为四大触角，互为支持、贪婪汲食，为中心国创造利润。然而现在这"四足畸胎"正濒临死亡，其触角一个接着一个死去。帝国系统内外矛盾丛生，加尔通例举出 15 大矛盾。每减轻一个矛盾，美帝国将进一步走向衰落；每消除一个矛盾，美帝国将进一步走向崩溃。帝国已危机四伏，是"轰然倒塌"还是"呜咽消亡"？我们可拭目以待。

美帝国消失后，接下来会发生什么？

加尔通从不认为美帝国崩溃后的世界将一派祥和、永无冲突。相反，以区域为单位的竞争将风起云涌。届时，国家和民族将逐渐淡出，让位于区域和文明。世界七大区域群雄争霸。拥有众多少数民族的单一文明地区如欧盟、拉丁美洲和加勒比地区、伊斯兰会议组织、南亚区域合作联盟以及俄罗斯联盟虽盘踞一方，但多元文明地区如非盟、东盟和上海合作组织将初现曙光，预示着世界未来走向，折射出即将到来的新体制——一个全球化的世界。中国的大同精神、印度的非暴力思想，是对英美无休止的暴力干预的否定，可以更好地引导世界向前发展。

到那时，美国何去何从？加尔通提出两种出路：假如美帝国一味贪恋于"强权政治"的延续，不能根除迷信武力的痼疾和滥用武力的冲动，那么将走向法西斯主义，成为众矢之的。然而，假如美国放下暴力，秉承文化中的积极因素，那么帝国崩溃之后，将诞生一个美利坚共和国。美利坚共和国必将经历一系列经济、军事、政治、文化和社会重组。尽管巴拉克·奥巴马带来些许希望，但实现共和国的重组不会在他的任期内发生，"……因为帝国的深层结构和文化已深植奥巴马的头脑之中，甚至连他自己都没有意识到这一点"。奥巴马既无勇气也无政治资本，可以在现行的体系中进行大刀阔斧的改革。他在任期内将目睹美帝国缓慢地、不可避免地走向崩溃。

《美帝国的崩溃》的一大特色是作者的多学科背景。加尔通对历史深有研究，通过对古罗马帝国兴衰史的分析和阐述，推导出维持帝国稳定以及那些最终动摇帝国体系的几个基本要素，之后明确地告诉我们，包括美帝国在内的西方帝国均不可能逃脱这一历史轮回。同时作为一名社会学家，加尔通将社会分层与流动概念引入政治学研究领域，并由此指出：美帝国的衰亡不仅仅是因为帝国中心的上层建筑无限膨胀、过度剥削边缘国资源而轰然倒塌，而更重要的是，社会离心型的发展导致帝国赖以生存的意识形态"神话"遭到诸多挑战，"上帝选民论"受到质疑和抛弃。美帝国从高高的神龛上被拉下来，权力的"神圣外衣"被撕去。"魔力"消失，帝国随之灰飞烟灭。

《美帝国的崩溃》一经问世，立即在大西洋两岸引起极大轰动，长期在"亚马逊网上书店"销量榜上占据高位。本书是一位挪威学者对美国的看法。对于那些希望从一个崭新的角度研究美国、观察世界格局、探讨国际问题的广大读者来说，此书值得一读。

可以肯定，美国目前的一切变化将造成一个巨大的漩涡，将整个世界卷入其中。一个现代帝国正在经历剧烈的疼痛，它的呐喊、哭泣、愤怒、幻觉、思考或攻击，已经并且还将在我们每个人的生活中刻下烙印。在这场奇特的、前所未有的战争里，除了沉默的死者，无人能置身事外。

值得注意的是，作为国际和平学泰斗的约翰·加尔通，早在 1980 年曾预言十年内柏林墙将倒塌，紧接着苏联帝国将崩溃；且一直强调美国狂妄嚣张，一定会受到被剥削国家的报复性打击。加尔通是国际学术界公认的"和平学之父"，1930 年生于挪威首都奥斯陆，1956 年、1957 年先后获得奥斯陆大学数学博士学位和社会学博士学位。1959 年，创建了世界上第一个和平学研究机构——奥斯陆国际和平研究所（PRIO），随后协助建立多所遍布世界各地的和平与调停中心。1964 年，创办《和平研究杂志》（*Journal of Peace Research*）。1993 年，建立超越：和平与发展研究中心（TRANSCEND），形成一个关注和平、发展和环境的国际网络。他还担任联合国及其相关组织的高级顾问，是超越和平大学的奠基人与现任校长。半个世纪以来他调停了 100 多起国际冲突，1987 年获得诺贝尔环境奖（Alternative Nobel Prize），1993 年获得甘地奖，并获得多次诺贝尔和平奖提名和 13 个荣誉博士学位。加尔通精通8国语言（挪威语、英语、德语、法语、西班牙语、意大利语、瑞典语、丹麦语），是世界众多大学和平研究中心的教授，如奥斯陆大学、柏林大学、巴黎大学、哥伦比亚大学、普林斯顿大学、斯德哥尔摩大学、开罗大学等。他博学多知，在多个研究领域颇有建树。迄今为止，已出版85部专著、27部合著，其中44部著作被翻译成33种不同语言；发表了1500多篇论文。值得一提的是，自1973年以来，加尔通已十多次访问中国。他还与夫人就他们自己的经历，写了一本书——《向中国人学习》。

本书的整个翻译过程虽然辛苦，但却是一个不断学习、蒙受启迪的过程。在本书即将付梓出版之际，谨让我向一直以来给予极大帮助和支持的人们表示衷心的谢意。感谢我的恩师、北京大学的钱乘旦教授，他循循教导，引领我迈入博大精深的历史研究领域。感谢南京大学历史系刘成教授，愿意将翻译此书的重任交付于我，并事无巨细地对书稿进行认真的校订工作；感谢人民出版社钟金铃先生，对译稿的每一个文字和每一张图片严格把关；感谢世界和平研究所学术总监迪特里希·费舍尔教授，为读者提供了精彩的照片。感谢湖南工业大学的张亚东教授、安徽师范大学的傅新球教授等同仁师友一直以来对我的关照和厚爱。因译者水平有限，译文定还存在讹误之处，敬请读者专家批评指正。

阮岳湘

2013年1月25日

序　言

首先讲述一段个人经历。

1941 年德国占领挪威时，我还是一个 11 岁的挪威小男孩。当时希特勒攻无不克，占领了欧洲大部分国家，并大举入侵苏联。其他轴心国意大利和日本也同样战无不胜。

这是关于一位英雄的小故事：我的父亲时值 60 岁，是一名医生、前政治家、挪威军队的退休军官。1900 年，他在农场树篱中安置一道用脚踏车连接成排的防线，阻挡了那些热衷于挪威—瑞典联盟的瑞典人入侵，保卫了**挪威**，因此获得军事学院最佳战术奖。事实上，挪瑞"联盟"于 1905 年和平解散，与其说是脚踏车排阻挡的缘故，不如说该联盟本身就是不合理的。然而，根据其合理性的思考，我的父亲宣称："希特勒没有机会，他一定会惨败——记住我的话——时间就在复活节前后或圣诞节。"

然而事实并非如此，因此我去问父亲为何如此断言。当时希特勒及其同盟国几乎掌控了一切，包括我们——挪威！父亲看着我，脸上露出"小孩如何能懂"的表情，笑着说："因为他不知道什么时候、如何来停止这一切。"

我从来没有忘记这些话。也许有人不喜欢我在"序言"中将希特勒和美帝国进行比较。毋庸置疑，希特勒帝国更显丑陋、愚蠢[1]；从 1607—1620 年美国开始形成至今，美帝国与希特勒帝国也许在杀人数量、占领的土地及侵略程度上有所不同。然而两者的基本逻辑是一致的。或许对父亲的理论还可以加上一点：即使希特勒清楚该什么时候、如何停止战争，但他也有很充分的理由来继续发动战争，即他需要更多的资源来供养帝国，需要摧毁那些想压制于人的抵抗力量，包括另一个希特勒。战争需要依靠战争来维护。

珍珠港事件造就了一段历史，美国参战了。斯大林格勒保卫战打响，红军开始进攻而不再撤退。阿拉曼战役击垮了利比亚沙漠中的法西斯政权。1944 年 6 月 6 日诺曼底登陆时，父亲由于其地下抵抗工作，仍被当作人质关押在挪威纳粹集中营中。1945 年 4 月 12 日他被释放出来，正是罗斯福总统逝世之日。当时正值春天，绿树发芽。复活节时，纳粹帝国垮台了。

如今，同样的事情将发生在另一世界政权上。这一政权的名字叫"美帝国"。在此，我将说明两个关键问题。

第一，平心而论，我深爱着在此度过了大半辈子的美利坚共和国，但同样地，我也深深痛恨美帝国在世界各地制造的种种暴行。本书既支持美国，同时也反对美帝国。当美帝国崩溃时，首先繁荣起来的必定是美利坚共和国本身。

第二，没有美帝国的世界依旧面临邪恶，既有原来的也有新生的。我们应该及时预见和指出这些邪恶，而不是将之作为借口，让美帝国继续行驶在通往灾难的轨道上。这些邪恶要求高度的同情、非暴力和创造力。本书将对此做一些探讨。

本书分为三部分："**现在**"、"**未来**"和"**过去**"。

"**现在**"部分讲述书名中"美帝国的崩溃"（*The Fall of the US Empire*）所指出的事实。2000 年我预言美帝国在 2025 年将会崩溃，但现在我将时间缩短了 5 年，因为乔治·W. 布什通过欺诈手段当选首任总统，4 年之后又通过其他手段再次当选，加速了这一进程。该预言即将成真。在 21 世纪前几十年中，我们将见证这一切。

"**未来**"部分探讨书名中"——出路在何方？"（——*And Then What?*）的内容。许多人会把这句话理解为"现在怎么办？"，因为美帝国的崩溃还没有发生。令人痛苦的事情仍将到来。"魔力消失"后，帝国崩溃后的建设已在等待着我们。"未来"部分分为两块：全球范围与国内情境，分别由以下两大副标题进行阐述：

- 全球范围：继任者、区域化或全球化？
- 国内情境：美国法西斯或美国全盛期？

　　"**过去**"部分阐述从前的帝国主义。对一个和平研究者而言，帝国主义——结合了直接暴力、结构暴力和文化暴力——是一大值得关注的问题。1971 年《帝国主义的结构理论》（"A Structural Theory of Imperialism"）一文问世。[2] 接着，挪威史学家艾瑞克·鲁登（Erik Rudeng）和托瑞·海斯泰德（Tore Heiestad）于 1979 年撰写了《帝国的衰退与崩溃：罗马帝国与西方帝国主义之比较》（"On the Decline and Fall of Empires: The Roman Empire and Western Imperialism Compared"），为联合国大学"目标、进程与指标"项目的成果之一，并在该大学首次发表。随后 1995 年他们又为联合国社会发展研究院撰写了《低度发展——帝国的衰亡》（"The Decline and Fall of Empires as De-Development"），主要研究经济权力——由此"低度发展"一词不再指军事与政治的失败。鉴于此，该文被刊登于《发展理论·2009》（A Theory of Development 2009）。

　　读者将发现在 1979 年的研究中，美帝国作为主要帝国与罗马进行比较；1995 年的研究第 10 号个案讨论的是美帝国及其"即将到来的衰亡"（其他 9 个案例属于事后分析）。在二三十年后的今天，这一理论将得到证实，且一字不变。

　　本书将 1995 年的研究深入化，通过增强对经济、军事、政治和文化触角的分析，充分探讨这一成熟的帝国主义"四足畸胎"。关于 1995 年的研究，将以《美国外交政策的天定神学论》（United States Foreign Policy as Manifest Theology）[3] 作为介绍的开端。因此正如本书所说，美国为了帮助以色列在它的孪生地区帝国"赢得"战争，在加沙地带阻挠了停火协议的签订。

　　非常感谢迈克尔·库尔·索伦森（Michael Kuur-Sorensen）的帮助。

　　　　　　　　　　　　　　　　约翰·加尔通

　　　　　　　　　　　　　　　　2009 年 1 月

　　　　　　　　　　　　　　于华盛顿马纳萨

The Fall of the
US Empire

第一部分

现在：美帝国的崩溃

1. 巅峰的帝国：魔力消失

最近出现了许多关于石油峰值的讨论。

最初，石油带来的赢利远远超过成本，而随后即使不考虑全球变暖这一因素，成本也将逐渐爬升至一个峰值，大大超过赢利。目前我们是否已达到这一程度，尚有争议。新油田的发现——北极圈和巴西——打破了这一平衡现象。有关碳气排放和全球变暖的新观点对此也产生了影响。碳燃料是否不会像钻石一样在深层地下高温高压的条件下产生，对此我们并不清楚。[1]让我们看看哪种说法会占上风。

然而本书讨论的是帝国巅峰时期。如同生物机体，帝国会经历构想、孕育、出生、成长、成熟、老化、衰退和死亡这一生命周期。世间富贵，瞬息即逝。帝国主义与奴隶制、殖民主义和战争一样，都是重大的社会问题。控制生育也许是防止帝国形成的最好方法。若不奏效，安乐死则是很好的第二选择。若还不奏效，就让其自然死亡。当它们陷入昏迷时，给予它们死亡的权利，无须延长其生命。

这一有机体似的联想在本书中起到了很大的作用。但在该联想中，不仅仅是成本，利益也同等重要。显然，帝国对有些人来说还是有利可图的；假如无利可图，我们则需要提供一个反常理的理论来为这一自杀行为进行解释。如同对奴隶制的关注，我们更在意帝国的消耗成本而非利益，但这并非意味着对利益视而不见。由于我们将运用经济—军事—政治—文化权力，从帝国主义的社会维度来分析问题，我们同样需要从各个方面对边缘国家及帝国中心的利益进行探讨。

在后文中，我们将对一些概念进行精确界定，并展开详尽分析。

很显然，帝国中心常被各种巨大利益诱惑，如攫取资源与市场的经济途径、政治支持、文化认可、军事基地、士兵与盟国。边缘国也会因为被囊括其中而产生参与感，甚至还得到一席之地。坐在桌尾分点战利品，总比没有位子可坐要强。有强者呼吁帮助一个无法自助的边缘国，即使得到这种帮助需要付出代价。有时对停滞不前的文化来说，融入一个充满活力的文化未尝不是件好事，即使这一过程只是被动地接收而非创造性地融合。毫无疑问，对某些国家而言，这些都是好处。帝国主义系统地对中心国和边缘国进行分序——等级鲜明但秩序井然。

这种情况并非鲜见：一些边缘国会无视剥削与残暴，只看到利益。那些获利最多的国家将开始表现得像一个中心国，学习模仿中心国的品位与风俗，和他们心仪的对象打扮一致。他们将成为边缘地区的中心，把大批边缘国甩在身后。他们不仅看起来会像帝国中心的中心，而且会与中心分享榨取的战利品。一个新帝国开始形成。[2]

依附着的触角一旦形成，帝国便可正式吮吸养分了。我们不用章鱼而用四足畸胎来形容这一帝国，它的四个触角分别是：经济、军事、政治和文化。通过经济榨取、政治服压、军事干涉及文化克隆，四足畸胎贪婪汲食。[3] 各大触角上分别写着超级资本主义、干涉军国主义、政治霸权主义及传教士卓异主义（exceptionlism）*。

帝国主义便是这四大主义的总和，而非单指霸权主义——仅涵盖或主要包括政治领导权。[4]

事实上，作为一个系统—综合型结构，帝国远远不止四者的总和。这四种权力互为支持，为中心国创造利润。军事力量被用来征服土地、抢占资源、确立生产与消费关系，让他国俯首称臣，实施文化霸权。然而运用经济力量也能实现以上目标，政治力量发号施令、文化力量说服边缘国，让他们相信一切的剥削、干涉、镇压和克隆都是为了他们能够得到最大利益。

欧洲某地曾在长时间内成为美国保持成本—利益平衡的支点。[5] 但由于局势失控，成本开始与日俱增。超资本主义榨干了边缘国家，造成人们生活痛苦、资源耗尽、环境恶化。干涉军国主义招致反抗，带来更多的赶尽杀绝。[6] 霸权主义增强了对自治的呼声，人们渴望当家做主。传教士主义——借神赐予的权力去杀戮——激发出原有的民族感情或创造出新的精神认同，更遑论卓异主义。作用力将产生反作用力。社会进程不是线型发展，而是螺旋向上。

13

帝国开始产生相反的效果。控制成本超过了剥削所带来的利益，这让中心国和边缘国付出同样的代价。由于经济、军事、政治和文化受到侵袭，边缘国被过于削弱到难以自保。多重"过度压榨"远远超出"过度扩张"的范围。然而，从其卓异主义的道德制高点来看，中心国把边缘国当作宗教或世俗传教士主义的素材来源。那些边缘国的人们应该感激他们能得到好处，而不是像哭泣的婴儿一样牢骚不止。他们信仰的转变值得付出这样的代价——某些中心国与边缘国一样同时承受着这些代价。

然而，这一阶段已经结束。抵抗力量已经崛起，无论是采取暴力或非暴力手段，他们自力更生、勇敢无畏，要求自治和形成对自身风俗的认同。与此同时，帝国主义开始走下坡路。

美帝国在什么时候达到巅峰期？ 或者说，美帝国什么时候开始走向巅峰期？在帝国初生阶段，1607 年弗吉尼亚州、1620 年马萨诸塞州的移民定居，伴随着约千万土著被杀戮、百种土著文化被消灭。这片土地被征服了。它原本不是一无所有，只是被清空了。顺应"天定命运"法则，美帝国成为濒临两洋、占据北美大片土地的国家。随着门罗主义的推行，美帝国的靴子踏入了垂死的西班牙帝国。两次世界大战期间，在世界政治中又扮演了突击队的角色。[7]

1945 年第二次世界大战结束后美帝国达至巅峰，整个世界被踏于足下。希特勒、墨索里尼及日本人的战败帝国被胜利者竞相瓜分；美帝国与苏联一分天下。而不久苏联瓦解，冷战结束，障碍自然消除。

《时代、生活与机遇》的创办者亨利·卢斯（Henry Luce）已在1941 年提出了第一个美国世纪这一说法。几年后，欧亚大部分国家遭到严重破坏，而美国拥有了世界 50% 的制造能力。美元成为世界流通货币。著名的"基地圣经"（JCS 570/2）[8] 阐述了建立基地和联盟的军事意义：1947 年签订拉美贸易协定（TIAP），1949 年成立北大西洋公约组织（NATO），1952 年签订美日安全条约（AMPO）。[9] 然而当时美帝国已经历巅峰状态，开始走下坡路。原因何在？

14　　自 1812 年，美军一直战无不胜，要求敌人无条件投降，并告示这意味着一项神圣的任务。随着敌人俯首称臣，美国走向超级资本主义、军国主义、霸权主义和卓异主义，同时授权美帝国内的边缘国建立起自己的子帝国。很显然，这是德国、意大利和日本不能拒绝的要求。但美国走下坡路的问题又出在哪里呢？

问题在朝鲜半岛。朝鲜军队抵抗替代了日本战败国的美国占领军，始于 1948 年 4 月 3 日的济州岛事件。这也许成为一大转折点，导致 1950—1953 年朝鲜战争爆发。最后美军陷入僵局不得不签署停战协议，战争由此结束，让美国对北朝鲜产生偏执狂似的憎恨。1975 年 4 月 30 日，美国在另一个东亚国家——越南——的惨败以及在中国的受挫，愈发加强了这一"创伤后应激障碍症"。

美帝国走下坡路的情形已经相当严重。"越南综合症"说明美国对军事化政治缺乏信心。美国本土人（如当时的笔者）皆认为美国已受到了军国主义局限性的教训。然而事实并非如此。美军对此进行分析，最终得出另一种结论：战事不能逐步升级而要采取猛烈、快速、压倒性的打击方式；士兵不能从底层社会招募，因为这些人往往指望从战争中捞到好处(如教育、绿卡等)；需要新闻媒体的介入；对抗议活动实行监控；战争经费应从中国、日本、欧盟和挪威石油基金等的贷款中支付，而不能直接抽取美国纳税人的钱袋。

美帝国达到了目的。伊拉克和阿富汗战争爆发后，美国再也没发生任何类似反对越战的大规模群众抗议活动。

接下来所做的就是竭尽全力重拾过去的荣耀和利益。而这些努力都被深深埋葬在伊拉克的沙土、阿富汗的洞穴之中，埋葬在两场胜利无望的战争里。在 1991 年长达 40 天的战争中，美军打败了愚蠢地动用正规军和坦克的伊拉克。而到了 2003 年，伊拉克吸取教训，运用象征性的战术，士兵退下军服、混入民众，使用简易的爆炸武器（IEDS），制造自杀式袭击；或换言之，利用游击作战和恐怖活动来反抗美国发动的战争与国家恐怖主义。

关于美帝国的下滑，仍有许多话可以说，也有很多话正在说，还有许多话将要说，这一切将在本部分的后文中得以阐述。现在我们来对美国关于"衰退"的评论进行点评。

15

第一，美国人不会从整体来思考问题。四种权力组合构成一个综合体，彼此相互支持。或许将来某日又会还原成四大权力。关于伊拉克战争和阿富汗战争，已有不少评论，但这两场战争都是反伊斯兰教的，伊斯兰教从不满足于非基督教信仰这一神学定义。关于财政经济危机如"次级贷款"和"信贷危机"，也有不少评论。但关于军事与经济衰退之间的联系，却很少有人论述。

据报道，美国外交政策影响力已经下滑。譬如在拉丁美洲，也许只有秘鲁、哥伦比亚和萨尔瓦多还屈从于美国的意志。在非洲，已无人认可美国非洲司令部（AFRICOM）。将提高完全防御能力的研究与美国—北约进攻性军备装置结合起来的"火箭盾牌"，遭到欧洲主要国家的抵制。格鲁吉亚和乌克兰反对加入北约组织，它们与俄罗斯接壤，且存在严重的内部裂痕。在任何一块大陆上，再也不会发生自愿称臣的现象，即使是澳大利亚也拒绝如此。

值得关注的是，民意测验表明美国的世界声望急剧下降，正由世界典范变成非世界典范，最终将成为反典范。以最近的经济危机为例，美国再也不可能用以华盛顿为基点的布雷顿森林体系来教育其他国家如何发展经济。我认为，主要原因在于财政经济严重脱离了现实基础[10]，就像 400 年前阿姆斯特丹黑郁金香热现象。中国尤其是伊斯兰银行几乎没有用到美国所提倡的补救方法，而是采取"整顿"这种温和治疗方案，最安稳地度过了经济风暴。

关键问题在于不能理清头绪。当然，战争造成枪支买卖火热，而不是靠黄油或投资来赚钱，在某种程度上是为了恢复经济活力的孤注一掷。[11] 然而，当经济危机转变为经济萧条而非经济衰退时，美国变成了文化反典范。正如 1929 年世界经济大萧条后，苏联经济因 **5 年计划**的实施而似乎颇具优越性，一直持续到莫斯科改制将这一野蛮帝国陷于一片惨云淡景之中。毫无疑问，中国、印度和伊斯兰国家将从美国经济衰退中获得同样相当的文化利益。

而更为关键的问题是只见树木不见森林。如果只解决一两个问题而不全盘考虑，那么同样的问题又会因为症候群的特性而产生。美军在伊

16

拉克、阿富汗取得的任何胜利，对伊斯兰教徒来说都是难以容忍的，这将造成在 1.3 亿穆斯林人的居住区、穆斯林民众当中任何地方都可能成为战争前线。对犹太复国主义者的无条件支持，将在阿拉伯世界产生同样的后果。由于大部分被用来维护具有破坏性的战争，美国经济将遭遇信任危机。所有这一切交织在一起，像恶性肿瘤或心血管疾病一样一发而牵制全身。

帝国和帝国主义正如这些病症，从此欲罢不能。

贪婪吸食的四足畸胎濒临死亡，它的触角一个接着一个地死去，同时华盛顿联合体内部机制的协调能力也在不断降低。这情形既像"华盛顿共识"的倒台，又像是新自由主义的坚决拥护者、艾恩·兰德（Ayn Rand）的跟随者阿兰·格林斯潘（Ayn Greenspan）所做的最虔诚的忏悔。[12] 四足畸胎那微不足道的大脑听任其触角瘫痪、丧失功能，通过大学将每一个触角贬谪、拆分成各个科系（如经济学、国际关系、政治、宗教），从而不能从整体上进行考察。

第二，美国人不会辩证地思考问题。比如说另一个令人昏聩的沉寂现象：缺乏对巨大的杀人数目进行反思，而反思正是理解有可能遭遇的"回击"所必不可少的条件。我们面临的是被净化后的帝国。领导权走向邪路，应归咎于个人，而不是一场大屠杀造成的后果。[13]

如果父母牺牲在帝国的圣坛上，他们的孩子不会围着其尸体痛哭。同理，父母也不会抱着孩子残缺不全的身体暗自伤神。美国主要评论员法里德·扎卡里亚（Fareed Zakaria）在《后美国世界》（*The Post-American World*）发文指出，事实是"其他国家（中国、印度、巴西、俄罗斯等）正在崛起"[14]，而不是西方在衰退，也不是美国在没落。

法里德·扎卡里亚在探讨美国 1929 年经济危机一书中，提出"如果美国经济体系是其核心力量，那么政治体系是其致命弱点"[15]。倘若他的这一说法正确，人们可能会对什么是美国政治体系产生疑问。书中谈到"美国权力"正表现为英国式的衰退，"不是因为糟糕的政治而因为糟糕的经济"[16]。美国经济力量是"一个多世纪以来世界总产量的四分之一"、"世界最具竞争力的经济"。其教育则"产生了众多企业家、发明家和冒险家"。这些说法让人感觉不像是掉进了信用欺诈的陷阱吗？

此外，"美国军事在海陆空各方面占据主导地位——军费开支相当于全世界军费支出的50%——但并没有让银行破产"。这是多么虚假的说法。

在艾米·查（Amu Chua）的《帝国日：超强权如何成为世界主宰——以及没落的原因》（*Day of Empire: How Hyperpowers Rise to Global Dominance – and Why They Fall*）[17] 一书中，没有屠杀一说；帝国也是被净化了的形象，但该书考察了另一个更为持久的帝国。

否认大屠杀，就不会进行辩证思考：如果作用将产生反作用，那么大屠杀会带来大规模的复仇，如"9·11"事件。

然而，即使拥有强大的军事力量，难道就不会像笨拙的哥利亚一样，虽然有格列佛似的巨大身形、令人望而生畏，却被矮小、狡猾的牧羊人大卫用吊索绞死[18]？当衰落甚至崩溃、束手就缚遭到蚕食时，难道不是很容易受到**幸灾乐祸者**的嘲笑与围观？到那时，谁会来承担维持"法律与秩序"这一脏活，以保护世界市场中中心国与边缘国的利益，而不是为了美国？

公平！第三，美国人不会考虑公平的问题。

如果没有美国第七舰队，谁会来阻止北京收复台湾？答案是北京—台北协商解决。国民党大多数人在台湾，少数人在大陆，但后者也有政治影响力。以"香港—中国"*为范本，实行"台湾—中国"。[19]这样才能体现公平。

如何处理中东问题？美以联合帝国制止英法对奥斯曼帝国背信弃义的行为，而美国也没有因其调解得到"好长官"的赞誉，这是因为美国与以色列走得太近了，而支持以色列发动战争。[20]解决这一切的答案是：召开中东会议，推行赫尔辛基主义，致力建立一个履行国际规则、以色列与五个阿拉伯邻国平等共处的同盟。以1958年欧洲共同体为范本，创建中东共同体。[21]这样才能体现公平。

如何处理克什米尔问题？美帝国并没有解决克什米尔问题，也没能阻止印巴战争的爆发。答案是：实行印巴同治，建立克什米尔共同体，共同管辖七个或各部分地区。[22]这样才能体现公平。

当北极油田被开采时，谁会保护挪威不受俄罗斯的抢夺？答案是：谈判，建立于千年和平历史的基础之上，缔造友好邻居关系。这样才能体现公平。然后将石油搁置一旁，因为它已经造成了足够多的麻烦。

更多内容详见《50 年：100 个和平与冲突案例》[23]，关于在此之前的历史，详见《大国主导下的太平洋地区的和平》(*Pax Pacifica*)[24] 及本书的第二部分。巨人哥利亚的角色已退出历史舞台。

我们必须在区域和全球范围内维护和平，在调解、建设和平的行动中寻找答案，而不是依靠美帝国不可逆转或呈直线型的衰退。因为帝国的**魔力已经消失**。

帝国处于巅峰期时，的确存在一种难以捉摸的魔力，超脱于维护剥削和服从的赤裸裸的军国主义。罗马人靠它来统治帝国[25]，为东罗马帝国带来千年历史（476—1453）。英帝国也曾拥有这股魔力，即使是苏联帝国有时也表现出一部分魔力。

这一魔力是什么？或许是帝国创造出来的一种不满足自我修养和自我扩张的**使命感**。为了履行这一使命，他们需要证明这些被帝国化的人要高于那些非帝国化，或拒绝被帝国化、处于**城墙**外面的人。罗马人称后者为野蛮人。

1493 年 5 月 4 日，出生于西班牙的教皇亚历山大六世颁发通谕即"教皇子午线"，宣布西班牙的殖民扩张合法化，形成了一个囊括众多跟随者的西班牙帝国。在此之前，穆斯林人也采取同样的办法以惊人的速度扩张，约公元 700 年扩展到巴格达，1192 年在新德里建立伊斯兰君主领地；但不幸的是，1258 年在巴格达遭到了成吉思汗之孙旭烈兀与教皇的联手屠杀。

与法国人、比利时人、德国人、意大利人和美国人一样，英国人也曾担负了**文明开化的使命**，将他们的文明传播给那些未启蒙的民族。令人奇怪的是，接受文明化也意味着按照帝国主义者的规定来进行贸易。同时，帝国主义者还表明他们共同信仰的上帝是支持其行为的，你最好尊重他，要不然就会受到惩罚。

苏联改写了历史，用大写字母 H 代替上帝，将马克思奉为启蒙者，将列宁视为捍卫马克思列宁主义信仰的圣保罗。而在美国——这一切全由美利坚取而代之。由于来自犹太教、基督徒和英吉利人[26]的上帝的选民思想影响，美国和以色列一样宣扬卓异主义，凌驾于其他国家的法则之上，自称是引导历史走向全面终结的不可或缺的国家，而不仅仅是这一过程中的某一阶段性存在。

如此重大的使命还存在着一个问题。除了神圣教义的支持外，还包含着军事、经济和政治方面的含义：要求其他国家无条件投降，停止所有满足于他们私利的交易，扩大顺从的范围。那么，如果美国开始失败，如输掉朝鲜战争、越南战争，甚至伊拉克和阿富汗战争又怎么办呢？如果交易遭遇大规模的抵制运动又该怎么办呢？如果他国的顺从离不开贿赂[27]、中央情报局的秘密活动、五角大楼的公开行为、干涉以及约翰·帕金斯（John Perkins）在《一个经济杀手的自白》（*Confessions of an Economic Hitman*）中的真相披露[28]，又该怎么办呢？

由于美国几乎可以与上帝互换位置，所以它要求这样的顺从，因为它不是玩玩"我给你点东西，你给我点东西"这种小把戏的普通国家。讨价还价、贿赂和干涉使它看起来更像是被撤销了授权的托管国，从选民变成了弃民。曾经光彩夺目的形象已黯然失色。但它将会有垂死前的挣扎，从而看似不那么软弱无力。然而，通过将一些国家列为魔鬼撒旦所选中的对象，甚至划出一个轴心国，美国在短期内从中获得一丝小小的慰藉。

随着军事、政治和经济权力被神话和信仰赋予合法性外衣，但被信念所唾弃，魔力便在四足畸胎的各个触角中开始消散。权力开始世俗化。行为是否具有正当性，应该根据经济—军事—政治的合理性来判断，虽然后者的概念仍有争议。

魔力消失，帝国也即将消失。

2. 帝国的崩溃：概念与理论

为了深入探讨，我们现在对一些概念作出界定：

帝国的定义：是一个跨国界性、文化合法化、中心—边缘处于不平等交换状态的结构。

从经济上说，是剥削者与被剥削者的关系，造成苦难；

从军事上说，是杀戮者和被杀者的关系，造成死亡；

从政治上说，是统治者和被统治者的关系，造成镇压；

从文化上说，是操作者和被操作者的关系，造成异化；

践踏了人类追求健康—生存—自由—认同的基本权利。

在这四个方面，美帝国的所作所为发挥到了极致。正如白宫一位决策者所说：

"美国军队的实际作用是为我们的经济发展提供一个安全的世界环境，为我们的文化侵袭提供一个开放的世界环境。为了达到目的，我们将要进行相当数量的杀戮。"[29]

换言之，采用直接暴力来保护经济和政治的结构暴力，并由文化暴力将这一行为合法化。[30] 中心国是美国，而边缘国是其他大部分国家。如同任何有机体，美帝国也遵循生命周期——构想、孕育、出生、孩童期、少年期、成人期、老化、衰退和死亡。现在正经历衰退期，走向死亡。

　　萌芽于大英帝国所播下的种子，大西洋沿岸的殖民地发展起来，并对印第安土著大肆磨炼他们的殖民技能。1898 年踏入西班牙帝国，1990 年又介入苏联帝国。随着新美国世纪（PNAC）工程的启动，建立太空霸权也成为一个明确的目标。[31] 然而，帝国现在要做的是如何掌控局势，而不是继续扩张。

　　问题不在于帝国是否会崩溃，而在于这一崩溃现象所包括的内容、原因、方式、时间、地点、主导者和抵制对象。

内容：上文所提到的四大不合理、不平等的交换模式；

原因：帝国造成了令人难以忍受的苦难，招致怨恨，激起反抗；

方式：众多矛盾成熟后同期爆发，随后帝国精英们一蹶不振；

时间：预计在 2000 年后的 20 年内。

地点：取决于矛盾的成熟程度；帝国——就像有机体——在最薄弱的地方破裂。

主导者：士气低落的帝国主义者、饱经磨难的受害者、团结一致反对帝国主义者和那些旨在建立自己的帝国的反美者；

抵制对象：剥削者、杀人者、控制者、文化操纵者和那些支持美国的既得利益者。

　　帝国主义对我们意味着什么？当然是殖民主义。在帝国殖民地，中心国集团行使这四种权力，而边缘国则在权限之外。[32] 首先到来的是探险者，目的是为了寻找资源，或换言之为了开发经济。为了保障收益，军事力量理所当然地随之而来。更好的办法是，在殖民地人们当中选出顺从的领导层处理政治事务，建立互惠互利的关系。甚至更有好处的是创建一种文化，将以上三方面的权力合法化。

　　这只是四大权力 24 种行使顺序中的其中一种。若加上"同时行使"的话，便有 25 种顺序。但这一顺序比较有意思，因为我们假设非殖民化可能以相反的次序进行：首先，殖民地居民宣布拥有土地合法权，接着实现政治自治、悬挂新国旗。殖民国的军事基地在此停留的时间要久一些，其经济榨取持续的时间则更长。目前，**帝国**正摸索着寻找一种深

21

层次的文化（即"现代性"）来为合法性提供依据，一种深层次的结构可以将政治共同体、军事联盟和经济经济基础设施结合起来。通常情况下，这四种权力的实施是大家有目共睹的。

那么，殖民主义对我们意味着什么？当然是奴隶制：拥有剥削权、武力要求顺从、绝对压制以及彻底洗脑。在后现代时期，奴隶制表现为新奴隶制[33]，即贩卖年轻女性进行色情交易，这些女性失去人身自由、受到剥削与压迫，遭受恐吓，甚至被杀害。帝国等于扩大了百万倍的新殖民主义，其社会层面表现为新奴隶制。[34]

于是，帝国即为新殖民主义，与新奴隶制相差无几，新殖民主义甚至包括新奴隶制。杀戮是帝国的一部分。

矛盾的定义：指相当严重的冲突，以至于需要推行体制改革来寻找解决路径。因此，矛盾激化之际便是帝国衰退、崩溃之时。

然而，这一假说并不是指美帝国的衰亡等于美利坚共和国的衰亡。如果免除用于帝国控制和维护的各种开销，将带来繁荣的美利坚共和国。我反对帝国，是因为无论在帝国内外，边缘国都苦不堪言。我支持美利坚共和国，是因为它提倡创新、平等、宽容[35]和普遍性。在此，我没有"反美"意图，反美帝国不等于反美利坚共和国。[36]

当致力于"为我们的经济发展提供一个安全的世界环境，为我们的文化侵袭提供一个开放的世界环境"的帝国开始衰亡时，有关美利坚共和国经济灾难的预言一直没有间断。同样，马克思主义者通过公开的剥削，将帝国建设沦为经济上的贪婪。然而，这只是帝国综合症的组成部分之一。其他组成部分则吸引着其他尊奉在神龛之上的各种主义及其尾随者。如现实主义者要求建立军事基地加强秩序的维护；自由主义者则热衷于指引和主导他人的政治选择；传教士，无论是宗教的还是世俗的，都想将非教徒皈依和克隆为教徒。帝国向他们提供了机会。大量资源被消耗，注定迟早会将帝国拖向经济、军事、政治的衰亡。

英帝国的例子表明，帝国能成为一大负担。早在1948年英国女王王冠上的珍珠——印度独立之前，由于非暴力（甘地）和暴力（自1857

年印度兵对英国的抵制）斗争的合力作用，大英帝国开始走向衰落。

帝国主义和"大西洋宪章"之间的矛盾也是英帝国衰落的原因之一。帝国已摇摇欲坠，在 1945 年第二次世界大战结束后苟延残喘了 15 年便宣告终结。

现在的英国怎么样呢？它比历史上任何时期都要富裕。法国亦如此，阿尔及利亚与印度也类似。**欢迎美国加入他们的行列。**

如上文所示，帝国主义赋予中心国对边缘国全方位的、四倍的控制力。然而，目前存在的结构不够完整，不能完全涵盖这四种权力。因此，我们需要用其他术语来代指，比如：

- 关于经济权力，我们以**国际资本主义**为例；
- 关于军事权力，我们以**国际军国主义**为例；
- 关于政治权力，我们以**国际霸权主义**为例；
- 关于文化权力，我们以**国际传教士主义**为例。

羽翼丰满的帝国主义就是这四种彼此支持的权力的综合体。文化权力提供理论基础，促使边缘国的人们相信一些不寻常的、神圣的事情正在发生。而传教士主义，曾经充当过苏联布尔什维克主义宣传的散播工具，现在正为列入日程的西方发展论大张旗鼓地宣传。

政治干涉与军事介入或永久性军事基地一样[37]，被鼓吹为保护一项崇高的事业免受某些卑鄙和邪恶力量的侵袭。拥有这三种权力，全球资本主义便能自由运转，因为反对力量将会变得软弱、非法化——如果没有充分的存在理由——是可以被屠杀的。正如封建地主的权势离不开牧师和军队。[38]

任何将美帝国仅描述为资本主义的努力都是对事实的片面理解。当然，了解国际资本主义如何运作是一件有意义的事情。然而，作为帝国主义的同义词，国际资本主义造成一种自由选择的错觉——就像是把奴隶理解为待遇极差却唱着福音歌曲（心怀感激）的劳动者[39]。

当然，资本主义、霸权主义和传教士主义也能在国家内部运作，包括像美国、英国和以色列这样的民主国家。这些国家由大多数人选举产

23　生，[40] 而不是建基于真正的人权和人类对生活、尊严的基本需求。

帝国内部力量相互影响、协同作用。约翰·帕金斯的著作《一个经济杀手的自白》对此有所探讨。[41] 该书可称为国际资本主义的启蒙读本。它将发展定义为现代化、西方化、穷人追赶富人、消除赤字。然而，要实现这些需要大量的投资，如实现国家的电气化、建筑大坝、修建铁路—公路—港口—机场基础设施网络。经由世界货币基金组织认证的世界银行巨额贷款，被用来支付该国驻世界银行和国际货币基金组织公司的合同。债务数目如此之高，远远超过了工程带来的利润。出于为国家履行义务，债务负担被下放到社会各层及后代人的身上，造成了为人共睹的社会与环境后果。

然而这只是表面现象。帕金斯的深入研究揭示了帝国是如何让"发展中"国家的经济背负沉重的债务，好似在它们的脖子上套上一副枷锁，使之下沉而不是助其游泳。因为对已有的经济秩序产生了威胁，这些枷锁应当被移除。

而事情仍向更坏的方向发展。

某些贷款被专门用来贿赂现有和潜在的精英，对前者采用佣金的形式，对后者提供奖学金。回馈的方式是提供政治和军事的合作，如联合国的投票、军事基地的建立以及参与美国领导的军国主义。大概这就是美国式的软权力，表现为经济—文化权力而非军事—政治权力[42]。然而，假如软权力不能完全产生效应的话，便实行强硬的颠覆权来变更政权和领导层。接着下一步：军事入侵，比如对伊拉克。在这现象的背后，隐藏着的是这样一种逻辑：文化发展＝经济增长＝CNP（资本的积累）。

"我是如何知道这一切的？"帕金斯说道："因为我经历过。"

至此，我们已经阐述了帝国主义的四大权力及其相互作用的关系。下面将介绍另一术语：**跨国界**。帝国主义跨国界运行，但可以定义为哪一种跨国界呢？公认的国界是国家与国家之间的界限。但生存在一个国家之内的帝国主义是什么概念呢？如上文所示，剥削、杀戮、统治和操控不仅存在于美国，在其他任何国家也是大行其道的。我们人类一直忙
24　于杀人权力的争斗以及发动战争[43]，而对其他三大权力较少顾及。

然而，帝国主义还可以在国内形成跨越种族的藩篱，如美国白种盎格鲁—撒克逊人（WASP）与其他种族的藩篱。对 1607—1776 年或 1776 年以来的历史进行反思，将提醒我们同样的四种硬权力曾服务于国内帝国主义的建立，现在仍是如此，只是少了一些杀戮。此外，通过反思，我们还能清楚地看到在同一国家内性别之间、各代人之间、种族之间、阶层之间以及宗教之间仍存在同样的、小规模的直接杀戮。

在边缘国里，必然存在对妇女的剥削、控制和操纵。然而妇女已经站了起来、自我形塑，将自己从男性的控制中解放出来。如果她们还受到剥削，则不完全是因为男性。非裔美国人、第一批移民包括夏威夷人在内也是如此，只是程度稍轻。从某种意义上来说，工人阶级也是如此。在美国他们遭到了大规模的屠杀。在地域上，可以说美国的中心先从南部转移到北部，然后又回了南部。

因此，美国人对帝国的结构和文化相当熟悉，同时对帝国的缺陷也不陌生，这样容易产生各种反抗和抵制，正如青少年反对家长过多的控制和洗脑。

世界存在一个中心，美国在一段时间内是这一中心的中心。在美国，也有一个精英中心，包括男性、辈分高者、盎格鲁—撒克逊白人，并仅集中于某些城市；还包括很少的女性、黑人和稍多一点的犹太人。如果我们假设美国的中心就是世界的中心，那么这将超出巴拉克·奥巴马所能承受的范围。

基于此，对边缘国的剥削、控制和操纵似乎情有可原，但中心对本国居民进行杀戮则毫无道理，如利用各种手段杀害共产党人、用私刑处死黑人、用传播疾病来消灭印第安人。为实现帝国目的，第四种精英——军事人才被召集起来。这将导致严重后果，因为他们不必为自己的行为担负任何责任。而国家经济精英必须对会计负责，政治精英必须对选民负责，文化精英必须对支持者、消费者和观众负责。

接受麦凯恩式爱国主义[44]庇护的军事精英应该对谁负责呢？

对痛失亲友的人来说，亲朋好友、邻居同事中一个人的牺牲会直接影响到十个左右的人。但国内的民主并不能提供一个合适的政治途径，来制止"大批杀戮"的军事行动。只能通过游行示威、抵制美货或**组织**

25

反击；或袭击美国软、硬目标，如"9·11"事件；或进行抵抗战争，如在伊拉克的街道上、阿富汗的荒野中。

如果说法西斯制造大屠杀为的是达到政治目的，那么从美国中央情报局对平民实施的恐怖主义，或由白宫授权的、针对平民的国家恐怖主义[45]来看，美国就是新法西斯主义。[46]美国从未发生过军事政变，"在这个国家不可能发生"。[47]美国的军事主义有着深厚的文化和结构基础。对采取军事手段来应对全球挑战的美国不需要政变。"如果手中唯一的工具是锤子，那么所有的问题就变成了钉子。"（马克·吐温）

下面让我们来看最后的一个关键词：（衰落和）**崩溃**。该如何判断一个帝国正在衰落，从而我们可以推测出这一帝国的终结日？可以根据下面的定义：当四大权力的滥用程度逐渐降低时，帝国开始衰退；当四大权力不再被滥用时，帝国就走向了崩溃。

"衰落与崩溃"并不是说了一句"我们曾经很邪恶，但我们现在要改邪归正"的宣言后，便能马上实现的场景，也不是半夜一次揭竿起义就能产生的结果，这些都是标志着殖民主义结束的象征性场面。殖民主义是帝国主义早期阶段，关注于领地的争夺，是由来自母国的殖民者在经济、军事、政治和文化精英代表的带领下推行开来。

在推行殖民主义之前，帝国主义表现为直接征服、抢夺资源、镇压反抗，而不考虑长期控制和操纵的问题。在帝国主义现阶段，不再抢夺领地，而是说服人们相信帝国不但跨越国界（trans-state），而且超越政权（transnational）。四大权力的执行由当地居民而非殖民者来完成。但我们需要看剩余财富最终落到谁的手中，谁下达执行命令，辨认谁是控制和操纵中心：这一切都在中心国。帝国的下一阶段发展将可能是真正意义上的跨国，而不仅仅是跨越国界。

当美国停止剥削、杀戮、控制和操纵他人时，美帝国就消失了，将变成：

经济上，平等交易、互利互惠；

军事上，解决矛盾、实行防御性国防，而非杀戮；

政治上，平等谈判，拒绝霸权主义；

文化上，平等对话，而非垄断真理；

促进人类对健康—生存—自由—认同基本权利的追求。 26

　　这会是一份昂贵的账单吗？然而，当今世上存在这样的国家共同体如北欧联盟、欧共体（欧盟）、东盟，它们将以上四方面付诸实践，在各国间创造出了和平的共同体。由此，账单完全可以被支付，和平也可以被实现。**欢迎美国跨入一个维护世界和平的共同体。**

　　那么，谁将带来这样的结果？毫无疑问是没落的施恶者与痛苦的受难者。而介于两者之间的人会怎么样呢？

　　哪里有帝国主义，哪里就会有中心与边缘、帝国中心与卫星国之间的不平等交换。具体表现为经济榨取、军事杀戮、政治压制和文化异化。帝国的本质就是这四个方面的剥削与不平等交易。

　　造成不平等交易（这是对赤裸裸的帝国现实相当温和的称呼）还有四个次要因素[48]：**渗透/调节—隔离—分裂—边缘化。渗透**控制着边缘国人们的思想；**隔离**将他们的思想和身体局限在狭小的范围内；**分裂**将边缘国在地域上彼此分离；**边缘化**则将他们从一等公民中剔出，保持距离。

　　运作完美的帝国主义不用依靠军国主义和霸权主义，就能实现剥削。边缘国已被训练得能够欣然去做中心国要求它们做的任何事情。[49]它们与中心国的联系仅限于几种商品，且每一个边缘国都不一样；它们被迫分离，因此不能采取联合行动；它们被疏远，如同乡村俱乐部的非成员只能透过篱笆向里张望。

　　然而，这些均势是不稳定的。正如甘地所言，它们之所以持续存在是有赖于边缘国缄默合作，以积极行为伺养帝国机器、以消极行为维持帝国发展。积极的不合作行为和市民的反抗将摧垮帝国的框架。

　　维护帝国框架的处方也就是毁灭这一框架的方法：唤醒意识、解除控制，建立边缘国—边缘国合作以消除分离状态。

　　具体是什么意思呢？我们看看美国的盟友。它们处于帝国体系的中层，一方面是行凶者，另一方面又是受害者；既是帝国主义者，又是被帝国化的对象。它们笼罩在中心国太阳发出的耀眼光芒之中。但它们被疏远的程度较轻，与美国有着广泛的联系；同时它们彼此隔离的程度较轻，相互保持联系。相比外围的边缘国，它们被边缘化的程度也不严 27

重，至少还接触到一些内部秘密。谁坐在桌首，谁定议程，谁的意志可以决定现实、可以发动反恐战争而不解决潜在矛盾，这些都是不言而喻的。同时，谁能对每一个盟国制造最大的威胁——"如果你不服从，我们将不再保护你"，这也是不言而喻的。

但这一帝国体系与其致命弱点一样脆弱，也许拥有足够资源的中层国家就能将之颠覆。假设中心国做得过火、背弃对民主和人权的承诺，并且（或者）遭遇重大失败，突然间魔力消失了，独立的思想开始在受约束、顺从的人群隐蔽处暗暗流动。逾矩者互通联系、打破隔离的框架，反抗发生了。议程制定者或许仍坚持自己对现实的狭隘理解，如发动反恐战争。但具有新思想的人也许会从不同角度对现实进行观察、思考、阐释，并采取行动。他们将产生更为广泛的积极效应，激发更多大的行动。忽然间，他们将中心国边缘化，而不是自己被边缘化。

太阳的光芒已被遮掩。新的局面形成，至少潜在是如此。美国也许会顾虑重重，担心身边是否还有同盟可以填补"联盟"的空缺，因为它不想独自进行这份"工作"。其他中心国因为被孤立而感到沮丧。边缘国在等待时机，对中层国家表示不信任。但它们真的是抵制帝国主义吗？还只是一边抵制美帝国，一边等待建立自己的帝国？或两者皆是？

推倒帝国大厦的支柱，首先意味着：

● **平等**：反对剥削，互利共赢。

其次，推倒帝国辅助支柱，意味着：

● **互惠**：反对一些国家对另一些国家的操控；
● **融合**：反对劳动分工的隔离现象；
● **团结**：反对地域分隔、不通往来；
● **参与**：反对排外、边缘化及二等公民的划分。

欧共体成员数目由6逐渐上升为8、12、15；欧盟成员数由25增至27。这一例子凸显出帝国体系中中层国家的问题：目前欧盟当中，来自东欧的新成员国仍在美国的控制之下，因为通过后者的帮助摆脱了苏联帝国[50]，尽管正是苏联承受重击，将欧洲从纳粹帝国解救出来。然而，由于苏联在东欧建起帝国，欧洲对苏联的感激之情并未持续多久。它们对美国心存感激，视之为救星、让自己从苏联帝国解脱出来，但这一心理却让它们没有看清楚自己反而成了被美帝国利用的爪牙。[51]"敌人（苏联）的敌人就是我的朋友"，这一逻辑浅显的话却让它们成为美国的同党，这样是不是更好呢？欧盟成员国无论新旧，昨天还是受害者、今天却成为行凶者，这一转变过程很短暂。然而，不变比变更好。

　　苏联革命的魔力已经消失。太阳猩红，血也同般鲜艳。苏联的卫星国聚在一起、交换意见，包括讨论作为苏联的同盟会如何加大受北约毁灭性攻击的风险。西方和平运动抵制核武器主义，同时东欧持不同政见者也在反对后斯大林主义。而东欧运动比西方反核运动更有成效。

　　让一代人解决三大帝国——希特勒、斯大林、美国——是不太现实的。[52]与美国结盟，便会增大遭受恐怖主义袭击的危险性，在任何一个帝国体系中都会遇到这样的情况。欧盟旧成员国均有体会，新成员国很快就能明白这一点，但也许将先经历这一痛苦。

　　让我们来看 2008—2009 年在美帝国的边缘——拉丁美洲和加勒比海地区所发生的事情；古巴革命 50 年后的今天，在巴西巴伊亚州萨尔瓦多先后召开的四次拉美国家会议：

　　• **南美共同市场（Mercosur）会议**：巴西、阿根廷、巴拉圭、乌拉圭和委内瑞拉决定进口正受美国抵制的玻利维亚产品；

　　• **南美国家组织（Unasur）会议**：建立"美国之外的联盟"。12 个南美国家参与其中，巴拿马、墨西哥作为观望员，也表示支持。

　　• **南美贸易组织（SATO）**：一个反对门罗主义和 1947 年由美国主导的拉美贸易协议。

　　• **里约集团（the Grupo de Río）**：成立于 1986 年。2008 年，22 个成员国一致同意接受被美国和美洲国家组织（OEA）边缘化的国家——古巴——为成员国，欢迎劳尔·卡斯特罗为代表的古巴"兄弟人民"，并强烈谴责美国对古巴的禁运。

• **拉丁美洲和加勒比海地区第一届高峰会议（CALC）**：33 个国家的总统参加了会议，除了美国的最后三位朋友——秘鲁、哥伦比亚和萨尔瓦多——没有与会。

这是一场真正的革命：各国之间平等相待，通过对话达成互惠，在贸易、能源、金融机制、社会平均、环境合作、远程通信、媒体等方面展开广泛合作、融成一体，团结起来共同对抗帝国中心。另外，在军事方面：1999 年美国不得不放弃在巴拿马运河的基地，2009 年失去在厄瓜多尔曼塔的基地。下一个将是关塔那摩湾（Guantánamo）？

在这些会议中，美国包括在内吗？没有。美国没有被邀请，老牌殖民国家西班牙、葡萄牙、英国、法国、荷兰也没受到邀请。它们以后可能会加入，但是以**平等**的身份。当美洲国家组织促使古巴和美国（加拿大）享有平等权利时，这一天很快就能到来。

平等，对美国来说意味着接受古巴的帮助，不仅是在灾难时刻如新奥尔良的卡特里娜（其间美国总统布什拒绝了古巴的医疗援助），而且还在建立全民医疗服务体系方面，将全民基本需求视为优先发展的目标。"向古巴学习"还需假以时日。

而如今，在 17.6 百万平方公里的土地上，37 亿拉丁美洲人正在努力去帝国化。

3. 苏联案例：6 大矛盾

1995 年，我们对十大帝国的衰落进行了比较研究（见"序言"）——其中九大帝国已崩溃，第十个将是美帝国——研究的重点在经济方面。得出的结论是，以下四大因素的综合作用而非单一因素是导致帝国衰落的普遍原因：

劳动分工不合理，让国外或生活在本国的外国人承担最具挑战性、趣味性、发展性的工作；

创新性不足，这与在科技、良好的管理体制（包括前景和革新）方面的不足有关；

存在一个或几个被忽略或较滞后的经济领域；

同时，意识形态—宇宙论领域的扩张主义引发了外国和（或）本国劳动者消极且具破坏性的反抗。

"综合症"这一概念产生于罗马帝国衰亡的早期研究[53]，它已成为众多单一因素理论研究的对象。在本书第三部分我们将对此重新阐述。1980 年，"综合症"概念被运用到苏联帝国崩溃的研究之中[54]，重点关注以下 6 大矛盾[55]：

[1] 苏联和卫星国家之间的矛盾；

[2] 俄罗斯和其他邦国之间的矛盾；

[3] 城市和其农村管辖地之间的矛盾；

[4] 社会主义者中资产阶级和无产阶级之间的矛盾；

30

[5] 社会主义社会中资金流动性和商品匮乏现象之间的矛盾；

[6] 共产主义的乌托邦神话和苏联现实之间的矛盾。[56]

1980 年我曾预言，作为帝国最薄弱点的柏林墙将在十年内倒塌，紧随其后的是苏联帝国的崩溃。其理论依据是："各种矛盾同期成熟且产生综合性影响，令中心地和边缘区的精英们士气受挫、一蹶不振。"通过强制手段，精英阶层也许可以控制一两个矛盾的发展，但对更多矛盾的发展却无能为力。事实证明如此，1989 年 11 月 9 日柏林墙倒塌。

柏林墙倒塌之后，在社会精英的一片抽泣声中，苏联帝国的崩溃紧随其后。这些社会精英们大都是贪污腐败的酒色之徒，沉溺于埃里温电台（Radio Erevan）广播的幽默搞笑。这些笑话可以用来娱乐个人和家庭，却不利于帝国的发展。在当时，信念早已荡然无存[57]。

那么在世界范围内，在众多信奉苏联模式的信徒中，这一信念是如何烟消云散的呢？欧洲共产党人可能经历这样七个心理发展阶段：

阶段零（Phase 0）：一切都是完美的，听不到、看不到任何罪恶，也无人谈及。但天堂不是永恒的。

阶段一：一些与范本不吻合的报道出现，但被认为是反苏联主义而被拒绝接受。

阶段二：报道可能有一定的真实性，但全由外部环境造成的——比如恶劣的天气、干涉内政的战争、伟大的卫国战争——随着这些外部因素的消失，其后果也将消除。

阶段三：的确，报道具有很大的真实性，但这全都是因为一个人——斯大林，一切都会随着斯大林的逝世而消失。

阶段四：的确，报道是系统性的、结构性的，来源于自上而下的政党统治和国家规划这一错误。

阶段五：的确，报道是系统性的，出现在文化和意识形态领域；马克思资本主义—社会主义—共产主义的说法完全是错误的。

人往往过于感性。在虔诚的信徒心中，有些东西如两种体制的问题是不能随意碰触的。更不用提文化—意识形态上某些关键的东西了。

然而，随着现实越来越严重，他们开始进行策略性的撤退：承认报道的真实性，但认为这些报道只不过是主观经验判断的结果，受外部环境和某位关键人物的影响，与苏联体系本身无关。而在第四、五阶段，体系开始动摇，首先是结构上的坍塌，然后才是思想文化观念的溃败。信念告一段落，接着又会发生什么呢？

31

阶段六：苏联从一开始就完全错了，人类的敌人的敌人都是我的朋友。

该是期待另一个更完美的帝国出现的时候了。在这里，没有阴阳对错之分、没有最后的判决。

然而，可以从另一个角度来继续我们的研究，即直接转到对美帝国的分析。那么，接下来应该来看世界地域划分的情况，以及 20 世纪各种有关全球管理的组织——**国际联盟**（the League of Nations）与**联合国**——之间的关系，以及其成员国之间的关系。

国际联盟也成立了由各战胜国包括英国、法国、意大利和日本在内的委员会；第一次世界大战时，日本是战胜国。随后，德国和苏联加入战争，但美国参议院却反对美国全面参战。

在这六个国家中，1931 年日本对中国宣战、1935 年意大利对埃塞俄比亚宣战（这两个国家对无辜平民进行轰炸，意大利还使用毒气）、1938 年德国对捷克斯洛伐克宣战、1939 年苏联对芬兰宣战。它们都凌驾于国际法之上，自视为特例，在 1928 年签订凯洛格—白里安条约(the Kellogg-Brind treaty）时也独行其是。它们退出国际联盟，因此受到舆论谴责。然而，国际联盟、国际法和人的普世道德观力量太微弱了。国际联盟无疾而终，部分是因为本身的局限性，即在行为准则和实际行动之间、权威和屈从之间出现了脱节。如果一个出现了问题，那么其他的也会出现问题。

四个参战国都致力于用武力创建帝国伟业。而这四个帝国最终也无法避免被解散的命运，前三个帝国先后在战争中陨落，第四个则因内部爆发而呜咽着解散。如今，任何一个国家不敢藐视国际联盟的继任者——联合国，同时在世界范围内不敢公然反抗美国、在区域范围内不敢轻视美国的克隆——以色列。结论是显而易见的：种下藐视国际道德准则的种子，收获的就必然是帝国垮台的果实，任何国家无法置身事外；是轰然崩塌还是呜咽着逐渐消亡，则是另一个相当重要的问题。

4. 美国案例：15 大矛盾

在上述七个阶段的故事中，读者已经将斯大林替换为乔治·W. 布什，并进一步猜测作者的意图。而现在还不是说明本人意图的时候，首先应该关注的是各种矛盾。

我对苏联帝国衰落和崩溃的预言是基于同时发生并相互作用的六大矛盾，从字面上讲，矛盾发挥作用的时间跨度是十年。而我对美帝国的预言也是基于相同作用原理的 15 大矛盾，其发挥综合性影响的时间跨度是始于 2000 年的 25 年。这 15 大矛盾将协同作用，造成美帝国的衰落和崩溃。美帝国现状更为复杂，矛盾更多且日益激化和根深蒂固，因此所需时间也更长。

经过乔治·W. 布什总统（两度当选为总统[58]）最初几个月的执政，这一时间跨度被缩短到 20 年，因为他一上任就使一些原本假定的矛盾迅速激化。而且由于他的一意孤行，布什对矛盾所产生的消极、复杂的协同效应置若罔闻。他只是一味地向前蛮干，自我中心主义令其盲目自大，并生活在一种被意识形态和无知掩盖的虚拟世界中。

威廉·J. 克林顿总统（两度当选为总统）则持不同观点。当面对各种形态的矛盾时，他放弃了对索马里的干预，在对塞尔维亚的战争中也表现得疑虑重重和兴致不高，对苏丹和阿富汗只是发射了一对导弹。而作为一个杰出人物，他无法回避政府高层的道德败坏和性交易。假设共和党人对他进行弹劾不是因为性行为，而是因为缺乏信仰？事实是以前者为借口，这样的假设是徒劳的。而正是无道德败坏、无性丑闻的乔治·W. 布什——一个虔诚的信徒——成功地当选为美国总统。

2000 年列举的 15 大矛盾如下所示[59]：

I. 经济矛盾（以美国为首的世界银行/国际货币基金组织/世界贸易组织—纽约证券交易所—五角大楼体系）

[1] **增长与分配的矛盾**：生产只是相对过剩，世界上仍有14亿人口每天生活费低于1美元，每天有12.5万人死亡，四分之一的人口在挨饿；

[2] **实体经济和金融经济的矛盾**：货币、股票、债券被高估；破产、失业、无合同的工作比比皆是；

[3] **生产—分配—消费和自然的矛盾**：生态危机、资源枯竭/环境污染、全球变暖等愈演愈烈。

33

II. 军事矛盾（以美国为首的北约组织/拉美贸易协定/美国—日本大都市发展规划组织体系）

[4] **美国国家恐怖主义和恐怖主义的矛盾**：近似疯狂的回击；

[5] **美国和其盟国的矛盾**：除英国—德国—日本外，其他盟国表示对美国受够了；

[6] **美国在欧亚的霸权主义和俄罗斯—印度—中国的矛盾**：涉及全球40%的人口；

[7] **以美国为首的北约军队和欧盟军队的矛盾**：引发廷德曼斯的进一步行动。

III. 政治矛盾（美国受上帝垂青的卓异主义）

[8] **美国和联合国的矛盾**：联合国终会将反击；

[9] **美国和欧盟的矛盾**：竞相争夺东正教/穆斯林的支持。

IV. 文化矛盾（美国胜利的平民文化）

[10] **美国犹太—基督教和伊斯兰教的矛盾**：联合国安理会有四个基督教国家，而56个伊斯兰国家却无一席之地；

[11] **美国与古老文明的矛盾**，即与中国、印度、埃及、美索不达米亚、阿兹台克/印加/玛雅的矛盾；

[12] **美国和欧洲精英文化的矛盾**：主要是与法国、德国等之间的矛盾。

V. 社会矛盾 [以美国为首的世界精英与其他精英的矛盾：世界经济论坛（达沃斯）与世界社会论坛（贝伦阿雷格里港）之间的矛盾]

[13] **国有企业的精英和工人阶级中失业者、合同工的矛盾。** 中产阶级何以自处？

[14] **老一辈和年轻人之间的矛盾**：以西雅图、华盛顿、布拉格、热那亚等地的年轻人为代表。中间一代人如何面对？

[15] **理想与现实的矛盾**：美国梦、美国和世界现实之间的矛盾。

四大权力外加社会权力，曾被用来对众多矛盾进行分类，以便研究矛盾的成熟过程。关于精英阶层及他们面对挑战无动于衷的原因，我另外制作了一份详单。但我们先来分析这份矛盾清单，看看它将带我们走向何方。

以下是对这一走向鸟瞰式的论述。

首先观察美国的**军事权力**。2001 年"9·11"事件后，佐尔坦格·罗斯曼（Zoltan Grossman）依据《国会记录》和《美国国会图书馆国会研究项目》（*The Library of Congress Congressional Research Service*）所提供的资料列出一份清单，包含了在过去 111 年即 1890—2001 年，美国所采取的 133 项军事干预行动，从达科他州的伤膝屠杀到阿富汗战争[60]，历经两次世界大战、朝鲜战争、越南战争、海湾战争和南斯拉夫战争。后六次战争中有五次是由民主党人发动，而共和党人一般侧重于镇压人民内部的暴乱。然而，无论有没有民主党人的支持，小布什上台了。[61]

第二次世界大战后，平均每年军事干预发生的次数，从之前的 1.15 上升到 1.29，而在冷战结束后的 1989 年年底，这一数字曾一度飙升到 2.0，堪比帝国扩张时期战争增长的数量。而如今还有更多的权益需要保护，更多的骚乱需要平息，更多的反抗需要粉碎。

在威廉·布鲁姆（William Blum）的《流氓国家：成为世界唯一超级大国的指南》（*Rogue State: A Guide to the World's Only Superpower*）[62]一书中，有 300 多页文献资料可以证明，约有 1300 万—1700 万人在海外军事行动中阵亡。[63]大部分"大屠杀"——通过公开的（五角大楼）或隐蔽的（中央情报局）暴力——在美国盟国公开或暗中的支持下——打着美军"为美国经济发展而维护世界安全"的旗号大行其道。

这些干预行为不是反对独裁者，而是反对革命者：在委内瑞拉，不反对希门尼斯（Jiménez）却反对查韦斯（Chávez）；在尼加拉瓜，不反对索摩查（Somoza）却反对桑地诺分子（Sandinistas）；在古巴，不反对巴蒂斯塔（Batista）却反对卡斯特罗（Castro）；在智利，不反对皮诺切特（Pinochet）却反对阿连德（Allende）；不反对危地马拉独裁者却反对阿本斯（Arbenz）；不反对伊朗国王却反对摩萨德[64]（Mossadegh）；等等。

在以上列举中，没有文明冲突的迹象，也毫无领土扩张的痕迹，但却能感受到传教士般的狂热和自以为是。词汇上的变化也是显而易见的：从遏制苏联的扩张、反对共产主义、与毒品作斗争到对民主—人权的人道主义干预、反对恐怖主义。

布鲁姆列表细数美国干预行动，时间截至 2000 年，涵盖了自 1945 年以来的 67 个案例［其中格罗斯曼（Grossman）有 56 个，但标准有所不同］。

中国 1945—1951 年，法国 1947 年，马绍尔群岛 1946—1958 年，意大利 1947 年至 20 世纪 70 年代，希腊 1947—1949 年，菲律宾 1945—1953 年，韩国 1945—1953 年，阿尔巴尼亚 1949—1953 年，东欧 1948—1956 年，德国 20 世纪 50 年代，伊朗 1953 年，危地马拉 1953 年至 20 世纪 90 年代，哥斯达黎加 20 世纪 50 年代、1970—1971 年，中东 1956—1958 年，印度尼西亚 1957—1958 年，海地 1959 年，西欧 20 世纪 50—60 年代，英属圭亚那 1953—1964 年，伊拉克 1958—1963 年，苏联 20 世纪 40—60 年代，越南 1945—1973 年，柬埔寨 1955—1973 年，老挝 1957—1973 年，泰国 1965—1973 年，厄瓜多尔 1960—1963 年，刚果—扎伊尔 1977—1978 年，法属阿尔及利亚 20 世纪 60 年代，巴西 1961—1963 年，秘鲁 1965 年，多米尼加共和国 1963—1965 年，古巴 1959 年至今，印度尼西亚 1965 年，加纳 1966 年，乌拉圭 1969—1972 年，智利 1964—1973 年，希腊 1967—1974 年，南非 20 世纪 60—80 年代，玻利维亚 1964—1975 年，澳大利亚 1972—1975 年，伊拉克 1972—1975 年，葡萄牙 1974—1976 年，东帝汶 1975—1999 年，安哥拉 1975 年至 20 世纪 80 年代，牙买加 1976 年至 20 世纪 80 年代，洪都拉斯 20 世纪 80 年代，尼加拉瓜 1978 年至 20 世纪 90 年代，菲律

宾 20 世纪 70 年代，塞舌尔 1979—1981 年，南也门 1979—1984 年，韩国 1980 年，乍得 1981—1982 年，格林纳达 1979—1983 年，苏里南 1982—1984 年，利比亚 1981—1989 年，斐济 1987 年，巴拿马 1989 年，阿富汗 1979—1992 年，萨尔瓦多 1980—1992 年，海地 1987—1994 年，保加利亚 1990—1991 年，阿尔巴尼亚 1991—1992 年，索马里 1993 年，伊拉克 20 世纪 90 年代，秘鲁 20 世纪 90 年代，墨西哥 20 世纪 90 年代，哥伦比亚 20 世纪 90 年代，南斯拉夫 1995—1999 年。

35

25 起轰炸事件（详见本书）：中国 1945—1946 年，韩国 / 中国 1950—1953 年，危地马拉 1954 年，印度尼西亚 1958 年，古巴 1960—1961 年，危地马拉 1960 年，越南 1961—1973 年，刚果 1964 年，秘鲁 1965 年，老挝 1964—1973 年，柬埔寨 1969—1970 年，危地马拉 1967—1969 年，格林纳达 1983 年，黎巴嫩—叙利亚 1983—1984 年，利比亚 1986 年，萨尔瓦多 20 世纪 80 年代，尼加拉瓜 20 世纪 80 年代，伊朗 1987 年，巴拿马 1989 年，伊拉克 1991 年至今，科威特 1991 年，索马里 1993 年，苏丹 1998 年，阿富汗 1998 年，南斯拉夫 1999 年。

美国曾协助**暗杀** 35 个国家的领导人包括国家元首，对 11 个国家的领导人施予酷刑。这 11 个国家是：希腊、伊朗、德国、越南、玻利维亚、乌拉圭、巴西、危地马拉、萨尔瓦多、洪都拉斯、巴拿马。

美国还干预了 23 个国家的总统选举，分别是：意大利 1948 年到 20 世纪 70 年代，黎巴嫩 20 世纪 50 年代，印度尼西亚 1955 年，越南 1955 年，圭亚那 1953—1964 年，日本 1958 年至 20 世纪 70 年代，尼泊尔 1959 年，老挝 1960 年，巴西 1962 年，多米尼加共和国 1962 年，危地马拉 1963 年，玻利维亚 1966 年，智利 1964—1970 年，葡萄牙 1974—1975 年，澳大利亚 1974—1975 年，牙买加 1976 年，巴拿马 1984 年、1989 年，尼加拉瓜 1984 年、1990 年，海地 1987—1988 年，保加利亚 1991—1992 年，俄罗斯 1996 年，蒙古 1996 年，波斯尼亚 1998 年。

截至 2001 年，根据历史记录，以上所列 67 例军事干预 +25 起轰炸事件 +35 起协助暗杀事件 +11 例酷刑援助事件 +23 例干涉他国选举事件，共同构成了**第二次世界大战以来 161 例严重的政治暴力事件。**

不同阶段文明的关注点虽有重叠，但却能看到明显的转变：

第一阶段：东亚　儒学—佛学

第二阶段：东欧　东正教

第三阶段：拉丁美洲　天主教基督教

第四阶段：西亚　伊斯兰教

第一阶段的重点是，打击南北朝鲜统一的诉求以及越南贫困农民的独立自主运动。

第二阶段的重点是，以遏制共产主义为目的的整体冷战与局部热战的结合。

第三阶段的主要目标是，打击在"毛派"学生支持下的穷苦大众与土著居民的解放运动。

第四阶段即当下，重点则是以"打击恐怖主义"为名，镇压伊斯兰国家及其运动。

36　　在经济上，美国大力支持对其经济发展有利的国家，强烈反对赞成尽最大可能按照基本需求进行合理分配的国家。[65] 而地球上每天都有 12.5 万人死亡，有很多人食不果腹、衣不蔽体、居无定所、无人关心、无法接受教育；还有很多失业者、看不到希望和未来的人——他们都是结构暴力的受害者，与外在或潜在的直接暴力行为无关。每年有 4000 万—5000 万人在受难，当然不应全归罪于美国，但美国却在用武力捍卫这一不合理的体系。

需求的满足不能用虚拟的金钱来购买，也无法用不存在的劳动岗位来交换。这个残酷的世界建立在美国主导的贸易模式之基础上，以美国领导下的军事和联盟政府为支撑，并得到了受益于美国廉价资源和充足食物的人们的支持。

经济权力、军事权力及其相互关系包含的内容相当丰富，例如通过跨国公司和国际货币基金组织的债务政策来控制市场和交易。现在，让我们来看美帝国**政治权力**的运用及其五种主要方式。

I. 瓦解其他帝国或其他建立帝国的努力；干涉别国内政

- 1898—1902年干涉西班牙帝国内政；

- 第一次世界大战后，1916—1925年英法干涉奥斯曼帝国内政，美国随后加入；

- 第一次世界大战后，美国插手德意志帝国在太平洋地区的事务；

- 第一次世界大战后，德国、俄罗斯、美国先后插足哈布斯堡帝国事务；

- 第二次世界大战后，美国涉足纳粹帝国，按照美国意志重塑德国；

- 第二次世界大战后，美国干涉日本帝国，按照美国意志重塑日本；

- 第二次世界大战后，美国及时涉足意大利帝国；

- 1945—1975年美国支持西方殖民帝国（英国、法国、荷兰、比利时、西班牙、葡萄牙）殖民地的非殖民化，然后对其实行政治控制；

- 冷战结束后，美国开始干涉苏联帝国事务。

II. 支持大国国内独立—自治运动

- 中国——支持台湾、西藏、香港、维吾尔族和蒙古族的自治运动；

- 俄罗斯——支持所有20个非俄罗斯民族的自治运动；

- 俄罗斯——实施美国三分法计划（US tripartition plan）：先欧洲后西伯利亚，最后俄罗斯远东地区；

- 印度——是支持克什米尔还是泰米尔纳德邦的自治运动？

- 印度尼西亚——支持亚齐、马拉卡斯、伊里安查亚的独立运动；

- 尼日利亚——支持比夫拉等的独立运动。

III. 支持存在潜在问题地区的独立—革命运动

- 1998年9月，以打击基地组织为由，在克拉伊纳、波黑、科索沃击败南斯拉夫；

- 2001年，以相同理由进攻阿富汗，阿富汗战败；

- 2003年，以打击基地组织、保护库尔德人为由进攻伊拉克，伊拉克战败；

- 在伊朗，是支持胡齐斯坦还是阿塞拜疆？
- 在任何情况下，都支持以色列。

IV. 反对任何独立于美国的区域化运动

- 欧共体—欧盟：支持其反对苏联，支持北约成员国对其的控制；
- 独联体：将北约触角延伸到苏联，推进"颜色革命"；
- 拉丁美洲和加勒比：利用拉美贸易协定和美洲国家组织对该地区进行否定和控制；
- 非洲联盟：通过特派轰炸机（NAPAD）和非洲司令部进行控制；
- 伊斯兰社区：通过富有的成员国沙特、埃及和海湾合作委员会（GCC）进行控制；
- 东亚共同体：通过日本和中国进行控制。

V. 削弱联合国

- 通过一票否决权控制联合国安全理事会；
- 控制联合国大会（UNGA），以反对诉求和平的集体决议；
- 暗中监视代表团成员并施加压力；
- 以制定25%的条款、不支付为手段控制预算，并控制总审计局（GAO），即美国国会的分支机构；
- 通过短期合同控制联合国工作人员；
- 通过非法、违规的材料，指控相关责任人；
- 因为上述所有行为，试图摆脱这一切罪名。

为了帝国利益，美帝国不仅利用市场，还运用各种国家机制，与其他帝国、大国竞争，在区域化和全球化进程中夺利。

那么美帝国如何运作**文化权力**呢？根据文化关注点的不同，将文明分为四个阶段，它们对美国的各种干预手段又做何反应呢？

在第一阶段，佛教国家倾向于认为暴力冲突是亟须改变噩运的必然结果，而不是向世界宣布美国所犯的种族灭绝罪。东亚一心希望与美国关系正常化，而美国却在此进行残忍的大屠杀，并侥幸逃脱了应有的惩罚。

美国也侥幸逃脱了在拉丁美洲天主教国家实施酷刑和策划政变的惩

罚；假设这是因为和西班牙在1493年发现新大陆一样幸运，这个最强大的基督教国家也有幸得到了上帝最强有力的庇护。这也许还适用于美国与东正教国家的关系。

然而并非直到目前的第四阶段，才开始关注伊斯兰教，认为伊斯兰教与基督教一样关心罪恶、内疚和赎罪，关心犯罪和惩罚。伊斯兰教并没有把上帝及其国家——"上帝自己的国家"即美国，置于比真主阿拉及其国家（包括阿拉自己神圣的国家即沙特阿拉伯[66]在内）更高的地位上。

因此可以预见，真正的阻力其实来自第四阶段的新珍珠港事件，即2001年的"9·11"事件，它引发了持久的、反对恐怖主义的世界战争。然而，美国是既负担不起又无法彻底赢得这场战争，更何况没有联合国的支持。在联合国安理会的五个常任理事国中，四个是基督教国家，另一个是儒教国家。因而伊斯兰教国家在联合国的否决权，并不具备它在东欧和拉丁美洲的基督教国家中所具有的合法性。

任何对"9·11"事件感到惊讶的人，不是无知就是幼稚，或者兼而有之。不可理喻、毫无限制的美国国家恐怖主义最终诱发恐怖主义的疯狂回击，而这一结果并不令人惊讶。据估计，约有1300万—1700万人被杀，平均每十个人中就有一个死于充满痛苦和报复欲望的恐怖袭击中，而这些报复行为似乎都有正当理由。但更深层次的根源并不在于暴力"回击"的恶性循环，而是在于美帝国众多尚未解决的矛盾。通向和平之路势必需要矛盾的彻底解决。

白宫一位决策者曾说过，"为了这一切的终结，我们将会杀害很多人"，一句轻描淡写的话道出了帝国将造成的现实。当他们摸索出"何时—何地—针对何人"一套恐怖袭击方案时，接下来会发生什么呢？

我曾对未来21年——即自2000年年初至2020年年底10月24日（联合国日[67]）——的发展趋势做了预测。截至2007年春，约有三分之一的预言已变成现实。因此，让我们来做一篇**学期论文**，利用《华盛顿邮报》2007年2月27日的报道来探讨究竟是什么恰巧促成了"矛盾的成熟"。

7年后矛盾的焦点在伊拉克，一个明显的例子是2001年发生的

38

"9·11"事件引发了美国国家恐怖主义和世界恐怖主义之间的战争。此后不久美国也拟定了反恐名单。下面是一位已退役的陆军军官的评论[68]：

"……大约有2.7万名战士参加了战斗，至少有两万人阵亡，新的领导人和步兵被不断地投入战争之中。结果是，在五年的征战中，他们在承担巨大战争损失的同时，其战斗力、兵力和杀伤力也在不断上升——而非下降。"

"……伊拉克政府总理马利基一向被逊尼派所鄙视，被库尔德人认为是不值得信任的和不称职的，而现在，他也失去了支持他的什叶派民众的信任。"

马利基有两个基本点没有弄清楚：第一，伊拉克人的抵抗和战斗是没有时间期限的，因为伊斯兰教永远不会投降；第二，伊拉克人战斗的空间也是无限扩大的，因为穆斯林在全世界拥有13亿社团——"乌玛"，他们更愿意把自己看作是穆斯林人，而不是世界地图上某些国家的公民。

第二天："巴格达绿区的罢工方兴未艾。"

作为美国的两位关键盟友，沙特阿拉伯国王和约旦[69]国王都取消了国宴和对美国的国事访问，注意与美国保持一定的距离。前者认为，美国对伊拉克的攻击是"非法的"、占领是"不合理的"。在伊斯兰文化中，数字10和11都是非常受欢迎的，而现在似乎变得过于刺眼。

布热津斯基的《第二次机会》(*Second Chance*)[70]一书极力鞭挞了15年来美国地缘政治所带来的毁灭性后果，但却没有提供能取而代之的办法。

归根结底，就是因为很多国家的高层缺乏一种信心。

一边是原因，即矛盾成熟理论，另一边是结果，即道德败坏的现状；这两者中间就是我们反复提到的"不知何时开始、何时结束"的问题。现在正是对此进行详尽说明的时候。

"停留还是退出"伊拉克，在这种关键问题上的优柔寡断，从更深层次上来说，是对尚未公开的"坚持还是放弃帝国梦"的犹豫；而随着时间的推移，优柔寡断可能会进一步演变成漠不关心。它表现出来的形式可能是渐进的外部或内部的麻痹、懈怠或单极的意志消沉，并伴随偶尔的双极狂躁行为和突发性的失控行为，就像美国和以色列 [71] 对伊拉克和伊朗的突然袭击。

这是用集体行动掩饰个体的不作为，或者用一个战争去掩盖另一个战争。但是，这样的狂躁抑郁症也可能直接影响到其他人，例如当年的司法部长阿尔贝托·冈萨雷斯（Alberto Gonzales），他的所作所为惹火了某些州的律师们。

然而，通常我们可以预测那些努力造船准备航行的行动会产生什么样的结果，尽管造船者对航行没有太多的信心。这几天来，全国公共广播电台曾表示，"在整个政府行政部门人员还没来得及花更多的时间和家人在一起、不出问题之前，我们要多关注华盛顿方面的新闻"。伊本·卡尔敦（Ibn Khaldun）的**宗派主义**认为，道德滑坡具有传染性，并会使人们通过贪污或其他违法手段谋取私利，如罗纳德·里根的预算办公室主任大卫·斯托克曼（David Stockman）"被指控涉嫌证券欺诈、银行欺诈和妨碍调查罪" [72]。还有原新保守主义代表人物、世界银行行长、国防部副部长保罗·沃尔福威茨（Paul Wolfowitz），竟将世界银行资金转至其情妇 [73] 名下。与以色列一样，这一天的丑闻报道只是帝国衰落的部分迹象。

道德滑坡的另一迹象是美国有线电视新闻网晚间节目中的玩笑，这些笑话都是反布什主义、个人观点的诙谐表达，还不具备欧洲共产党人心理转折过程中第三阶段的系统性、结构—文化性的特点 [74]，也比不上伴随苏联帝国衰亡的埃里温电台的搞笑。而令人难以置信的是，迄今还没有大型影院播放这样的影视作品。

下面是来自埃里温电台的一段对话：

40

听众：他们说，我们生活在社会主义社会，而且共产主义社会也出现在地平线上。那么"地平线"是什么意思？

埃里温电台：地平线是天地相交处。当你接近它时，它便回落到越来越远的前方。

在这一系列行为的背后，是否存在某种普遍的准则，来应对正在发生的衰退？

有可能存在的准则之一〔见上述第（15）条矛盾〕是：缔造超越现实的神话，生活在虚拟的现实泡沫里。[75]乔治·W.布什一再重复着他的咒语，如无论现实如何，"我们的目标是自由"，我们要坚持把目标和计划当作现实。类似这样的泡沫源源不断，仿佛能这样坚持下去就等于胜利。[76]在精神病理学领域，这被称为自闭症。[77]

然而，由于不可避免的微调和被深层次的矛盾所困扰，对现实保持高度的敏感是必不可少的，这样才能将事业坚持到底或随时调整以便更好地坚持下去。

另一条行动准则是宗教幻想，这样人们把上帝作为现实的替代品，躲进超自然的幻想世界之中。而它之所以如此吸引人，就是因为它比我们所能感知的世界更显真实。基于此，对布什为何能在2004年大选中成功连任的解释可能就是：人们喜欢他关于目标的泡沫理论，因为它不同于难以让人承受的现实生活，而且人们喜欢他对上帝的忠诚，而不是一味逢迎"盟友"和那些奸诈之徒。

布什坚持下来了，并觊觎更高的权力。

美帝国也坚持下来了，情形却每况愈下。

5. 经济矛盾

　　对 2007 年以来的 15 大矛盾进行概述之后, 现在我们近距离观察这些矛盾的中期平衡。在本节中, 我们将采取第四节所用的方法, 删掉一些不重要的解释性说明, 同时增加一些对当代事务的评论 (希望这是读者想要了解的)。数据主要在脚注中标出, 因为它们每天都在变化。此外, 我们将遵循前文所列的 15 大矛盾的内在逻辑, 即便这样做会使一些潜在的矛盾浮出水面, 同时这些矛盾还不是此时此刻的新闻焦点, 但它们早晚会成为头条。

41

　　作为一个正常运作、动态的实体而非静态结构, 美帝国是一个复杂的体系, 15 大矛盾同时在啃噬它的五脏六腑。在体系内部, 线性发展非常少见, 因果链条也是时断时合。循环的、螺旋的以及任何形状的曲线发展都可能发生。当两个因素强烈碰撞, 一个产生变化, 而另一个却在爆发前保持不变。类似这样的量子碰撞现象在系统内部频频出现。但在此我作出一基本预测: 2020 年年底之前, 美帝国中心地的四种不平等交换模式将逐渐消亡。换言之, 无论它是采用**更平等的交换模式**, 还是**较不平等的交换模式**, 或是两者兼之, 中心地都将被世界孤立。

　　三大主要的经济矛盾如下所示:

　　[1] 增长和分配的矛盾: 除了中印两国之外, 各国经济增长速度普遍变缓, 国际国内的产品分配情况也日益恶化。对身处社会底层的人们来说, 面对可以预防的死亡、因饥饿而造成的病态和可以治愈的疾病, 生活是一种耻辱。生产过剩造成失业、失业造成需求降低, 过度供给又造成更多的失业, 这一恶性循环不断发生。[78] 结果是: 直到 2007 年, 美国 3 亿人口中有 9 千万人挣扎在贫困线以下。[79]

　　与此同时, 土地—种子—水—化肥的货币化促使农民不能在自己土地上耕作的劳动成果变成自用的食物。美帝国在一味追求经济增长、忽视甚至阻碍合理分配的同时，也削弱了它自身的粮食生产能力，因为合理分配可以提高社会底层民众的购买能力，这不是简单的 5%，甚至可能是 50% 或更多社会需求的增长。在印度，因毫无限制的借贷[80] 而导致破产和自杀的现象早已屡见不鲜。

[2] **实体经济和金融经济的矛盾**：当国内国际金融市场异常活跃，而实体经济增长缓慢、分配效率低下时，政府通常会通过提高流动资产的积累来寻找出路。由于奢侈品消费和生产性投资有限，而出路正是金融经济领域的买卖，也称为投机。对此，实体经济的反应则一般是建设类似安然（ENRON）和世通（WORLDCOM）这样的虚拟企业。与金融经济的增长同时发生的是实体经济停滞不前，这使得矛盾更加尖锐。2001 年美国股市崩溃、美元贬值（与此同时，欧元却稳步升值[81]）就是矛盾爆发的一个显著表现。为解决这一问题，美国政府的正确做法应该是通过世界银行／国际货币基金组织／世界贸易组织—纽约证券交易所—五角大楼这一体系，调整阻碍美帝国进一步发展的经济分配方式。然而，由于目前无法实施这一方法，潜在的经济问题自然会导致新的金融产品出现和新矛盾的爆发。

2008 年 9 月 15 日，雷曼兄弟公司倒闭、马多夫骗局败露；在实体经济融资不足的情况下，这两件事确实给金融经济造成了严重的破坏。[82] 其他国家与美国经济关系越密切，损失就越大；关系越疏远，损失也就越小，比如伊斯兰国家就受益于伊斯兰教银行的一项规定，即个人借贷金额不能超过个人财产的 30%。然而，美帝国经济仍在运转。[83]

[3] **生产—分配—消费和自然的矛盾**：

布什政府单方面退出京都协定[84] 的行为导致这一矛盾大大尖锐化，并导致 2002 年南非峰会打出这样口号：**"谢谢你，布什先生，你造成了世界仇恨美国。"**

对于退出京都协定，美国给出的解释是该议定书阻碍了美国经济的增长，不为美国大公司所接受。[85] 随着全球气候变暖对地球的威胁日益加剧，美国的单方面退出无疑表达了它对以共同协商为基础的国际机制的蔑视。美国本应该要求重新谈判，但它还有更重要的事情要做，它需要面对数百万人反对美国、要求可持续发展、促进自然再生产的抗议活动。而且此时恰逢帝国最为担忧的石油峰值和煤炭峰值期。

这给美帝国带来了迄今从未遇到过的前景。这将是一场浩大的战役，尤其当帝国经历巅峰期之后，它将像西西弗斯一样为自己的衰退和崩溃而苦苦挣扎。应对全球变暖的艰苦斗争，亟须巨大的人力资源和自然资源。这并不是说从低级到高级的经济开发没有取得明显成效，而是说这正是导致产量难以下降、投机增长太快、太多的修补和维稳的工作等一系列失败的关键所在。好似一个才高八斗、成绩卓越的人，本可以轻松地养家糊口、贡献社会，但他为了逃避痛苦而沉迷于赌博，以致倾家荡产，结果只能陷入更深的痛苦中。问题的关键不是财产的丧失，而在于赌博，就像不应该怪罪于气候变化。美国经济的问题不在于信贷紧缩，而是既受超资本主义的牵连，又受自然"气候变化将摧毁我们"的影响[86]，或者只是受超资本主义的牵连？

43

6. 军事矛盾

[4] **美国国家恐怖主义与恐怖主义的矛盾**：2001 年"9·11"事件后，这一矛盾发生了质的飞跃，尽管这一事件的死亡人数少于在 1973 年另一"9·11"事件中死亡的人数。然而，美国仍然支持智利镇压阿连德（Allende）社会主义政府的政变（这是第二次世界大战后发生在 1973 年的军事干预事件之一，另外还有对伊拉克、海地、索马里的干预）。可预见的是，类似事件将会重演，除非美帝国退出这一暴力循环，并且明白"真正的敌人其实就是我们美国自己"。但美国仍在高唱针对 60 多个国家的反恐战争[87]，其持续时间将比人的一生还长。要解决这一矛盾冲突，无论是失败还是尽力避免，都将付出沉重的代价。

结论显然是：任何对"9·11"事件的解释——比如说它是"以打击美国经济、军事两大支柱的方式来应对美帝国的所作所为"，或是将"报复行为"和"不能化解的冲突"作为迅速解决问题的手段——都无法证明这一恐怖行为的正当性。美国在阿富汗、伊拉克、海地和索马里的军事干预也是非法行为。然而，对科索沃的军事干预却可以解释为美帝国想要保持和扩大对世界石油市场的控制权，利用众多军事基地的威慑力"为我们的经济发展维持一个安全的世界环境"[88]。

以最猛烈的程度对美帝国进行暴力袭击不仅是错误的，而且会适得其反，因为这将促使美国采用以暴制暴的手段报复肇事者。然而，如果否定标榜为"正当理由"的虚假解释，同时也会否定一些解决问题的合理措施，如通过消除"暴力复仇的恶性循环"和"不能化解的冲突"的根源来解决问题。美帝国所坚守的与"邪恶"斗争到底的僵化神话，与不断变化的现实格格不入，并终将屈服于现实，否则美帝国就会像樱桃枝，因不能承受积雪之重而破裂。不合理的现象也有其局限性。

44

"9·11"事件构成了小布什政府发动两场战争的背景，即2001年10月7日爆发的阿富汗战争和2003年3月19日爆发（3月20日入侵伊拉克）的伊拉克战争。无论战争的主要动机是什么、无论布什何时下定决心开战，它们从一开始打着反恐战争的保护伞。

既然中心对边缘国的控制能力是衡量帝国实力的重要方面，它在帝国成长、衰落和崩溃的过程中起到了关键作用。至此，我们可以得出一些结论。

伊拉克战争

伊拉克已从"一个野蛮的独裁国家成长为今天的阿拉伯民主国家"，布什如此说道，而他执政的八年却造成美国远远滞后。现在我们来对此进行评论。

和人类所有行为一样，政治也带有目的性和手段；如果和其他行为没有明显区别，那么政治也能够带来利益。布什的这句话包含两个目的：一是让我们接受他们在表面上体现出来的价值；二是没有手段就不可能实现其他目的。从这一点来说，两极分化的心理或者说变态心理已见端倪：我们把其目的具有合法性的人视为朋友，而把其手段不具合法性的人视为敌人。我们赋予朋友合法性，所以关注他们的目的和意图。我们将敌人封为不合法的，所以关注他们所使用的手段和造成的事实。

由此，纳粹主义无论是民族主义的还是社会主义的，都带有目的性。这一目的性好比因为吸烟有害健康所以要禁止吸烟，在上流社会占据高层职位的两极分化社会里实现充分就业和消除两极间的壁垒。当然这样的目的常常被掩饰起来，以免正当的目的却成为恐怖手段、可怕灾难合法化的借口。当然，他们没有这样做，但这一两极分化的心理使我们无法理解盟国对希特勒的支持，以及其他所作所为（如纳粹德国和苏联的相互歼灭）和手段（针对平民的国家恐怖主义）。

这同样适用于萨达姆和布什。我们需要考察一切目标和手段是否具有合法性，因为任何评价都需要对成本进行权衡，不能只看利益。据说萨达姆做了14件好事，如发展教育、建设国家福利体系、赋予妇女戴盖头的自由等。而布什采取发动非法战争的这一手段[89]，耗资3万亿美元[90]，造成超过100万伊拉克人和近5000名美国士兵丧生，导致500万伊拉克人流离失所，其中一半在伊拉克境内，另一半则流浪在周边国家。伊拉克所遭受的物质损失无法估量。

45 同时，被美军杀害或因局势动荡而导致死亡的人数还在成倍增加，据说（而且我们也可以估算出），伊拉克约3000万人口中就有1000万人心中充满了对美帝国的仇恨，因为他们大多数认为美国的攻击是非法的，对伊拉克的未来造成了阴影和障碍。文化暴力和社会暴力对伊拉克人民、美国人民和其他国家的人民造成了严重的创伤；美帝国公然发动战争、虐待关押在阿布格莱布监狱和关塔那摩监狱的囚犯，其所作所为明显有违联合国宪章第二章、第四章的规定，无视人权，严重践踏国际道德。

接下来我们来看目的。2003年3月战争爆发时，萨达姆正实行"残酷的独裁统治"。但在之前的10—25年间，他的独裁统治更为极端。20世纪80年代在联合国的支持下，他发动了"合法"的两伊战争——当时他还是美国的盟友。

2009年年初，布什离任时曾努力保持伊拉克局势的平衡。因此，公平地问：如果没有以美军为首的联军攻击，伊拉克今天会怎样？答案是：它仍将处于萨达姆野蛮的独裁统治之下，而不具有一般人类社会的勃勃生机。也许内部的和平起义可以缓和独裁统治的严酷？但谁又能预见呢？

2003年2月[91]，萨达姆向华盛顿发出和平倡议，承诺在两年内实现多党选举（以及讨论石油配额、接受对大规模杀伤性武器的核查、参与中东和平进程等）。然而，即使建立与美国一样的政党，多党选举只不过是他头脑中的一个想法而已。此外，他可能已批准了议会公平、自由的选举，但议会基本上受他控制，就像美国今天控制伊拉克政府一样。

正如奎恩·戴尔（Gwynne Dyer）所说[92]：

"关键问题是，伊拉克 20 年后会怎样；如果没有美国的入侵，伊拉克又会怎样。但这一问题永远没有答案，因为美国的侵略阻止了后者发生的可能。"

但我们需要明白一个基本现实：伊拉克是一个人为建造的国家，是英国外交部为了基尔库克—摩苏尔和巴士拉的石油资源圈地而成立的。1921 年由英国任命的伊拉克国王费萨尔一世（Feisal I）曾指出：

"世上本没有伊拉克人民，只有大批毫无爱国思想的人们，其数量之多得令人难以想象，他们因各种宗教传统和荒谬思想而分裂，能一致对外但彼此毫无友爱之情，倾向于无政府主义并随时准备起来反对任何政府。"[93]

一百年后，这一席话仍道出了今天的现实。

46

在伊拉克建立"一个阿拉伯民主国家"？可能直到 2009 年，布什才意识到库尔德人是逊尼派，不是阿拉伯人。只有在被占领或被专政时，库尔德人、逊尼派和什叶派似乎才能"团结一致"。当能"一致对外但彼此毫无友爱之情"的人们通过民主获得了权力，他们最多有可能倾向于建立伊拉克共同体——一个联盟组织，而非原来的单一制国家、联邦国家，或三个独立国。也许"民主"本身就不属于"伊拉克"。

除非宗族能够成为维系伊拉克的主要纽带。2004 年 5 月，L. 保罗·布雷默（小）（L. Paul Bremer Jr）访问了狱中的萨达姆，形成了一份《协定》（*The Agreement*）。我根据这一简短的对话资料，试图引出关于如何治理伊拉克的专家意见：

萨达姆（侯赛因）：关键是，在伊拉克，一切事务都取决于宗族。费卢杰的人们只听从自己氏族的军事安排。这是我将军朋友的名字，我要求他的部队进来维持法律和秩序，我送给他最美好的祝福。他将会服从。

保罗（布雷默），抓起他的手机说：萨达姆会这样做的，而且也能这样做。

这只是单纯的幻想吗？

美国后来减少对伊拉克的暴力行动是因为受到某些来势凶猛的"浪潮"，如贿赂的影响吗？大多数专家一致认为，"两者没有因果关系"；而是因为伊拉克邻国同时进行种族清洗转移了我们的目标。

可以得出**结论**：发动伊拉克战争是为了达到非法目的——如控制石油，所谓的合法目的是不可信的。所采取的手段不仅非法而且恐怖。一个人为私利而杀人通常被称为杀人凶手。而国际刑事法院就是为布什这样的人设立的，它使美国不能免除被审判的命运[94]，而不是为美国的大屠杀开绿灯。世界人民似乎已意识到为正义而战[95]。此外，伊拉克战争本身就是建立在谎言之上：大规模杀伤性武器最终被证明子虚乌有，而萨达姆参与策划"9·11"事件[96]也是证据不足。

阿富汗战争

美国领导下的北约国际安全援助部队同时参与了三场战争：打击"塔利班"，即反对不支持世俗化的信徒；打击"军阀"，即反对实行高度自治的多民族国家；全面打击阿富汗——一个孱弱、疲于被侵的国家（1838年、1887年英国两次入侵阿富汗、1979年苏联入侵阿富汗），而这三场不同时代的入侵战争均以侵略者失败而告终[97]。这些战争本身就无法取胜，因为伊斯兰教永远不会向基督教国家投降，他们抗争的时间47 似乎永无止境，他们能够争取13亿乌玛人口的支持，而且阿富汗人在这方面有着相当丰富的经验。他们促使了大英帝国和苏联帝国的灭亡，现在该轮到美帝国了。

反恐战争

这是布什政府发动的第三场战争，受到"9·11"事件的刺激、成为伊拉克战争和阿富汗战争的保护伞，当然还包含着其他动机。然而，当务之急的是应该明确指出这场战争是第四种矛盾即美国国家恐怖主义与恐怖主义矛盾作用的结果，如果不及时指明这一点，它将更深地匿藏在战争的迷雾之中，不易被人发现。

参战一方是美国、其盟友及可调动的联盟。而敌人是谁呢？显然，任何拿起武器反对美国的都是敌人，"9·11"事件把矛头指向沙特阿拉伯。但美国却把阿富汗视为敌人、把战场选在阿富汗，随后又扩大到巴基斯坦部分地区如瓦济里斯坦"部落区"。奥巴马似乎已将"反恐战争"当作主要的冲突形式，将阿富汗部分地区而非伊拉克当作避风港，永远消除其对美国安全构成的威胁。

伊斯兰逊尼派分支瓦哈比（覆盖面更大）为我们提供了一个很好的案例分析。另一分析佳例则是美国中央情报局所做的"回击"预测，即认为美国大量的军事干预将导致"意想不到的后果"；事实果然不出所料。但伊斯兰人如此轻率毛躁，我们难以期望他们对自己的**暴力**有任何**反思**或对先发制人的战争采取任何积极的**应对**措施。[98]

如果说越南、阿富汗和伊拉克使美国陷入了"沼泽地"，那么很难找到一个合适的字眼来形容反恐战争的影响，美国甚至不知道自己可能会深陷何处。如果以美国的军事干预为准，那么这一泥潭将包括整个非西方世界。换言之，奥巴马正在发动一场以"彻底消灭恐怖主义"为目标的战争，但他更不可能取得胜利，因为自闭症使得布什沾沾自喜、"完成了使命"，而奥巴马却做不到这一点。

可以得出**结论**：如果美帝国继续走下去，2020年之前帝国便会崩溃。

[5] 美国及其盟国的矛盾：这一矛盾极其易变。美国不希望被视为美帝国，而希望得到所谓"先进"、"文明"的国家支持，以反对"邪恶"—"混乱"—"恐怖"的群体。通过北大西洋公约组织—拉美贸易协定—大都市发展规划组织这一体系，华盛顿与盟友形成联合并对彼此负责。这些联盟是否会衰退、消亡？

美国与盟国的矛盾在伊拉克战争中浮出水面，在南斯拉夫和阿富汗的军事行动中两者关系也紧张。[99]挂在华盛顿白宫的世界地图就是美国的国家体系。各国政府比美国人民更为重要。权力通过三种方式得以实施：谈判、威胁和说服，但最好都在幕后操作，以免走漏某些对美国不利的信息。譬如，2003年2月德国外长在慕尼黑曾攻击美国国防部长拉姆斯·菲尔德说道："以民主的名义，你必须把自己的辩护之词公布于众，但你的辩护没有说服力。"如果公众知道了内幕，例如支持伊拉克战争是为了把伊拉克列入美国的反恐名单，那么公众的反对之声将会甚嚣尘上。

2001 年，美国视英国、德国和日本为可靠盟友，却未能准确估测德国对伊拉克的立场。越南战争时，施罗德还是个青年左派分子、年轻的社会主义者，但这不过是他的成长背景。在南斯拉夫和阿富汗战争中，施罗德及其政党就承受了巨大的压力。澳大利亚曾被预言将成为盎格鲁—撒克逊人的殖民国。[100] 很多不那么"可靠"的国家早就退出了联盟。

不同国家的成本—利益分析也各不相同。但反对无条件支持美帝国的趋势日益明朗，帝国最薄弱的环节是以色列地区：在中东，如果人们承受诸如经济制裁这样多的压力，那么矛盾将进一步激化。

[6] **美国在欧亚的霸权主义和俄罗斯—印度—中国的矛盾**：这些国家都难以征服，因此美国利用车臣、克什米尔和新疆地区的穆斯林人进行威胁活动。由于北约东扩、大都市发展规划组织体系（中国台湾和韩国为事实上的成员）自 1995 年开始向西扩张，俄、印、中三国自我解决了大部分问题，彼此间的关系也愈加密切，即使美国暂时放缓其扩张计划。

上海合作组织 [101]（SCO）包括中国、俄罗斯在内的六个成员国，其中印度、巴基斯坦和伊朗担任观察员的角色。伊拉克战争促使这一矛盾更加尖锐。这些国家没有参与对伊拉克的进攻和占领行动（同时也掌握了伊斯兰游击队的一些信息）。但在经济方面，美国对这三个国家仍有很强的影响力。

49

华沙条约组织随着冷战的结束而解体，上海合作组织便是其化身，这构成了矛盾的主要方面。

[7] **以美国为首的北约军队和欧盟军队的矛盾**：上述两大矛盾均对美国不利，各国能感受到美国正在组建联盟、形成针对自己的帝国钳形包围。而在这一矛盾中，以美国为首的北约军队面临的是一个潜在的欧盟军队，他们具有联合生产武器的能力、拥有共同的陆军部队、彼此间合作，有独立的情报机构，还有核武器装备。[102] 这是一个正在形成中的超级大国吗？"他们现在已经有北约了，为什么还需要这样一支

军队？"对于这一问题，可以从美国式的二元论逻辑中找到答案："因为他们（北约）没有跟我们（欧盟）完全合作，于是他们是反对我们的。"但实际上我们（美国）还没有走到那一步。

这一理由将成为欧盟某些成员国组建欧盟军队的动机，建立于欧洲现有军队的基础之上，其指挥权既不通过华盛顿也不以华盛顿为终点，当然，除了交换信息。这难道是应对后北约时代所做的选择？还是为了即将到来的欧盟帝国时代做好防御工作？或者准备接管战利品？这些问题有待进一步观察。

7. 政治矛盾

[8] **美国和联合国的矛盾**：这一"世界最强大的国家"现在也是使用安理会一票否决权最频繁的国家，并通过坚决支持某些合意的计划或反对某些不合意的计划，来实施事实上的经济制裁。同时，美帝国还对联合国成员国施加影响，如改变投票模式调整债务利率。这无异于在发泄私愤，而且这一怨恨最终公开化，盎格鲁—撒克逊人的美英联盟拒绝接受联合国安理会关于伊拉克问题的第二次决议，并在墨西哥—智利展开间谍活动。[103] 美国异常活跃的外交及其帝国影响力最终阻止了华盛顿最为担忧的事情发生：和平解决伊拉克问题未能在联大会议上达成共识。联大的辩论与表决原本应该配合联合国进行深入调查（法国、德国），而非助纣为虐，进攻伊拉克。

[9] **美国和欧盟的矛盾**：这远远超过了欧盟军队和北约之间的矛盾。[104] 欧盟现有 27 个成员国，很快将增至 30 个，同时会吸引更多国家加入。1054 年东正教和天主教分裂、1095 年伊斯兰教和基督教形成对立，如果欧盟为了自身利益的最大化，决定在整个欧洲弥合这些裂痕，与俄罗斯、土耳其结成联盟，那么美国无疑将被远远地甩在其后。届时我们需要讨论的则是拥有 7.5 亿居民的欧盟。同盟关系的建立与发展是一循序渐进的过程，如同每年欧洲劳动力市场增长与和资源增长形成的一个百分比。

欧盟在东亚弥合裂痕的工作进展良好。想要建立一个强大的欧盟，只能放弃效法美帝国模式，转而与联合国签署相关协议。然而，他们是否有足够的智慧意识到这一点？

美帝国政治具体执行哪五项政策？如下所示：

50

I. **破坏其他帝国或建立帝国的努力；干涉他国内政；**

II. **支持大国国内独立—自治运动；**

III.支持存在潜在问题地区的独立—革命运动；

IV.反对任何独立于美国的区域化运动；

V. **削弱联合国。**

问题不在于美帝国是否为最后一个干涉他国内政的国家，而是此时恰巧没有其他帝国可以进行干涉。只要某一国家被美国视为真正或潜在的敌人，其国内爆发的自治或革命运动诉求不过于激进，那么这些运动将有可能得到美帝国的支持。哈马斯不具备这两大条件，而西藏却同时吻合。乌克兰和格鲁吉亚的"颜色革命"是来自南斯拉夫的舶来品，并获得美帝国的帮助。这场革命的积极意义在于所采取的非暴力形式，消极意义则是它已沦为协助美帝国达到其目的的工具。

至于反对独立于美国的区域化运动，却为时已晚。"拉丁美洲和加勒比地区"、"伊斯兰共同体"和"东亚共同体"在区域化进程中已迈出坚定的一步。欧洲、非洲、南亚和东南亚联盟已成定势，等待进一步的发展。

美帝国是如何削弱联合国的作用呢？

帝国崩溃的标志是从单边霸权主义到多边共同协商，从争夺主导权到平等对话的转变。显然，联合国为这两大转变提供了一个大至全世界范围的场景。然而，即使单边霸权主义行径逐渐退出舞台，美国仍因其复杂的领导地位备受折磨，因为它一心想成为受人景仰、被人效仿的世界领袖。对美国而言，向他国学习、与之享有平等权益并非易事。美国领衔的国际组织形式是美国的首选，倘若联合国拒绝成为美国的工具，则难免会受到抵制。然而，这一削弱过程可能将逐渐接近尾声。

8. 文化矛盾

[10] **美国犹太—基督教和伊斯兰教的矛盾**："犹太—基督教"是亚伯拉罕宗教体系中的一支，在美国较为盛行。基督—犹太复国主义原教旨思想皆认为世界末日即将来临，而先后到来的两位救世主弥赛亚与耶稣可能是同一个人，这使得教派矛盾进一步激化。伊斯兰教迅速发展壮大，基督教却委靡不振，毕竟犹太人只是少数群体。反对美帝国渗透的斗争由此更加白热化。策划"9·11"事件的年轻的沙特瓦哈比教派代表着13亿穆斯林人的利益，而非仅仅3亿阿拉伯人，这大大超出了美国的想象。很显然，这一濒战关系将限制美帝国的扩张，同时引发众多伊斯兰国家的反抗。

从犹太—基督教中，美国借鉴了犹太教关于上帝选民—应许之地的概念，尊奉以色列—美国式的卓异主义，认为自己高于法律、具有道德的自我正当性，可以为了自身安全发起战争、对野蛮国家可以采取暴力的形式。[105] 从基督教中，美国直接借鉴权力神授论，乔治·W.布什乃直接受命于上帝[106]。

[11] **美国与古老文明的矛盾**：文明古国开始普遍觉醒，不再自视为仅供人参观的异域风情博物馆，而是要喷发活力，让古老的习俗、神圣的文化重焕新颜[107]。在伊拉克，美军对苏美尔—巴比伦时期的文物进行破坏，企图通过摧毁其文化认同感来控制伊拉克人。美国与古老文明之间的矛盾正在加剧。

[12] **美国和欧洲精英文化的矛盾**：西方认为世界有四个地缘文化中心——美国、英国、法国和德国。其他国家应该效仿之，否则将被视为异类。法国和德国正与目前盛行的盎格鲁—撒克逊文化作斗争，而亚洲文化则与以上四大文化作斗争。这一矛盾同样也在加剧。

9. 社会矛盾

[13] **国有企业的精英和工人阶级中失业者、合同工的矛盾**：美国工会极其复杂，美国劳工联合会—产业工会联合会（AFL-CIO）第一次对战争，即伊拉克战争投了反对票。[108] 但工人因为担心失业而不得不受制约，合同工也因为没有正式工的安全保障而被管束；这一矛盾正逐渐消失。国有企业的精英们更容易听从指挥，在这方面发挥着不可替代的作用。他们基于自身安全的立场雇佣、解聘工人，并利用产品外购、操作自动化（如"机动性"、"现代化"）作为最后的威胁手段来解决纷争。

后现代经济可以需要少量工人，但需要更多的消费者。对工人进行解雇，压制了他们对权力的欲求，但同时也间接地减少了消费者。全世界中产阶级可以联合起来抵制美国产品如来自伊拉克的石油、波音飞机，以及美国消费—资本—金融商品如可口可乐、美元、股票和债券等，从而打击美帝国。但全世界工人阶级似乎偏向以策略取胜，通过移民或民族主义的方式进行抗争，而不是采取阶级斗争。

[14] **老一辈和年轻人之间的矛盾**：如反对越战的大学生、高中生现已通过互联网和 SMS 形成了互动。[109] 有关"神话对抗现实"的宣传远远不符合美国的实际情况。

这同样适用于女性。然而华盛顿打出了一张很好的底牌——**"捍卫祖国的安全"**，从而深得人心，促使女性加入到保卫家园的队伍中来。

在美国，因纽特人、夏威夷人、原住民、奇卡诺人、西班牙裔及非裔美国人等群体越来越反对盎格鲁—撒克逊裔白人新教徒、南方浸信会以及南部腹地的军事化。他们将形成一个联盟，在较短的时间内即 2042 年前，跃居为美国社会的多数人群体。[110] **结果如何，日久自明。**

    [15] 理想与现实的矛盾：与经济矛盾、社会矛盾类似，这一矛盾不仅体现在美帝国中心和边缘国之间，而且还存在于美国国内的中心和边缘地区之间。以美国梦为例，只有大量借贷才可能实现这一梦想，并将沉重的债务负担转嫁到下一代。与其说这是一种承诺，不如说是一种威胁。

    同时，非唯物主义者的人权自由梦想被《爱国者法案》和"9·11"事件[111]后出台的其他政策击得粉碎。"9·11"事件后美国不再被攻击的主要原因可能是，相对于外来恐怖分子的袭击，美国能更好地毁灭自己，这不仅仅是因为美国经济和军事目标由于其罪行而受到了法外制裁。

    一个破碎的美国梦同时也摧毁了美国的梦想，但人民对于美利坚共和国充满了信心。民意研究一直表明，全世界人们包括穆斯林人在内，对美利坚共和国和美帝国抱以截然不同的态度，支持前者、反对后者。根据前文所提到的苏联信念崩溃的七个阶段，前三个阶段均适用于布什政府；尤为重要的是有关帝国衰亡的部分解释。因此，奥巴马的口头禅"变革"可能只是意味着从布什到奥巴马的政府转交，而不一定是帝国四大权力的改变。

    综上所述，本书在结构方面的分析只关注了某一不足如战争失败和经济危机，这不但简化了美帝国的复杂性，同时弱化了对美帝国的批判。而在文化方面的分析则对原教旨主义和各地文化讨论过多，从而忽视了对其内容的探讨，同时也未提及资本主义的一种理念——对任何一个努力工作的人来说，发展的空间是相当有限的。然而，这只是对苏联崩溃模式的第四、五阶段进行基本的点评。美帝国的历史还未到达这一步。

10. 美帝国的崩溃：轰然倒塌还是呜咽消亡？

T.S. 艾略特曾说：

"这就是世界终结的方式。

这就是世界终结的方式。

这就是世界终结的方式。

不是轰然倒塌而是呜咽消亡。"

他可能错了。当然，美帝国也不是世界。

美国三大权力机构对 2020 年帝国终结的预言不屑一顾，然而大部分矛盾已日臻成熟。

经济方面：

[1] 增长和分配的矛盾；

[2] 实体经济和金融经济的矛盾：金融危机；

[3] 生产—分配—消费和自然的矛盾。

军事方面：

[4] 美国国家恐怖主义和恐怖主义的矛盾：**伊拉克战争；阿富汗战争；反恐战争；**

[6] 美国在欧亚的霸权主义和俄罗斯—印度—中国的矛盾：北约—美国大都市规划协会与上海合作组织的战争威胁。

政治方面：

拉丁美洲—加勒比地区的统一；非洲对美军的抵抗。

文化方面：

[10] **美国犹太—基督教和伊斯兰教的矛盾：以色列—美国与伊斯兰教的隔绝；对美国卓异主义—权力神授的抵制。**

社会方面：

[14] **老一辈和年轻人之间的矛盾；**

[15] **理想与现实的矛盾。**

矛盾无处不在：存在于经济的三个方面，存在于三场正在进行但无法取胜的战争之中，存在于北约—大都市规划协会和上海合作组织之间的战争威胁之中，存在于犹太—基督教（以色列—美国）和伊斯兰教（巴勒斯坦）的冲突之中，同时也存在于美国卓异主义、来自世界各地青年一代的挑战[112]，以及现实与神话脱节状态之中。

然而，这些冲击波仍未严重削弱美国在北约—大都市规划协会、欧盟和联合国的地位。[113] 他们染指拉丁美洲和非洲的内政，但未能在现实中形成像上海合作组织这样的坚固联盟，也没有导致阶级运动和性别运动。

2000 年所做的预测距今已有 9 年，可得知：大部分矛盾的成熟和相互作用的速度比预期的更快。可进一步推论：矛盾将日趋尖锐，同时处于休眠状态的矛盾也即将成熟。

55

毋庸置疑，美帝国已危机四伏。同时由于国内经济、社会矛盾的涌现，美利坚共和国也面临着各种威胁。而美国可能会寻求用**"大棒政策"**解决全球问题，更多地压榨国外无产阶级；对持有大量美国国债的人[114]进行恐吓甚至军事打击；继续坚持优先发展美国经济，而合理分配和我们共同拥有的自然资源的可持续性发展则退居其次。

如果做到这一地步，那么在全球范围内的经济、军事和社会矛盾以及犹太—基督教和伊斯兰教之间的文化矛盾将进一步激化、尖锐。协同效应也将出现，其他文明、欧洲社会及其他精英文化将站在伊斯兰人的一边。

协同效应的产生，主要是因为人们越来越认识到所有这些问题都与美国外交政策有干系，无论是以帝国还是帝国主义的名义。这些关联有据可循，根源于美国倾向用武力"解决"大部分矛盾。可以说，美国政策是导致这一效应产生的催化剂。

然而，这些逐渐同步发生并具协同效应的矛盾何时出现在北约、欧盟和联合国的政治之中？

作为捍卫大西洋自由的联盟，北约却受到现任领导人——美国的威胁。北约何时瓦解？或者说，美国何时丧失对北约的领导权？[115]

欧盟虽然也存在各种问题，但具有很大的潜力，可摆脱美国的控制，保持独立。

联合国安理会已沦落为美英合法化的工具。很有可能在某一天这种关系会突然破裂，这一天的到来只会更早而不会推后。

在所有这一切表象的背后就是真正意义上的政治，是属于人民的政治如世界社会论坛。假如世界社会论坛能够切实提出建设性的选择方案，世界人民很快将学会如何应对没有美帝国的时代。因此，世界社会论坛需要百分之一百的自由充分成长，而不仅仅局限于巴西。

然而，且不提社会矛盾如何波及政治矛盾，想要让世界摆脱美帝国经济、军事、文化的控制，美国内部也需要实现一些基本改变。如前所述，所需改变并不太多，只需改变四类跨界关系，这在世界其他地区已有成功先例。[116] 但接下来应该怎么办呢？

一个基本原则是：美国批评界和（或）领导人须承认，如果不对其他国家、地区进行剥削、杀戮、控制和操纵，美国将会做得更好。"恶劣的外交关系"必须转为"良好的外交关系"。不少国家习惯于四处施恶，但半数以上散落在太平洋中，无法在地图上找到，这有何意义？用枪杆镇压了国内的反抗力量，难道也同样需要用庞大的武装力量消灭全球所有的反对势力？习惯于看到别人的问题、对自身问题却熟视无睹，对两者的关系也视而不见，这难道是正确的？[117] 大战前的动员工作一般能轻易做到，但他们是否也能动员人们为建立更和平的关系为奋斗？

这就是领导阶层存在的必要性，坚定思想、践之于行，而非夸夸其谈。戈尔巴乔夫认为，在他统治期间苏联与十多个国家接壤，因而不可能与所有国家（芬兰除外，它完全是在利用苏联）交恶。美国的领导力

56

不仅表现为领导思维能力，还体现为将思想转化为行动的能力。美国人希望可以安全地周游世界，即使是为了履行债务合同以维护帝国运转，引发美元大幅度贬值（通货膨胀），美国人也在所不惜。

领导阶层必须铭记在心的是：各种问题此起彼伏，矛盾深入发展。要想让它们消失，唯有改革基本制度。那么，该如何进行改革呢？

让我们再次观察这 15 大矛盾及帝国的定义。如前所述，要解决这些啃噬帝国体系核心的矛盾，方法是很简单的：

解决第三个经济矛盾的方法：减少，甚至停止开发；

解决第四个军事矛盾的方法：减少，甚至停止杀戮；

解决第二个政治矛盾的方法：减少，甚至停止控制；

解决第三个文化矛盾的方法：减少，甚至停止操纵；

解决第三个社会矛盾的方法：动员起来，减少甚至停止以上各种行为；

每减轻一个矛盾，美帝国将进一步走向**衰落**；每消除一个矛盾，美帝国将进一步走向**崩溃**。当四大权力范畴内的矛盾均被消除时，美帝国就会**呜咽着解散**，即使剩有残余，如在车臣的俄罗斯帝国影响力、在伊拉克—阿富汗的大英帝国余音，但终难成大器。

近来最戏剧性的是法兰西帝国的解体：出于戴高乐个人勾勒的一项终结整个帝国（除了太平洋和其他一些岛屿）的**宏伟计划**，如同苏联帝国和大英帝国的崩溃，原法兰西帝国形成众多独立国家。即使全球资本主义重新出现跨国剥削、西方四大国家的思想控制牢不可破，但由于 20 世纪 60 年代西方殖民体系的瓦解、20 世纪 90 年代苏联帝国的垮台，一个新世界诞生了。

如果认为新生的世界将成为地球上的天堂，那么这一想法过于天真无知。新体制也将产生矛盾。英、法和苏联帝国的统治者曾下结论道，迄今为止，新体制建立的成本远远高于收益。美国领导层也得出结论，认为帝国（包括边缘国在内）衰落所带来的收益可能将高于成本，当然这有赖于后续体制的得失。我倾向于成立联合国的全球管理和区域化治理模式，而不是建立一个欧盟帝国。[118] 对此，下文将详细论述之。

大英帝国和法兰西帝国建立在"海外"殖民地的基础上，苏联帝国建立在相邻的沙皇／布尔什维克"联盟"的基础上，而美帝国则建立在——如白宫决策者所说——"独立"的、非美边缘国的基础上。这造成了帝国概念的混淆，使人难以辨别哪些帝国与殖民地而不是与独立国家有关，哪些帝国与"海外"领土而不是相邻领土有关。造成混淆的原因还在于这些帝国中心当中有三个是西方民主国家，即使人们再天真，但这样不断出现的错误也远远有悖于情理。本书在前文对帝国所做的定义，是基于中心国与边缘国之间的不平等交换，而不是根据帝国外围的地理概念，也不是依据中心国的政治统治范围。

需重申的是：不平等交换分成四大部分，构成了帝国体制的根本矛盾。上述四种深层矛盾表现出 15 大人人可见的表层矛盾。媒体对后者时有报道，但很少触及深层矛盾。到目前为止，其基本模式是：

四大深层矛盾决定了 15 大表层矛盾。

当 15 大矛盾日趋成熟、同步发展并协同作用时，中心国首先受某种启发、有意识地放松对边缘国的控制（如戴高乐），接着目睹帝国不可逆转的解体过程；这一过程或缓慢（如英国）、或迅速（如苏联），或试图挽救（如三大帝国的早期阶段），但最终走向结束。那么是轰然倒塌还是呜咽消亡？ **美国，选择权在你的手中。**

如今，美国在以色列—巴勒斯坦地区、伊拉克和阿富汗的所作所为好似一头受伤的大象。此时道德滑坡，意气消沉到了极点，严重的情绪化阻碍了理性思维，接踵而至的便是一个冰封阶段——"放任自流"。意气消沉导致心理走向两个极端，在狂躁和抑郁之间来回摇摆。为了"治病"，美国不得不需要赢得无法取胜的反恐战争和针对伊斯兰教的战争。**矛盾 [4] 包含矛盾 [15]，矛盾 [15] 意味着美帝国道德滑坡、士气消沉；否定矛盾 [4]，等于否定矛盾 [15]。**

四大深层矛盾导致 15 大表层矛盾爆发，道德滑坡造成四大深层矛盾放任自流，从而导致帝国在 15 大矛盾的作用下解体。

然而，四大深层矛盾却有更深的根源。 不平等从何而来？是来自不

58

受约束的、但因无法实现公平所以需要武力维护之的资本主义？那么，资本主义从何而来，暴力又从何而来？是来自伴有权利和义务的文化优越感？但这一优越感不具备了解其他文化的义务，与应许之地—上帝选民的卓异主义密切相关。也许如此。[119]

构成美帝国定义的四大深层矛盾是在一定的条件下产生的，但我们的重点是消灭这四大矛盾，而非深究其起因。这些矛盾随时等待解决，如美国和以色列可以选择与他国和平共处，而不是高高地坐在剥削的金字塔顶上，大肆杀戮、"指手画脚"。**选择权在美国和以色列手中。**

同时 15 大表面矛盾也存在其他根源。譬如，资本主义导致的经济矛盾；美国在变身为帝国前的暴力行为；某些欧盟成员国痛恨美帝国妨碍了其野心的实现；同样，某些竞争性文化也痛恨美帝国的干预，例如伊斯兰教想要扩展哈里发享有居留权的地区、中印两国在世界范围内的经济渗透。于是有人说，在美国的统治下，世界局势要比在欧盟、伊斯兰教和中国的统治下更好。

这句话有一定的道理。但问题是，美国不仅要独吞世界经济这块大蛋糕，而且要对世界其他国家和地区实行杀戮、控制和操纵的帝国统治。当它把全部精力都放在制造其他矛盾时，美帝国必然走向衰落、崩溃直至灭亡。

美帝国灭亡后，有关阶级—代际—性别—民族的斗争仍然存在，其他错误行为仍然阻碍了世界发展的进程。

15 大表层矛盾反过来又加深了四大深层矛盾。刚开始时，是一个时段凸显一个矛盾。此时帝国会采取一定的补救措施，从而进入较为平缓的妥协期；挑明矛盾的人们可能会被噤声、嘲笑，甚至遭到迫害或杀害。随后**几种矛盾协同作用**，导致帝国道德滑坡、士气低落，最终衰落。此时国内统治民族和被统治民族之间的矛盾往往会出现反弹，并寻求新的出口。当被统治民族面对残酷的暴行时，他们会毫不迟疑地拿起武器捍卫家园的安全；目前还没有矛盾激发起这一民族情感。然而美帝国曾面临这种挑战，当时处境岌岌可危。

不可能因为帝国处于士气低落的状态，而否定四大深层矛盾的存

在。我们要讨论的是人们逐渐对帝国生存能力和合法性丧失信念，这是一个循序渐进的过程。最初的反响犹如沸腾的开水，然后逐渐冷漠、听任自然，直至烟消云散。中心国有意识地放松对边缘国的控制，同时（或者）边缘国不知不觉地逐步摆脱中心国阴冷而无力的爪牙，如拉丁美洲。[120]

无论以哪种方式，帝国会无法避免地衰亡。而当帝国奄奄一息时，一个新的政治阶层出现，决定加强而不是放松对边缘国的控制，正如美国现在努力做的一切。但由于显而易见的原因，这只能将无法避免的命运向后推迟几天。

否定四大深层矛盾并不意味着否定 15 大表层矛盾。 客观形式的矛盾有可能得到缓和甚至解决，但主观原因仍在寻找下一个矛盾替身。希特勒在斯大林格勒失利，可能导致他决定灭绝犹太人。

一个矛盾中也许隐藏着另一个矛盾。 当后者爆发时，前者可能已经消停。失去军事和政治上的优势，美国可能会把素有"软权力"之称的经济和文化的螺丝拧得更紧。但这并不能阻止矛盾的激化。对美帝国来说，这条漫长而黑暗的隧道尽头闪烁着一线光亮。然而，走过这条隧道后，迎接美帝国的可能又是一条新隧道。详见后文分析。

关键问题仍是，美帝国是轰然倒塌还是呜咽消亡？当然，也可能两者兼备。假如朝鲜战争（其结果令美国颜面扫地）正值帝国鼎盛时期，那么从此以后，美帝国多次遭受猛烈的打击，越南战争还不是主要原因，而是前文所提到的伊斯兰战争和反恐战争。美国视恐怖分子为"反美分子"，如果这一界定能被接受——哪怕只是在字面上、而不一定是在炸弹的威逼下——那么这些战争就可以被当作是帝国保卫战。本书论述帝国的衰落和崩溃，对某些人来说，这可能不仅是鼓励恐怖主义，其本身也许就是一种恐怖主义行为。

经过多次沉重打击后，我预测今后美帝国被打击的力度会小得多，我们将逐步过渡到帝国呜咽消亡的阶段，只残留了某些控制和操纵的痕迹。这一说法的根据是什么呢？

俗话说，万事皆有因。许多人将目睹美国的行政管理从强硬变得和缓，从而忽视了其经济、文化权力可采取非常强硬的手段，也忽视了军

60 事和政治权力可采用维护和平、协商谈判等更柔和的方式。关键在于美国政府，但将帝国的终结归因于中心国的意愿，这是典型的帝国主义。试看美国的"后院"——拉丁美洲—加勒比地区的 32 个国家。我们可以注意到他们已放弃游击作战，转而提供医疗支援。不仅古巴而且美国的行为方式都发生了转变，美帝国由轰然崩溃过渡到呜咽消亡的阶段。我们还可以看到卢拉（Lula）及其他许多执政者正在努力加强拉丁美洲—加勒比地区的力量，而不是削弱美国。边缘国所采取的一切举措，当然不是出于中心国的授意。

中心国与边缘国必须共同担负起这一重任：让这一过渡阶段少诉诸暴力，甚至实现非暴力。但更危险的是美国把非暴力行为理解为边缘国的软弱。

在本节开头，我们指出了 9 种矛盾，并详细分解为 18 个矛盾双方，现在（2009 年年初）将之确定为帝国衰落的诱因。有些诱因的作用可能已减弱，有的却进一步激化；此外，还有其他新的诱因加入进来。

而有一个问题颇具诱惑力：在所有这些矛盾中，是否存在一些共同因素？事实上我们不应该提出这样的问题，因为它有可能将复杂的局势过于简单化，从而不利于研究。然而，为了得到更多治愈帝国的良方，我们必须寻求一个答案。

我们可以感觉到：隐藏在 18 个诱因背后的，是美国几乎让人难以置信地缺乏解决冲突的能力。这意味着我们将非常遗憾地看到一些邪恶力量堂而皇之地四处作恶，而唯一的解决方法是用一种足够强大的力量保证安全。同时还意味着撒旦路西法的到来，他因冒犯上帝而被废黜，虽无比丑陋却拥有天使般的超人智慧，常常以反对者、持不同政见者、共产主义分子、恐怖分子和穆斯林等形态出现。而在经济领域的矛盾中，对违反法律的恶棍必须施予重罚。[121]

另有一些人认为帝国前景异常暗淡，从上帝的选民到恶魔、骗子，这一陡然转变的身份让人看不到任何希望。但问题是通常没有那么多"其他人"、"我们"的派别之分。社会的民主制度和福利制度将经济增长转化为效益分配，从而促进更多的增长。保持实体经济和金融经济之间的平衡，将创造发展的奇迹。同理，与自然建立伙伴关系，理解恐怖分子的需求以及国家恐怖主义对其的迫害，改善与俄罗斯—印度—中国、拉丁美洲、非洲和伊斯兰教的关系，改善与年轻一代的关系，提倡和平—绿色运动，放低姿态，实现平等对话，与他国互相学习，这一切都将创造出奇迹。[122]

　　这样，奥巴马总统可以呜咽着结束帝国了。

61

The Fall of the
US Empire

第二部分

未来：走向何方？

A

全球范围：继任者、区域化或全球化？

11. 衰退国家体制的继任者

在不久的将来，美帝国将萎缩成一个与其全盛期形成强烈对比的弱小残国。届时将经常听到的问题是：谁来取代它的位置？好似出现了一个真空状态，各大强权排队守望，欲将之填补。帝国的存在似乎已成为世界体制发挥基本功能的前提，如同中枢神经系统对人体的重要性。而当帝国不复存在时，它的继任者又能从全面瓦解的局势中拯救出什么呢？

然而，还可以把帝国比喻为以牺牲其他组织生长为代价的恶性肿瘤。问题不在于是谁取代了它的位置，而在于它是如何作用于"身体"：是通过外科手术除之，还是通过放射性、生物性、化学性大规模杀伤性武器毁之，或者还有其他更微妙的方法？争议的焦点是帝国的覆灭，而不是更替。

无论如何，有些事情即将发生或正在发生。究竟会发生什么情况则取决于我们对未来世界体制的设想。在很长的一段时间内即 1950—2000 年，在现实世界地理划分的基础上，产生了两个概念即东西差距和南北分裂。南北分裂作为一种**军事话语**，是指以意识形态为基础的联盟分化，而东西差距则是一种以发展为基础的**经济话语**。南北分裂具体是指北约组织与世贸组织、华沙条约组织（及中立不结盟国家运动）之间的对立。东西差距则是指较发达国家（MDCs）和欠发达国家（LDCs）（大体按照人均国民生产总值为标准进行衡量）之间的差距；也称为第一世界和第三世界、经济合作与发展组织集团（OECD）和 77 国集团之间的差距。而世贸组织中的社会主义国家则属于第二世界，它们有时为了尊严被列入发达国家，而有时为了援助被封为欠发达国家，在两者间摇摆不定。

北约和世贸组织之间的对立及发达国家和欠发达国家之间的差距，全在美帝国的中心即华盛顿特区的监控之下。哪个国家隶属于哪一范畴，谁是"现代国家"、谁是"传统国家"，华盛顿特区在这些问题上往往是一锤定音。

因此，华盛顿特区把发达国家和欠发达国家之间的对立看作冲突形成的标志，并像数百年来建基于殖民主义的剥削一样受到诅咒。南北分裂只是对各国"成长阶段"和发展进行分类。这只是一个相对—比较的概念，并不是指两者间的关系。但东西差距则是两者间的冲突关系，而不是单纯的分类。

东西保持差距的目的是遏制世界贸易组织，尤其是苏联的发展，还有可能导致它们的崩溃。南北分裂目的是预防全球范围内阶级斗争的爆发，特别是南方国家与东方世界形成联盟所掀起的斗争。为了防止财富分配偏向南方国家尤其是最贫穷的南方国家，所采取的手段是：一方面是对它们的发展施予援助；另一方面是中情局的秘密行动和五角大楼公开的军事干预行为相结合。根据李嘉图的劳动分工原理，其首要目标就是保持南北经济发展的差距。

这两种分裂状态还可以描述为西北、东北与西南、东南的分裂；第一世界、第二世界、第三世界及以中国和日本为代表的、采取不同发展途径的第四世界。第一、第二及第三世界更多的是以"自我"为文化导向的基督教国家，而第四世界则是以"我们"为文化导向的佛教国家。

两种分裂产生的原因与认同相关；东西差距的产生是因为对核战争的恐惧；而南北分裂则是因为北方国家对自身发展的骄傲和南方国家赶超北方的愿望。然而，这种自豪感却越来越多地夹杂着对各种后果的恐惧，例如环境污染和资源枯竭、社会组织的解体、居高不下的离婚率、严重的腐败现象和暴力事件以及社会的无结构性（社会组织的缺失）与失范（即无规范性）。[1] 表面看来，北方国家是成功者、南方国家是失败者，而实际情况可能恰恰相反。[2]

东方的崩溃更多的是因为其内在的发展逻辑，或者是缺乏第三节中所提到的主见，而非缘于西方的压力。但在西方的压力下，东方国家也逐步开放，并发展二流的民主选举和奉行自由市场的资本主义。而南方国家的发展表现出惊人的多样性。

西方必胜的盲目自信使他们无视一些显而易见的问题：随着北约和紧随其后的世界贸易组织的东进，以及苏联的解体，"东拓"运动进一步向东发展。上海合作组织拥有六个成员国，分别是中国、俄罗斯和中亚四国，且有三个观察员即印度、巴基斯坦和伊朗；世界贸易组织与上海合作组织已形成事实上的联盟，以应对来自一方或多方的危机，同时国家资本主义也随时准备介入。

如果东方国家没有一支可靠的军事力量，那么基于畏惧彼此的东西差距将不复存在。而来自南方国家的切实的经济威胁，也使南北分裂岌岌可危，因为南方国家向来是市场和资源的提供者，南北分裂的产生也是建立在这一模式的基础之上。这一危机可从欧佩克国家出口资本用于投资，而不仅依靠石油输出的事实窥其端倪。现在两个南方大国即中国和印度，很快将成为世界第二大经济体，并逐渐在信息技术包括硬件和软件的开发上占据主导地位。 65

当然，在整个时期内，还存在一个传统而重要、具有军事意义的**政治话语**：强大甚至是"伟大"的强权与其他国家形成对立，在联合国宪章里如同安理会一样被当作神供奉在佛龛里。同时，还存在一个以刘易斯·亨廷顿的"文明的冲突"论为基础的**文化话语**，具体表现在西方与伊斯兰激进组织之间的矛盾，彼此间的剧烈撞击一直为大家有目共睹。随着苏联的崩溃，东西方的冲突在一段时间内消融，但是美国文化的深处却天然需要敌人，因此南北分裂被看作是对伊斯兰教暴力行为的辩解，因为"他们是现代化建设中的失败者"。

然而，美国却在激怒俄罗斯，视之为敌人，并通过这种方式带头重新挑起东西方矛盾冲突[3]；而在南北分裂的状态下，美国"经济第一"的地位开始动摇，"反恐战争"愈来愈众叛亲离；只有联合国安理会的一票否决权目前还暂留在国家体制之中。

若要回答"接下来会发生什么？"，我们将发现还有更糟糕的等在后面。一国在世界上的话语权取决于其经济、军事、政治和文化四个层面的综合实力，其中任何一个都无法取代其他三个。因此，在安理会五个常任理事国中，有四个是基督教国家——分别信奉新教、英国国教、世俗天主教和正统天主教，还有一个国家信奉儒家—佛教—道教。除了13亿穆斯林和数量相当的印度教徒以外，14亿中国人和基督教的三大分支都各有清晰的文化诉求。对一个世界性实体来说，这几乎是不可行的：联合意味着必须屈服，即使联合国安理会本身也不例外。然后又会产生一个美国式的主要残留权力。

情况可能更加糟糕。那些处于领先地位的国家掌握了当今世界的**主导话语权**。但是领先国家及其国家体制霎来即去、不断变化，它们的离开虽不一定像苏联一样轰然倒塌，却和美帝国具有一定的相似性，即通过其地位的不断降低而逐步陷入覆灭的境地。他们的降生，虽不一定像140个国家的诞生或殖民地自治运动的结果一样意义重大，却也因为他们是重生、再度统一、转世而意义非凡，正如德国在欧洲母亲的怀抱里重新得到统一甚至可以说是重聚，或者像中国在清王朝—国民党—共产党的接续统治下重获新生。

然而，如果国家更替频繁，我们则需要探索一个国家从诞生到成长、再到衰落和崩溃这一过程的实质，如同人类从童年到青年，再到成年、老年的生命周期运动。那么接下来是什么呢？西方会坦然回答：是死亡。但是有人死后将获得世人称誉，如拿破仑对法国人的贡献；而有人死后却被世界唾弃，如希特勒对大多数人的迫害。然而，印度教—佛教国家对此却持有不同看法，认为是转世轮回，即上文提到的三个"重新"（即重生，再度统一，转世）。这一截然不同的答案带有其深刻的文化印痕。于是罗马帝国虽然灭亡了，但它的帝国模式却让人类包括美国铭记，罗马帝国也因此得以流芳百世。

如果把人类的生命周期运动运用到国家体制的成长变化中，那么美帝国之后填补其空白的继任者，恰如一个失败的首席执行官的接班人，显然应该是年轻、成熟而充满活力的，拥有经济、政治、军事和文化四大完整实力。然而，除了出生—成长—成熟—衰老—死亡的生理变化外，决定人类各种变化即生命周期不同阶段的本质什么呢？答案是：某些产生一定意义的精神层面的东西。我们称之为**"项目"**（project，法语为 projet），正如美国曾一度奉行的命运天定论。

项目的执行者制定其目的和手段，这不仅能像指南针一样起到导向作用，而且对踏上旅程的人们意义重大，就像圣地亚哥朝圣之路对于朝圣者的意义一样。

童年是典型的**项目缺席**（project absence）期，在这一阶段，主要是通过游戏来学习目的、手段及其相互关系的一般模式，并为下一阶段做好准备。

青少年是典型的**项目诞生**（project birth）期，这一阶段主要是掌握必要的价值（目的）和技能（手段）以及充分的实施规则；而且，随着时间的推移，项目也日益清晰。

成年是典型的**项目实施**（project enactment）期，其中最为普遍的就是以养家糊口为目的的工作。

老年的到来使人生再次进入典型的**项目缺席**（project absence）期，此时任何项目都停留在维持生命和日复一日单调的生活上，停留在保障自身安全和维持现状的层面上。当然，还有些虚拟的人生项目称为**爱好**，比如打高尔夫球或桥牌或集邮等，但这对人们影响不大。那么，这是否意味着生命已走到尽头？

当然不，老年又是典型的留下**项目遗产**的时期，遗产的内容则由人类精神创造遗留下来的深层文化、行为模式的深层结构来确定。然而，一个佛教徒死后，既不能上天堂，也不会下地狱；这就是两种文化的不同之处。

西方人**童年—青少年—成年—老年**的人生阶段划分不同于印度教中的**业法**（dharma）—**阿尔塔**（artha）—**卡马**（kama）—**解脱**（moksha），后者四个阶段所关注的都是当下，只不过不同阶段重点有所转移。**业法**阶段是价值观念和技能的灌输期，是为职业（瓦尔纳，古印度四姓阶级之一）做准备；**阿尔塔**阶段是实践期；**卡马**阶段是享受期；而**解脱**阶段则是和寻求业法的人们分享多年来积累的智慧。然而西方人认为，如果没有那些落伍的经验以及长者灌输给年轻人但阻碍其成长的智慧，那么印度教中某些思想是大有裨益的，与人类的生命周期运动接近。

国家的生命周期与人类相似。

处于**童年时期**的国家都在寻找自己的项目，忙着把上一代人传下来的"发展"项目（通常定义为"经济增长"）传递给下一代；它们一直在准备着，虽然不知为何准备。非洲国家现在似乎仍处于这一阶段，同时一些地区甚至非洲大陆正在进行非洲联盟认同的项目实验。

处于**青少年期**的国家做的就是青少年应该做的事情：积极地进行身份认同构建，认为自己已"长大成人"，所以开始推进自己的发展项目如经济增长；而消极的因素则来自某些成年国家对其身份认同的反对。例如，一些成年国家反对拉丁美洲国家的经济分配和增长项目，美国还反对拉丁美洲和加勒比地区的政治项目；而伊斯兰国家则基于伊斯兰社区组织发展有关教法和哈里发帝国的项目，其经济也更多地建立在与人们生活关系密切的实体经济，而非金融经济的基础之上。这些项目由从最初的表态发展成为切实可行的行动，因为它们吸引和鼓舞着广大人民群众，且毫无疑问，它们承担了一些不言而喻的重任。

处于**成年期**的国家通过各种项目的启动来建构自我认同意识，因此这些项目不过是**世界精神**的临时归属。根据机械化的人均国民生产总值指数，世界第一和第二人口大国——中国和印度被长期归于欠发达国家之列，而非成年国。然而，它们以生产高性价比的工业产品以供世界消费，从而迅速占领市场，仅留给发达国家一个非常小的奢侈品生产市场，这就意味着结合了印度**解脱**思想和中国儒家传统的文化讯息时代即将到来。到那时，根据几千年经验积累进行理性思考的智者，随时准备传播他们的智慧，正如当今美国对青少年的各种思想灌输。[4]另一些古老的国家——埃及、伊朗、墨西哥、玻利维亚——也可以向世界传达自己的、而非西方的文化讯息。[5]

68

进入**老年期**的国家，除了维持现状、保障自身安全及其他重复性活动外，并无新的大发展项目。可借一比喻对这退休生活进行形容：在美国老人院、安装了30000多个安全门控的富人区，到处都是警卫、狗、铁丝网和电子监控等等。如同在美国与墨西哥之间、以色列与巴勒斯坦之间，恰如以色列所定义的那样，矗立着一道非常明显的隔离墙，或如欧盟所实行的申根协定。

当这些国家进入老人院时，我们可以将之放在过度劳累的国家之列，它们的经济增长已失去了动力，其非常之低的经济增长率便是证明，据说有的低于2%，有的甚至出现负增长。英国需要60年时间实现人均国民生产总值翻番，美国和日本约需 40 年，而年轻的中国仅需两年。

在老人院，有一特殊区域是专为那些已隐退、低增长的强国设置的，比如日本、韩国。韩国已展开另一项振兴项目，即实现国家或民族的再统一。而如今的日本已一无所有。

在增长速度长期走下坡路之后，经济增长项目可能无法从精神上激发增长的劲头，反之亦然。挪威的高增长率并非是因为拥有大量坚信经济增长的信徒。它的某些项目将对世界作出更大的贡献，例如挪威禁止石油和天然气资源的开发利用，宣称已造成了极大的破坏，[6] 并设立了一个数额巨大的"石油基金"[7]——挪威是世界上唯一的不仅为市民，还为整个国家设立退休基金的国家——将可替代性的、用之不竭且无污染的各种能量转换成为现实。又如，挪威一个捍卫民主和人权的组织警告美国从北约领导人的位置上退下来；否则，挪威将退出北约。要么是美国退位，要么是挪威离开北约。

如果执行的项目缺乏安全保障，那么维护和修理工作将成为老年期的主要特征。当然，也有某些项目如同儿童的沙盘游戏般随心所欲，例如之前提到的个人爱好。但也存在另一种情况，例如西班牙曾试图将佛朗哥时期统一、强大、自由的西班牙重新界定为一个由多社群组成的西班牙，结束了过去多民族的"统一"国家，实行中央政府权力下放，实现联邦制度和邦联主义正常化。这可能要在西班牙进入老年期后才能实现，或者西班牙根本就没有老年期可言。用个人层面的术语来形容，这也许是西班牙在有意识地彻底改造自我。

69

当然，各国仍然健在。用人生阶段来形容各国状态可以是灵活多变的，而不会使它们陷入僵硬的局面。

当然，并非所有的项目都是有益的。对于项目实践者来说，这些项目将产生一定的意义和认同感，但他们需要付出巨大的代价，如东西差距中的军国主义和南北分裂中的经济纷争。同时实践者也难免会淹没于各种生态和社会问题之中，当今的中国便是一个典例。

更重要的问题是，无论是强加给东西差距或南北分裂的项目，还是作为实现其他目的——比如至今仍阴魂不散的殖民主义和帝国主义——

的手段，它们的实施都需要其他国家付出沉重的代价。非殖民化运动虽然起步较晚，但它使殖民统治不再是一项**文明使命**——这是一项自私自利的开发项目，以利用他人为手段达到自己的目的，如新教的使命就是实现自身的救赎。

当某些国家自认为凌驾于法律之上，有权、愿意且有能力利用他国时，它们就有滑入极端病态心理的危险。这样的案例包括德国纳粹主义、意大利法西斯主义、日本军国主义和俄国布尔什维克主义。还有美帝国，它将其"霸权"视为送给世界的、不可或缺的福音；还包括以色列，与美国一样有称霸中东的想法。[8]

这为治疗这些**病态国家**提供了合理且有效的良方，或被遗弃、从此停滞不前，或像德国纳粹主义和日本军国主义一样实行安乐死。1943年，意大利法西斯主义通过自我诊疗而实现了彻底的自我改造，戈尔巴乔夫统治下的苏联布尔什维克主义也效法了意大利的做法。

精神错乱的标志是极端的狂妄自大，认为自己所拥有的都源自天赐，其水平远高于其他国家平凡的法律和真理。因此，上述四个政权无视国际联盟，而他们所建立的四大帝国最终也难逃崩溃的噩运。现在，美国和以色列藐视联合国，而美帝国正处在崩溃的边缘，紧随其后的将是以色列犹太复国主义帝国的覆灭，那时以色列也许才能更加康健。这并不是说所有的法律是完美的，但将自己凌驾于法律之上的狂妄自大偏执症无疑是病态的。

提出并实践一项成为他国模范的项目，以"照亮你们国家的前程"，这是无可非议的，而且确实值得称赞。然而，如果强加于人甚至利用他人为己谋利，则是极不可取的。美国和以色列实践某项项目时，假如不是在受到顽抗的情况下强制执行，就是在他国都必须遵守的前提下进行。因此，实现犹太复国主义的项目是最为困难的，因为它植根于根深蒂固的精神错乱。从尼罗河到幼发拉底河，与以色列接壤的阿拉伯国家在政治、经济、文化，甚至是军事上都从属于以色列，以色列自信可以使他们"转剑为犁"，因为无论如何一切权力都属于以色列。这也同样适用于澳大利亚，抑制土著居民的生存却渴望坐上南太平洋地区副警长位置。然而，从约翰·霍华德（John Howard）总理到陆克文（Kevin

Rudd）总理的巨变似乎已见证了陆克文工作的奇迹。美国、加拿大、以色列和日本也正翘首等待他们的陆克文。

这样我们就有五个国家和一个超级大国，他们分属不同类别，因而不是相互排斥的。那么，不同类别相互转移的条件是什么？他们之间的相互关系是怎样的？

第一个问题很容易回答：(1) 通过设计一个项目；(2) 通过振兴一个已现疲态的项目（比如现在的欧盟?)；(3) 通过重新设计项目，以阻止他人掌握其所有权。

东西方之间的军事联盟项目不仅不会妨碍其他国家的联盟；恰恰相反，还会推动其他国家之间的军备竞赛和军事联盟的进程，如美国—北约组织—大都市项目协会和上海合作组织之间的对立，又如恐怖主义和美国国家恐怖主义之间的对立。南北之间的经济鸿沟阻碍了欠发达国家的发展，但因为较发达国家的发展亟须欠发达国家各种资源的支撑，因此南北之间的经济差距也能促进欠发达国家的发展。就像联盟酝酿反联盟的产生，剥削促进自力更生的发展，而信任自己又总和依靠自己成对出现一样。

联合国安理会垄断了否决权，而这一权力又是为它们量身打造的。西方、伊斯兰文化造成工作出现分歧，这和军事联盟项目非常相像。如果这是双边而不只是单方面的传教行为，那么它们将加强原教旨主义向整个种族的扩散。

根据各国所处的五个不同阶段，我们有十对关系需要探讨：

- 童年与青少年：童年是青少年时期灵感的主要源泉；
- 童年与成年：两者关系相对遥远，表现为童年对成年自上而下的导航作用；
- 童年与老年：两者关系非常遥远，甚至可能无关；
- 童年与疾病：两者关系具有迷惑性及危险性；
- 青少年与成年：成年人常常羡慕青少年，或者两者关系比较密切，充满竞争性；
- 青少年与老年：两者要么无关、要么关系比较密切，须保持警惕；

71

- 青少年与疾病：两者关系非常密切，通常是相辅相成的；
- 成年与老年：需警惕两者可能发生转化；
- 成年与疾病：关系非常密切，具有高度竞争性；
- 老年与疾病：关系非常密切，须保持高度警惕。

显然，进入老年期和精神错乱可能同时发生，因为有时精神错乱就是进入老年期的反应，而被迫提前进入老年期也可能是精神错乱的结果——这就是美帝国现在所面临的双重悲剧。正如汤因比以及早在他之前的伊本·哈勒敦（Ibn Khaldun）所提出的那样，美国精英阶层能否创造性地应对精神错乱和进入老年期的双重挑战？毕竟，适应和改造是任何尚存的有机体的重要本质。

假设美帝国最迟在2020年前进入老年期（或寻求庇护期），那么现在我们是否可以运用国家体制的相关论述来确定谁可以取代美帝国？答案显然是：成年国家中具有四大综合实力且积极向上的国家。现在，有人声称中国和印度可以作为这一国家体制的候选人，因为这两大巨头同时在各所属地区都拥有全权。

然而，如果我们因为看到帝国秩序井然，就认为它合理合法；把"大陆"军事最强大的国家视为天生的敌人从而将之作为世界首席指挥官的接班人，那么这样我们很容易掉入英美的陷阱。这一"大陆"国家在今天便是美国所称的**中国**。

但前提是中国要有西方的世界观。然而，事实并非如此。中国从未有过称霸全球的普世愿望，更遑论帝国梦了。中国关心的基本问题是中国的全球贸易，以及类似上海合作组织的地区政治建设，而不是在军事和文化上盲目追随美国，除非美帝国对其进行军事攻击。[9] 美国可能认为对于未开化的民族来说，中国文化显得太过微妙精细，而美国文化则是一种更乐意与大家分享，也更易于接受的平民文化——对我们大多数人而言。政治、经济、文化、军事是支撑帝国的四个维度，而对其中两大权力的关注不足以塑造一个帝国。

印度呢？它能否通过娴熟的语言建邦制度（东北部的阿萨姆邦除外，那里已是混乱不堪）来实现广袤的次大陆的统一？同样，仅仅关注支撑帝国四个维度中的两大权力不足以塑造一个帝国：印度的经济建设是一大奇迹，这一点与中国类似，而同时，印度在地区政治建设上也创造了一个奇迹，即南亚区域合作联盟的建立，但考虑到印度与巴基斯坦复杂的爱憎关系，这一联盟的凝聚力是相对较差的。同时也很难想象印度将在南亚区域合作联盟之外进行大的军事演习，或印度教徒福传播福音难以被人理解，虽然大多传教士就一个或几个教义便声称其他所有宗教都源自印度教。

72

总之，中国太以自我为中心，而印度过于普世化。帝国体制根本不适合它们，也不在它们发展的项目之列。

然而，如果像基辛格一样，在美国政治话语缺失的情况下把世界置于单一的国家体制之下，那么结果仍会非常糟糕。华盛顿将与各国政府首脑和国家元首进行交涉。

国家—体制现在可以淡出，甚至应迅速淡出，而退位于国家层面之下的某一人群和地方组织，以及国家层面之上的某一区域和全球组织。在当今，人类自身的安全需要在人性化—地方化—区域化—全球化的趋势中得到保障；这四种发展趋势将使国家和民族黯然失色，直至取而代之。

12. 区域化：七大区域出路何在？

因此，继美国之后更可能担任世界总司令一职的似乎是另一地区——欧盟。欧盟目前有 27 个成员国，其中 11 个是老牌殖民主义国家，它们在对他国进行经济—军事—政治—文化干预的方面向来训练有素。世界贸易组织和五角大楼是美帝国经济、军事干预的象征，"9·11"事件的目标就是为了拔掉这两颗毒牙。帝国主义的霸权主义行径招致了恐怖袭击，这11 个国家对此心知肚明，但它们仍准备反击第三世界国家和地区——其前殖民地；这恰是欧盟帝国也不能成为世界总司令继任者的主要原因。

假设：美帝国（及其帮手英国）的**后继体制**既不像中国这样的大国体制，也不是强权国家和跨国公司（联合国作为其帮手）所采用的全球化体制，而是由各大区域共同组成的**世界体制**（欧盟仅是其中之一）；这些区域拥有自己的国家[10]、军队和外交政策，其中大部分还具有独特的文化—文明。

联合国有 192 个成员国，其中 97 个国家隶属以下四大区域：
- **欧洲联盟**（EU，27 个成员国）；
- **非洲联盟**（AU，53 个成员国）；
- **南亚区域合作联盟**（SAARC，7 个成员国）；
- **东南亚国家联盟**（ASEAN，10 个成员国）。

以下三大地区似乎正处于区域化进程之中：
- **上海合作组织**（SCO，6 个成员国和 3 个观察员国）；
- **拉丁美洲和加勒比地区**（LA，33 个成员国）；
- **伊斯兰会议组织**（OIC，作为伊斯兰会议组织的深化发展，C 代表从摩洛哥到棉兰老的 56 个成员国大会；同时，这一组织也被看作是新一轮哈里发斗争的工具）。

区域化为什么得以发展？一方面是因为快速运输和实时通信的发展已超越国界，另一方面则是因为文化的临近性和亲和力在一定程度上阻碍了某一个国家的全球化，即形成一个**世界**或某一个民族的全球化即**人文化**。然而世界和人类的全球化终会到来，尽管会晚些。本书的第13—20 节将探讨区域化，这一介于正在消退的国家体制和未来全球化两者之间的阶段。

建立反对美帝国的防御体系，已成为集团化发展的一大原因；另一原因是反对联合国的一票否决权。在此，警告妄称美帝国接班人的国家或地区如欧盟：任何失败的帝国角色都将促进区域化的发展。

此外，还有一些国家没有明确是否归属于以上七个区域：

英国，一个群岛国家，其人口不断移民至以下三个国家；

美国，两面临海，形成天然屏障，由自视为上帝选民的白人殖民者建国；

以色列，一面临海，形成天然屏障，由自视为上帝选民的殖民者建国；

澳大利亚，一个岛国，由移民者、殖民者建国；

日本，一个群岛国家，自视为上帝的选民。

这些国家是否会有一天形成自己的区域？或者英国的年轻人倾向于加入欧盟，日本的年轻人偏向于上海合作组织，以色列的年轻人会选择加入某些中东组织，澳大利亚[11] 的年轻人也表现出对上海合作组织的意向，而仅留下一个属于墨西哥美洲地区[12] 的美国，把墨西哥当作连接美国与拉丁美洲的桥梁？

也许有一天俄罗斯会成为世界第八大区域，即**俄罗斯联盟**，给予车臣尽可能多的自主权，如同荷兰在欧盟内部的权力。这将使上海合作组织更加亚洲化。[13]

在以上八大区域中，欧盟、拉丁美洲和加勒比地区、伊斯兰会议组织和南亚区域合作联盟以及俄罗斯是拥有众多少数民族的单一文明地区，而非盟、东盟和上海合作组织显然是多元文明地区。它们折射出即将到来的新体制——一个全球化的世界，这样使得其公民能做好准备更好地迎接全球化的到来，因为与其他地区享有相同文化也可能会抑制冲突的发生。

从美帝国的军事干预史（根据托马斯·杰斐逊统计，自美帝国建国以来，军事干预事件超过240起）和屠杀史（自第二次世界大战以来，在70多起军事干预事件中，有1500万—1700万人死于公开的屠杀，超过600万人在一些秘密行动中丧生）来看，其继任者的体制既不是爱好和平的，也不是崇尚暴力的。那么将是什么呢？

现在，我们来观察七大区域间的七种关系以及相伴而生的21种双边关系，这样总共是28种关系。这28种关系指向这样一个未来：届时国家和民族仍然存在，但已失去优势，而让位于区域和文明。

在表1和表2中，"0"表示没有关系，"OK"表示关系明确，"?"表示存在问题，"!!!"表示问题严重。

表1　可能存在的跨区域关系

	欧盟	非盟	南盟	东盟	上海合作组织	拉丁美洲和加勒比地区	伊斯兰会议组织
欧盟	OK	?	OK	OK	OK	?	OK
非盟		?	0	0	OK	0	?
南盟			?	OK	OK	0	!!!
东盟				OK	OK[14]	0	OK
上海合作组织					OK	0	OK
拉丁美洲和加勒比地区						OK	0
伊斯兰会议组织							?

在这个区域性、多边性的世界中，有7个"0"，14个"OK"，6个

"?"（欧盟已渗透到非盟与拉丁美洲和加勒比地区，并存在一些区域内的问题），并且只有 1 个"!!!"（即在南盟和伊斯兰会议组织之间），而实际情况看起来并不算坏。

表 2　区域关系的剖面

	欧盟	非盟	南盟	东盟	上海合作组织	拉丁美洲和加勒比地区	伊斯兰会议组织
0		3	2	2	1	5	1
OK	5	1	3	5	6	1	3
?	2	3	1			1	2
!!!			1				1

与其他区域关系最疏远的是拉丁美洲和加勒比地区。与其他地区关系最好的是上海合作组织，东盟和欧盟则紧随其后。与其他区域关系问题最多的是非盟（这是因为其内部缺乏稳定性，并继承了来自欧盟的结构性暴力和来自伊斯兰会议组织的直接暴力）。而关系最糟糕是南盟和伊斯兰会议组织。为什么呢？

在东西差距问题上，由 13 亿穆斯林组成的乌玛在地区内的政治文化影响已经成形，而在南北分裂问题上，数量相当的印度教徒的影响力也正在形成，印度在这个十字路口上徘徊不定，也正因如此，它与其他地区的关系才最为糟糕。印度境内约 1.6 亿穆斯林都处在这一夹层中。况且，当西方还保留梵蒂冈时，那么西方国家不可能否认乌玛——这一传统的哈里发机构之存在。

在此提供有几种解决方案，尽管都不那么尽如人意，但仍然可以尝试。

印度可以受邀坐上哈里发的宝座；毕竟，只有印度尼西亚才有更多的穆斯林。而且作为宗教之母，印度教有包容一切的传统，这可能对印度接任哈里发大有裨益。

伊斯兰教和印度教可以更加紧密地联系起来，形成伊斯兰—印度教，以反对来自西方的犹太—基督教（这是基督教原教旨主义的分支，即基督教犹太复国主义）；这样也许能够解决南盟和伊斯兰会议组织之间在扩大势力范围上的矛盾，减少其代价。区域联盟的建立应该以双方宗教性质的一致为基础；这可能导致欧盟、拉丁美洲和加勒比地区及美国之间的类似举动。各个区域将互为镜像、相互参照。

当然，就像在两条不同水平线的公路上疏导交通一样，也可能存在一些相互回避的问题。

然而，无论如何操作，南盟—伊斯兰会议组织的各个地区需要的是和平解决克什米尔问题，而不是令其成为点燃火药桶的导火索。当务之急是要努力向前推动问题的解决，哪怕是以极其缓慢的冰川速度。

由此可见，一个区域化的世界需要一个真正全球化的联合国来帮助缓和各区域间的关系。在这一新成立的联合国里，所有成员国都应该是**和平与安全理事会**（这一机构最初由非洲联盟创立）的成员，而不是采用封建的一票否决权。同样显而易见的是，很多和平工作需要各区域作出双边和多边的努力。英美的光辉迅速黯淡下来，东方国家已初现曙光，更确切地说是占世界总人口的40%的中国、印度以及俄罗斯——上海合作组织的核心。中印是世界上两个最古老的文明，延续数千年，是近年反对英国及其后裔——美国——的中坚力量。据说，自18世纪50年代以来，祖籍英国的美国人就已把目光瞄准了世界，当然，这也是在莫卧尔帝国和中国清朝软弱的基础上。[15]

在丰富多彩的东方智慧的照耀下，一些思想脱颖而出，它们希冀可以更好地引导世界向前发展，而不是像英国—美国—以色列的军事干预一样，造成成千上万甚至数百万人死于非命：

- 印度的**甘地主义**，希望印度能更多地得到来自本民族的、最伟大的人物的启示；
- 中国的**道教**，希望中国也能更多地受到来自本民族、最伟大的思想的启发；
- 中印的**和平共处五项原则**（互相尊重主权和领土完整、互不侵犯、互不干涉内政、平等互利、和平共处），也应该作为世界的指导原则；
- 印度尼西亚的**五戒**（一个民族、人道主义、民主和共识、社会繁荣，一神道——即以一神信仰为指导），是其立国原则。

印度的非暴力、中国的温文尔雅，是它们处理国际国内事务的基本原则，是对无休止的暴力干预的反抗。亚洲古老智慧和能力的融合，让一部分人充满了悲观、恐惧[16]，国家和地区体制的零和游戏再度上演，而卡尔·弗里德里希·冯·魏茨泽克（Carl Friedrich von Weizsäcker）所倡导的**世界内政**（Weltinnenpolitik）遭到唾弃。

只有一个地区即欧盟，是明确无误的西方世界；而且只有三个地区即欧盟—拉丁美洲和加勒比地区—伊斯兰会议组织属于西方文化。然而，拉丁美洲和加勒比地区同时又关注本土文化，伊斯兰会议组织因为信仰伊斯兰教而对亚伯拉罕推崇备至，而大部分穆斯林又分布在亚洲。佛教、道教、儒教及亚洲的伊斯兰教在上海合作组织中占主导地位，甚至在整个朝鲜半岛和日本也是如此，这就使上海合作组织成为事实上的中南东亚共同体。

可以得出结论：区域化的发展使我们的注意力发生了转移，即从基督教到伊斯兰教、从西方的亚伯拉罕到佛教、从世界性宗教到本土宗教的转移。这不仅是一个全球化的世界，而且是一个名副其实的崭新世界。

77

13. 全球化：自上而下同时自下而上

从长远来看，是否可以把全球化当作这一体制的接班人？本书第二部分的剩余章节将对此进行专门论述，并对当今占主导地位的一些说法提出三个异议：

• 支持全球化的运动对"全球化"一词如此践踏，以至于反全球化运动也对该词采取敌对态度，而不是赋予它新的含义；

• 支持全球化的运动主要考虑的是经济方面，而忽略了同等重要的军事、政治、文化和社会的全球化进程；

• 这一重要的运动忽视了一些富有建设性的选择方案，而反全球化运动则能准确地表明自己的目标。

然而"全球化"一词现在已被全球化地使用，如同民族建国一样，"全球化"可以定义为联合国主导的全球建设：**全球化是一个过程，在这一过程中，所有性别、世代、种族、阶级、国家和民族、地区和文明都可以齐心协力、团结合作，以共同参与、公正合理的方式，来创造一个尊重所有人类尊严的、可持续发展的世界。**

尊严是人类基本需求的底线——身体的生存与健康、精神的自由与认同——这一切都需要以值得接受、可持续发展的方式进行。

当然，我们所考虑的不仅是经济关系，而且还包括军事、政治与文化之间的关系，这四种关系充满了权力和阶级斗争，用两个词语来形容这种斗争关系，那就是强势和软弱。如果只关注这四大权力中的一种，那么，正如前面所说，可能会在理论和实践上产生严重偏见，从而掩盖其他三种所发生的变化。到目前为止，有关全球化的争论主要是经济主义方面。

全球化包括如下三层含义：

能持续满足所有人基本需求的发展；促进所有关系平等和公平的和平进程；人与自然保持平衡、降低人类活动对自然生态的影响。

然而"现实中存在的全球化"则像是一位来自西方上流社会的中年白人男子，他出生于经合组织国家，而且很有可能是盎格鲁—撒克逊人国家，到目前为止，最有可能的是美国；自 2008 年 9 月全球金融危机后，美国一直处于混乱之中。

全世界人民夹杂在理想中的、联合国主导的全球化和美国领导的全球化之间。因为金融经济的崩溃、实体经济的困厄以及不断的军事干预和战争，使各地人们一致抵制美国主导的灾难性的全球化。而前者依然是一个未知数。媒体则热衷于关注联合国在安全事务上以损害其他组织为代价的所作所为。从这一意义上说，安全理事会是一个常败将军，而且以牺牲经济和社会理事会为代价，尽管后者却能常常发挥功效。这确实是非常不平等的现象。

自上而下的全球化——包括经济、军事、政治和文化的全球化——推崇的是西方尤其是美国的唯物主义文化。而自下而上的反文化潮流是微不足道的，只局限于音乐和生活方式。在世界银行—国际货币基金组织—世贸组织联合召开的会议上，这种头重脚轻的现象引起了强烈甚至是暴力的反应。

然而，暴力示威往往是由落选的政府官员阴谋策划而成。在一些重大决策尤其是和世界人口有直接关系的决策上，这样的示威活动更是必不可少。很多漫画都是讽刺总部设在华盛顿的联合国，但它们从不讽刺联合国做得很好的地方，如一些公共性的世界论坛。我们应该向这些世界论坛，如世界经济论坛学习；达沃斯世界经济论坛应该借鉴 2009 年在贝伦举办的世界社会论坛。关键是需要有一个平行的非政府组织论坛，这样才能听到来自各方的不同声音。大量的失败呼吁大规模创新，大量的冲突呼吁大规模补救措施的实施。而现在所发生的一切根本不切实际。

自下而上的全球化需要一些再创造：

• **重塑地方权威，以拉丁美洲和加勒比地区(以下简称"拉美地区")为例**：地方权威或拉美地区的基本职责应包括：确保满足基本需求的生产活动顺利进行，将具有积极意义的副作用内在化，减少长途运输所造成的污染，建立互联网，尽可能使用当地货币；总之，地方民主应该对各方面负责。

• **重塑国家**：国家或联邦制国家的主要任务是协调满足国家基本需求的、正常的商品生产，促使外部效应内在化，减少污染，提高国民收入再分配的效率和效益。总之，国家民主对各方面负责。

• **重塑企业**：企业须承担相应的社会责任和生态责任，并根据消费者是否享有确切的知情权而对企业进行奖励或惩罚，因为知情权是保障消费者经济选择自由权的前提。当前迫切需要的是建立生产者—消费者的对话。

• **重塑作为一门科学的经济学**：经济学家已经背叛了人类，他们不是服务于消费者，不是为了满足消费者基本生活需求及其健康、个性和自由，却转而服务于生产商—销售商，为他们的底线——追求利润增长而效力；他们处理一切问题都是出于外部经济效果的考虑。

• **重塑民间社团**：促进消费意识的觉醒，如表现为来自妇女的联合抵制[17]和对企业的抵制，这就意味着权力开始从官方下放到民间，据说，拉美地区已经决定减少公共财政预算的50%；建立强大的非政府组织；从基本需求的角度监督政党的资源分配；与非政府组织、拉美地区建立合作。然而，民间社团应该有更高的定位，而不仅仅局限于针对官方的压力集团。今天，全球的民间社团可以独立处理自身事务，而且一般的经验是，在民间社团的指引下，各国政府迟早会就范，比如土地所有权、债务的减免和国际刑事法院的条约等。

• **重塑媒体**：将媒体从企业和国家利益以及各种直接和间接的审查中解放出来。由此世界各国的民间社团能更好地从事媒体经营和融资，

79

并会如实报道真人真事及实际需求，而不仅局限于他们的"生活方式"。媒体应致力于实现国家、资本和民间之间，社会精英和人民群众之间，以及地方、国家和世界之间的信息公开与透明。

• **创新全球治理**：全球治理的创新应包括禁止税收的投机活动，并从全球化的公民权和人权的高度上，保证全人类基本需求的满足。全球化过程中的两个重要思想如上所示，即全球化和民主，合起来就是全球民主，这一思想远远超过不尊重本国人民和外国人民的所有民主的总和。

这是乌托邦式的幻想吗？当然不是。随着美帝国的衰落，这样的事情每天都发生。但是我们需要指明未来路在何方，下面各章节将对此进行分析。

80

14. 全球化：历史与社会学分析

　　在对全球化初步定位后，我们将对其内涵进行深入研究。

　　请读者参照下面的表 3，即"**西方普世化进程**"或"**西化进程**"。此表大致列出了西方当时为征服和改造世界所采取的行动。不能否认西方采取某些行动的初衷是为了造福于行动对象，同样也不能否认这些行动给对象带来的实际利益大于损失。然而，大多数行动都是不请自来，且经常是在西方的暴力威胁下被迫实施的，因此可能会引发其他民众的反对，包括抵制和斗争。

　　从兴起于爱琴海，西化进程至今已促使全球化成为合乎逻辑的必然趋势。全球化的核心是**把世界当作一个国家，视人类为一个民族**。其核心思想是否可取或可行，还有待探讨；但有一点曾毋庸置疑：全球化的**中心**应当在西方，其他地区应当被边缘化。当然，可能会出现顽抗，甚至是采用**邪恶**的方式——局部地区团结起来一起抗拒，因为他们是邪恶的；或者，也许是因为他们发现以西方为中心的思想并不可取？

　　这种不对称局势表现在经济、军事、政治和文化四大方面。若要使这四大权力形成对称局势，那么首先要从文化方面着手，寻求建立秩序良好的社会和世界。

　　文化寄托了人类对未来美好而真实的憧憬；文化还关注如何构思及实现人类的美好未来。从古希腊开始，西方一直都坚信它明确知道什么是美好，并且能很好地将之赐予那些不知道美好为何物的民族，甚至不惜采取非常卑劣的手段。西方人认为文化是单向输出的，因而他们无须向别人学习。

表3　西方普世化进程

	中心地区	边缘地区	邪恶地区
[1] 希腊扩张	雅典	爱琴海	野蛮人
[2] 罗马帝国	罗马	罗马边境城墙内部	罗马边境城墙外部，野蛮人
[3] 基督福音传播；传教士主义	罗马天主教；东正教；新教	异教徒的接受和转变	异端；犹太人；穆斯林
[4] 十字军东征	法国；西欧	东欧	穆斯林；犹太人；东正教
[5] 地理大发现	西欧的发现者	被发现的任何地区	拒绝被发现的任何地区
[6] 贸易，跨国公司	西方贸易开放	开辟贸易地	拒绝贸易，"未开化"地区
[7] 奴隶制	西欧，白种人	非洲，黑种人	美国，红种人
[8] 殖民主义帝国主义	西欧（澳大利亚）（俄罗斯）	非洲，美洲，亚洲	中国，日本
[9] 现代化	法国，普遍意义上的西方	欧洲，世界	原始地区，传统地区
[10] 强制执行和平	西欧，美国	惩罚性的军事干预，如两次世界大战	五大洲的所有"邪恶轴心"
[11] 发展	以华盛顿特区为首的较发达国家	欠发达国家	共产主义国家
[12] 人权	美国，法国，西欧	赤字国家	亚洲人权
[13] 民主	美国，西欧	赤字国家以外的地区	"暴政国家"
[14] 世界市场	美国，欧盟，日本；三边关系及八国集团	其余地区	古巴，朝鲜
[15] 全球化	媒体、跨国公司；美国及欧盟的实力	其他地区	"邪恶轴心"国

82　　　此进程表受到了众多的评判和质疑，其中一些如下所示：

[1]、[2]、[3] 构成了全球化的早期阶段。当时各个地区才初步形成，接着各地区开始向已知世界（野蛮人除外）扩张，然后建立了具有示范意义的罗马帝国，以文化为媒介，向周边辐射影响。

[4] 是西方罗马帝国崩溃后，西方所经历的一个漫长阶段。在这一阶段有其明确的敌人：包括野蛮人和异端在内的穆斯林。西方败了，却也可能因此养成了善于发现的习惯，比如发现新大陆、奴隶制、贸易和殖民主义等。

[5]、[6]、[7]、[8] 同属一种性质，其中 [5] 是物质意义上的地理大发现，而 [6]、[7]、[8] 则是精神意义上的制度创新。[4] 的目的是保卫普世教会，而 [5] 却是为了广泛开辟市场、建立政权，而不仅仅是为了西方国家的普世化（让·皮埃尔·杜波依斯，Jean-Pierre Dubois）。奥地利和俄罗斯也曾加入，但由于未建立海外殖民统治，因此不能归为地理大发现的一部分。19 世纪种植园奴隶制取代了原来的种植园殖民主义。

如同希腊地区化始于欧洲，进程 [9] 起始于法国大革命和拿破仑的军事行动；接着现代化进程逐步从世俗扩张到传教士主义。

[10] 指根据规则，用战争手段强制实现和平。自从两次世界大战以来，这一概念逐步发展，并认为除了军事，敌人在所有方面都处于劣势。

[11] 是对殖民主义/传教士主义结束以后，各国应何去何从的回答，即其他国家与民族继续遵循西方现代化的模式及后继的世俗化——自由主义与马克思主义。随着西方社会良好的形象深入人心，发展的基本途径为推行经济主义，并将原殖民地国家视为贸易伙伴。

[12] 延续了世俗传教士主义，对西方人及其合作伙伴来说，确保了其安全、不受来自非西方世界的威胁。

[13] 是"民主不会导致反对彼此的战争"思想的延续，因此它并不反对西方的民主思想。

[14] 促使世界成为商品、服务、自然资源和资本自由流动的统一市

场，但因为**劳动力**和技术自由流动的成本非常高，统一市场有所限制。

在媒体力量的主导下，在西方（美国＋欧盟）政治和军事的垄断保护下，[15] 将促使世界更接近为一个国家，使人类更像是一个民族（在这一国家中，英语为通用语言，美国文化是主流文化）。联合国不过是实现全球化的其中一个步骤而已。

在 2500 年的发展历程中，有抵制也有顽抗。然而，从邪恶一词来看，西方仍痴迷于征服。随着时间的推移，"文明"的内涵几经变化，但西方因素始终囊括在内。

83

从"基督教"到"参与世界贸易"、到"热爱和平"、到"发展"再到"民主"，所谓"文明"也在不断演变。下一阶段将是以"自由"市场和民主选举为特征的"全球化"。

全球化进程的目的是使世界成为一个国家、使人类变为一个民族，这是社会精英阶层为自身利益、自上而下推动的一个过程，以保护自己远离"危险阶级"的伤害，而不是由更多的普通人为人类的基本需求、自下而上推动的。无论是自上而下，还是自下而上，都包含不同阶层对经济、军事、政治和文化层面的诉求。

这一进程是某种程度的"民族建设"，确切地说，是大型的而非宏观层面的"国家建设"[18]。在欧洲和其他地方，全球化进程打破了形成于"中世纪"的各国之间的界限，在促使这些蕞尔小国最终形成统一稳定的国家体系上，起到了一个承上启下的作用。我们可以从"国家化"中学到什么，从而有助于我们更好地理解全球化？

可确定的是，全球化进程包括以下六个关键因素：

[1] **通信／运输**："一国"（指世界）范围内人口的自由流动，这是全球化的象征和根本；

[2] **经济**：产品和生产要素的自由流通，国家在经济上应建设一个统一市场；

[3] **军事**：国家垄断的军事力量；

[4] **政治**：国家控制下的中央集权政治；

[5] **文化**：国内思想言论自由，包括自由分享有关荣耀和挫折的、经过内在化的神话；

[6] **公民权**：国内公民的权利、义务及参与权。

全球化进程可能会因地方的各种阻力而受到损害，比如因地方坚持自力更生而遭到的经济阻力、当地"军阀"的军事抵抗、当地权力中心的政治阻力以及当地语言中的文化阻力等。而被划分成 200 多个国家、2000 多种民族的世界，是在这一"国家建设"进程的中间或开始阶段。平均每个国家有 10 个民族，占主导地位的民族能感受到家的温暖，而对其他民族而言无异于置身监狱。

从原则上，全球化对处于"国家化"进程中的国家所起的作用，应该和它对地方实体所起的作用相当，主要是打破边界、建立全球性的机构和全球公民权益，就像国家对其组成部分——侯国、公国和郡国——的所作所为一样。全球化是人类螺旋式发展史上的新转机。

然而，在城镇层面，并不只有国家建设和全球化这两种表现方式，还有第三种表现方式即**区域化**，以建立超级国家和超级民族为己任，后者又可称为"各类文明"，这一点在上文第 12 节有所阐释。在城镇甚至还有第四种表现方式：**(重新) 本土化**。乡村是人类历史上一块非常重要的栖息地；在这一重生过程中，乡村也越发生机勃勃，在市民社会中所发挥的作用也许不亚于非政府组织。世界不乏社会发展指南。

这些阶段并非一个接着一个列队开始的。恰恰相反，它们是整个世界的政治制度和四大权力(政治、经济、军事和文化) 发展留下的足迹，某一过程可能有时是领先的，有时又是滞后的。我们正处在这样的长途跋涉之中。国家建设目前已有 500 年历史，而迄今为止尚未看到尽头。其他阶段也正缓步前进，甚至已加快步伐。

现在，按照前面提到的顺序，让我们着眼于影响全球化的六个因素。那么，哪些因素处于领先地位，哪些又相对滞后呢？完美协调的社会进程十分罕见。如果是这样，中心权威需要通过规划推动公民参与这一相对落后的进程。有些因素更加灵活，而有些因素则更严格地遵循其内部规律，因而总是相对滞后。

可以运用这样一种分析方式：在某一过程中，恰好因为有一些永久性的因素，个体不得不屈服。当过程终止时，永久性就开始动摇，或者系统就会发生故障，直至完全瘫痪。此时，或许可以采用"破竹"策略（the bamboo strategy）：在系统尚未瘫痪时就屈服，然后才能借机休养生息、恢复元气。

在全球化过程中，排在**第一位的通信（运输）**是主导因素，这一点毋庸置疑；从早期的国际邮政联盟时期，到凭借远程通讯传输信息的美国有线电视新闻网、半岛电视台、西班牙电视台及现在通过网络在线交流的网民（数量有 1 亿之多?），通信（运输）都至关重要。毫不夸张地说，通信（运输）因素是全球城市内在联系的纽带。这一联系也许较缺乏人性化，但超越边界和距离的实时互动却是切实存在的。交通滞后，大规模物资运输所需时间当然比电磁波传输的时间长很多。

人类现在正应对最全球化的因素——自然。这里的自然，既不是宇宙中的光波和颗粒，也不是大气中的风，不是可以从电视台气象图上看到的以边界为划分标准的水流运动，更不是候鸟、鱼类、某些动物及生物圈中的许多微生物。而在同等环境中，游牧民族可能会在国家建设方面落后，但对于全球化过程中如何应对自然问题，他们肯定遥遥领先。因为全球化本身就是对常态自然的回归，它要消除的是那些人造及人为划定的边界。即使冒着精英玩不择手段地玩弄金融经济的风险，我们也应该为得到这样一个机会而庆祝。

考虑到已把通讯和运输因素作为主导因素并放在首要地位，我们把**市场经济**视为影响全球化进程的**第二大因素**——这恰恰也是因为它建立在资本、技术、管理以及某些服务的流通基础上的；同时也是基于资源、劳动力、管理者以及货物的运输。

资源和加工产品的流动性需要通过交通运输实现，这已不是新鲜事。运输业是贸易顺利进行的保证。据说，贸易全球化历史悠久，可以追溯至哥伦布、达伽马、麦哲伦时代，甚至是比他们还要早近千年的丝绸之路。[19] 而今贸易内容又注入了一些新鲜血液，即所有其他生产要素和服务的流动性。

随着国际贸易的产生，作为劳动力的奴隶开始在世界范围内流动；

85

但是，当时的运输能力却远不能满足自由劳动力的流动需求（所谓自由劳动力，是指有权获得劳动报酬，至少是充分满足劳动力再生产的需求），虽然这种需求实际上仅局限于民族国家和超级大国之间[20]。现在已知的管理经验的流通，是以在多元文化或全球化的统一文化生活方式中的实践和锻炼为先决条件，比如"殖民地服务体系"和"流放罪犯的远征行动"。

因此，现在不仅是各种生产要素和产品可以在跨国公司内部及彼此之间自由流通，而且整个公司也能自由流通。而且，这看起来可能并不新奇：殖民地的种植园经济也是建立在类似的流动基础之上的。与当时一样，它们将大量已加工和未加工的物资从劳动力成本高的国家转移到劳动力成本低的国家——运输奴隶也须成本——从税赋高的地区转移到税赋低的地区、从运输成本高的国家转移到运输成本低的国家。

结果是明白无误的：世界已日益成为一个统一的市场。只要有支付能力，无论他们身处何处，总能购买到相同的商品和服务。这有利亦有弊。

排在**第三位**和**第四位**的分别是**军事因素**和**政治因素**，它们明显滞后。在后文中读者还将看到，世界已出现无政府主义的倾向。

排在**第五位**的是**文化因素**：思想观念、象征符号可以实时沟通，而且对本国公民互联网限制的最后一道防线似乎也已摇摇欲坠。**美国平民文化**是历史上最全球化的文化，它超越了基督教、伊斯兰教，是美帝国最具活力的一面，却遭到了世界各地多文化的反对，包括欧洲的贵族文化，以及中国、印度、美索不达米亚、埃及和安第斯地区等的古老文化和土著文化。对此他们认为，目前尚未全球化的区域化文化在其他文化中都被视为反文化。

这虽然并不遵循"思想自由流动"的规则，但仍然非常重要。现在我们所讨论的史料中有些观念和认同是伪造的，如某些胜利和荣耀、创伤和痛苦、某些神圣的时刻和神圣的地点等。这些驱使人们走向地方主义、民族主义、区域主义或全球主义的重要史料，在合适的地方能如鱼得水地发挥其作用。

完成这样的过程需要时间，一种认同也许会通过其他认同方式表现出来，即使从原则上来说，同心圆式的认同模式完全可以存在。一直致力于在被摧毁的当地社团认同基础上建立脆弱的民族认同的人们，会突然发现自己所面临的最重要的挑战竟然是在民族认同之上发展区域认同和全球认同。其结果可能会造成**失范**（所谓失范，从涂尔干·默顿的意义上来讲，是指缺乏令人信服的规范）——但如果没有其他原因，而只是因为彼此冲突的规范和混乱，那么结果也可能是建立一种内涵丰富的认同感，从而激起人类新的且必要的创造性。毫无疑问，随着人类出现一些全球认同意识，认同的核心内涵将经历一个普遍的转变：地方传统借由民族文化发展为区域文明。

然而，世界各地文明的主要区别已清晰可见：只有欧美文明是真正在推行普世化，而且，也正因如此，它才更愿意信奉并产生全球化的文化。这集中体现为西方传教士所宣传的宗教——基督教和伊斯兰教，以及作为欧美文明组成部分的两大世俗主义——自由主义和马克思主义。西方现在已经提前实现了全球化，其迈步前进的两条腿分别为：宗教力量，如《马太福音书》第 28 章第 18—20 节所示，传教使命的召唤；世俗主义，即资本主义—市场经济和中央集权。在如何推动全球化进程上，西方具有许多经验，而且也相当愿意这样做，更详尽的讨论参见《上帝的全球化：宗教、精神与和平》（*Globalizing God: Religion, Spirituality and Peace*）[21]。

中国的古典世界观与此形成了鲜明对比。"**中国**"，从字面理解，是指位于中部的王国，四周被四种野蛮人包围，即北狄、东夷、南蛮、西戎。显然，中国过于孤立甚至傲慢而无从推进全球化，但中国与西方不同。西方过于自负，把自己视为世界的中心，其他国家为边缘国，受其改造、转变；并对边缘国以外的邪恶势力进行打击。如今，这两种模式都面临挑战，因此它们都必须做好接受失败的心理准备。

西方国家把英美民族好勇斗狠的帝国主义表达方式带进全球化进程，使之成为世界的表达方式，并把物欲横流的个人主义作为自己的基本信念。这种表达方式最初由大英帝国通过乔叟、莎士比亚和班扬的作品进行传播，后来在美国本族语中用"3M"来指代，"3M"具体为米老鼠、迈克尔·杰克逊和麦当娜。文化以流行文化的方式进行传播，流

87

行文化通常表现为庸俗、平民化（如前所述），但却非常成功且兼容并包。当然，对坚信自身贵族文化的人是个例外。很多文化精英可能因此被排斥到其他国家和地区，因为他们不能或不愿与全球流行文化同流合污。

有必要建立一种全球性的文化——即使是通过上帝——以超越各种文明冲突。如果做不到这一点，那么是否至少会有一些建构性事件来宣传、聚焦于人类的世界民族？于是，便产生了创世神话。每一个文明对世界的创造都表达了自己的观点——如由智慧假设的、宇宙大爆炸的科学观；亚当、夏娃及伊甸园的传说；日本天照大神复杂的创世法——并对此大肆宣扬。更好的方式可能是让诸多创世学说进行对话，从而得到一个更加丰富、更加"普遍"的说法。

国庆日与国家体制一起逐渐失去意义，一些世界性的节日正不断涌现，如智人的诞生、纪念生命的诞生、地球日、纪念人类母亲盖亚或整个宇宙——尽管对这些意义重大的"生日"日期仍有疑问，但它们依旧被人们庆祝着，如：

- 3月8日：国际妇女节；
- 5月1日：国际劳动节；
- 6月5日：世界地球日；
- 10月2日：国际非暴力日；
- 10月24日：联合国日；
- 12月10日：人权日。

联合国日源自纪念政治家在这一天制定章程、设置机构的这一古老传统。在一个多样化的世界里，我们更加需要的是这样的节日，而不是机械地模仿、纪念发生在创世一神论国家的某些建构性事件。而且我们需要无国界限制的国际歌[22]，它应该充满对生命的喜悦和感激之情，为我们的生存而欢欣鼓舞，而不是经常性的自恋与偏执，其中还夹杂着明显的心理病态[23]。

现在我们已拥有联合国这面美丽的旗帜，但我们还需要一首世界的

88

赞歌。

我们有很多东西值得庆祝。世界人民是一家的信仰若能深入人心，那么，对那些忙于制造国家和地区分裂的人来说，唯一的出路只有失败。因为"统一"的象征符号将发挥巨大的感召力。

这样的一个世界正在形成。与我们所熟知的国家形式类似，这一崭新的世界拥有出色的交通运输体系；拥有一个世界市场提供越来越多的相同的商品和服务，包括武器与毒品等不良产品，还包括雇佣军四处作孽、环境污染到处可见；除劳动力以外，一切事物都具有流动性。那些供奉在神龛的神灵已被已全球化、区域化、国家化和本土化，但世界上仍以英美文明占据主导地位，如同大多数国家都有一个主体民族一样。

政治和军事结构的全球化则远远落后，其本质仍沉浸在一国一家的狭小范畴内，在区域化发展上只是稍作了努力。世界公民权的发展也是如此。

在这种情况下，对于如今正在形成之中的新世界社会分层，我们又能作出怎样的假设呢？假设的依据是：**按照先来后到的顺序**，那么这意味着，从社会顶层开始，依次是：

[1] **通信巨头**、媒体巨头、软件大亨、信息技术人员与其他人建立虚拟现实空间。但由于交通滞后，所以这些大佬们都不太重要。

[2] **市场经理**、各大跨国公司的首席执行官，他们中的大多数是经营金融经济而非实体经济，业绩有好有坏；还有的主要是从事媒体、软件、信息通信和体育等方面的经济活动。

[3] **知识产权学者**，他们通过创造新的象征性现实，形成新的话语和议程。

[4] **国家的政治领袖**，包括大国的政府首脑和国家元首，他们仍将有一段时间成为媒体关注的焦点。

[5] **军事领导人**，随着后现代武器装备逐步完善、非地域性敌人的出现，他们将随着国家的装备和利用而逐渐消逝。

[6] **普通百姓**，上述几种人之外的人群：机会非常渺茫。

[7] **被排挤者**，即所谓**"邪恶人们"**：被社会排斥，且对其充满好奇。

这一社会分层不同于印欧古代社会的分层，即婆罗门—刹帝利—吠舍—首陀罗—帕里亚（即神职人员—军人—商人—工人—被排挤者），在于前者优先发展交通通讯，且将刹帝利（军人／政客）置于吠舍之后。即使像美国这样的超级大国，虽然其军事实力遍布全球，但要想更普遍、更迅速地实现经济全球化，使类似 7—11 这样的零售连锁店可以渗透到最小的角角落落，都不是轻而易举的事情，更何况那些即时通讯刚刚起步的国家。

89

一个真正意义上的全球化公司——无须任何国家作为经济枢纽、为其提供军事支持，拥有重大决策决定权，可以自由发展企业文化——这将是未来世界的一项重大创新。然而我们尚未到达这一步。在其身后，也可能潜伏着一个全球化的帝国主义。

这一社会分层也不同于东亚士—农—工—商（知识分子／官僚—农民—工匠—商人）的分类。出现使用全新通讯方式的权力精英，商人的社会地位大大提高甚至高于士阶层。与印欧、日本不同，中国的古代社会分层更接近于将军事边缘化的世界社会分层。

西方和中国有相似之处，但迄今为止，这一新兴的全球化现实自成一格。逐渐隐退的国家—体制形式正濒临崩溃；由当地领主、遗留贵族建立的封建城堡，如今在欧洲国家和印度、日本等国已成为旅游景点，现代国家制度对此已形成包围之势；在此情形之下，建立社会分层秩序的关键点应该是当权者如何处理这一错综复杂的局面。今天是一个国家的总统，明天看起来可能更像是一个大城市的市长；本地化发展当然重要，但如果只关注本土发展，那么那些商业巨头、职业经理人和专家们将会掩盖很多问题。

在欧洲山顶城堡栖息的主人，一度可能认为他们"人上人"的地位是永恒的，因为致力于国家建设的企业家们掩盖了事实的真相和本质。只有以军事领导者、国外服务公司和大型公司的董事长身份加入他们，才有可能被留在社会阶层的顶部。今天，欧洲各国总统为争夺欧盟最高职位展开了激烈竞争。明天，区域领导人也许同样会为了争夺世界的最高职位而展开激战。

我们如何让联合国秘书长适应这种环境？逐渐消失的国家体制还没

有形成新的形式，足以防止联合国秘书长成为全球金字塔塔顶唯一的权威。这也同样适用于欧盟，作为一个系统，它巧妙地解决了总统轮流任职的问题。然而，随着全球政治决策层的成型，区域的及全球的社会分层迟早会变得更加清楚、明确，正如现在一国内社会分层清晰可见。　90

15. 全球公民权

在自上而下、自下而上两种全球化进程的辩证逻辑中，我们必须指出其中一些滞后因素：政客、军人与平民。

我们从后者开始分析：平民如何全球化？**仿效国家公民权的模式，推进全球公民权。**

公民权是统治者与被统治者之间的社会契约。通过此契约，被统治者成为公民（不仅仅是人民）。统治者具备四大权力手段：

- **经济**契约——"胡萝卜"权力：你做，就会赏给你；
- **军事**强制——"棍棒"权力：你做，否则你就得受罚；
- **政治**决策权力：你做，因为这一切早已被决定了；
- **文化**规范权力：你做，因为这是对的。

如果被统治者**依赖性强、惧怕、逆来顺受或个性软弱**，他们就会服从，意味着权力生效。如果被统治者**自给自足、无畏、自治或个性强大**，来自上级的权威将不会对他产生影响。后者是所有政体（当地的、国家的、地区的、全球的）所需要的公民类型。然而多数统治者更喜欢前者"可控制的"类型，并在被统治者的同意下实施他们的"民主工程"，允许被统治者们自由、公正地表达意愿，哪怕他们并没有什么可以表达。当自给自足—无畏无惧—自治—同一性遭到践踏、当地经济遭受破坏，"好战分子"与分裂主义者出现时，单一民族国家通过经济、军事、政治、文化的实践建立起来，构建一个区域联盟与之非常相似。

然而，一个世界中心权威作为一种联盟，适合自给自足、无畏、自治的国家、民族与个体。欧洲人打着构建单一国家的幌子四处施暴，以此警告世界范围内的效仿行为：哪里有暴行，哪里就有更尖锐的反抗。停止暴行，取而代之建立起联盟、一个世界共同体。停止奴役，但不取消政府。

进退两难的是：全球公民权能够实现，甚至能够被缔造，但需要付出代价，付出我们不愿付出的代价。伴随自我—他人的渐变产生的共同的非人性化，争夺谁是主人、谁是模范，发生在一个拥有中央政府的世界里的战争都属于内战。[24]

91

由此可知，本节的答案倾向于软全球公民权而非硬全球化。具体而言，这意味着全球公民权具备自给自足、无畏无惧、地方自治与同一性的特征。那么，还有什么不同吗？一个全球化公民与世界中心权威之间存在什么联系？

我们利用这四大权力，尝试做一下构想：

• 全球公民有理由冀望：中心权威作出努力以提供所有人生活所需的物品和服务，从而得到工作和金钱（由赢利工作产生），或交换其他物品和服务；

• 全球公民有理由免受大的暴力侵犯，让他们深深地感到：在进入暴力阶段之前，中心权威在尽一切努力转化冲突，遏制可能出现的暴力。同时，中心权威施展的侵犯将会降到最低。

• 全球公民有理由期望自己的观点有分量、对世界运行产生影响，有义务参与全球性选举。

• 全球公民有理由期望：世界是一个家。在这里，公民基本的非物质或精神需要受到尊重。世界不同地方从或旧或新的文化原料中创造各种价值—真理，人们没有权力把价值—真理强加于他人，但拥有恰当的权利与他人谈论价值—真理。

在什么样的世界才有可能实现这样的全球公民权呢？

在这样一个世界，既不存在一个单一制国家或联邦制国家，也不存在由一些政体所组成的松散的联合体系，而存在一个联邦、一个共同

体。如同 1848 年以前的瑞士，其中的 3 个成员国加入欧盟之前的北欧
共同体，从马斯特里赫特开始着手推进"前所未有的紧密联盟"进程之
前的欧洲共同体，或如同东盟一样关心每个成员国的公民所受的待遇。

《人权宣言》第 28 条款对生活在可以实现人权的社会及世界秩序中
的权利进行了定义。对于一个参与构建这一世界秩序的世界中心权威来
说，以下列表是从和平与发展的角度所必须执行的最低限度的政策[25]。

₉₂

表 4　全球化过程中的和平 / 发展政策

	消极的和平	积极的和平
政治	国家民主化： 普及人权， 主动、全民公投实现去西方化， 直接民主， 非集权化	联合国民主化： 一个国家、一张选票； 无强权否决权； 第二联大； 直接选举； 联盟
军事	防御性国防； 武器非法化； 非军事防御	维和部队； 非军事技能； 国际和平部队
经济	自力更生 I： 外部效应内在化； 利用自身因素， 本地化	自力更生 II： 共享外部效应； 横向交流； 南南合作
文化	挑战： • 单元论； • 普世论； • 上帝选民论； • 暴力，战争 对话： • 介于软、硬权力之间	全球文明： • 唯一中心； • 休闲时间； • 整体的、全球的； • 自然合作关系； • 平等、公正； • 生活水平提高

在当代世界，世界公民有权利期待的图景与现实相差太远。人们的
声音不能通过强有力的途径，到达控制全球决策的权力顶层。在世界上
很多地方，暴力造成的死亡占据了死亡原因的首位，至少对某些群体而

言情况如此。贫穷以绝对值的速度增长、贫富差距在扩大，占世界人口20%的底层人群前景黯淡。在通往诞生意义非凡的中心权威的道路上，世界文化具有高度的不平衡，比如法庭、学校、大学、媒体、宗教机构等。

93

表4中的政策可能会有助于更具体地讨论全球公民权。可以把一个现代的、联邦（盟）制的、多民族的国家作为样板，比如像现在的瑞士。而显然，我们如今尚未达到这一程度。"世界公民有权利期待的图景"只有在表4列举的一些条件下才能实现。即便我们尚未达到这一程度，迄今为止表中所列内容仍与我们的建设存在很大的关联。

在接下来的章节中，我们将更详细地阐述全球公民权的内涵。首先对人权进行评论，接着以政治权力为题，通过建立一个不被某一成员国（甚至没有缴纳会费）当成一个外交政策工具来利用的联合国，构想一个世界中心权威。

借此，让我们在由全球人权及全球民主构建的政治框架内，一起探索军事、经济、文化权力的全球化，以完成软性全球公民权。

16. 全球人权

显然，最合适的候选者是一部世界法典、法律或甚至章程，即世界中心权威和世界公民之间的社会契约:《国际人权法典》。关于国家与国家之间的关系（实际上是国家之间的法律）以及无政府法人（如像公司和普通公民）之间的关系，有一部国际法加以规定；但世界中央集权和世界公民间的契约则另当别论了。

然而，人权大厦存在三个众所周知、根深蒂固的问题:以国家作为媒介；目前存在偏见，认为生存和自由高于对安康和认同的需求；存在偏见，注重一种文明价值观，即西方文明[26]。

[1] **人权大厦是一座三层建筑**，涉及国际法和市政法方面，联合国是有效规范的制定者，成员国是实施这些规范的接受者，这些国家的公民是假定可以从这些规范中受益的对象。

对全球化结构而言，作为中间环节的国家可以消除或退至幕后。原因很简单。如果规范被打破，则有两种可能:让规范—接受者（各国）遵守或让规范—制定者重新制定新的、更"现实的"规范。如今，这两种情况主要在国家—体系中进行，而人们作为旁观者，是十足的"规范—对象"。集体反对国家的消极制裁行动，已转向对个人"反人类罪行"的定向制裁。

换言之，人权已经国际化。而像欧盟这样的地区也许会与国家一样消退。

[2] **人权和人的需求之间的关系**。后者属于更基本的范畴，与政治进程联系较少。公民政治权利和社会经济权利之间的区别，与更多的因素依赖需求和社会经济结构依赖需求之间的区别有一定的联系。

在当今（2000—2010 年）的政治环境中，可以通过施加一定的压力反对政府懈于保障公民政治权利，但反对政府不遵循社会经济规范则不是件易事。假如一个政府不举行选举或关闭媒体，那么将会有一个国家—体系的国家机器与之竞争。国家经济结构管理不当导致 25% 或 40% 以上的人失业或没有医疗保障，而政府却不受惩罚地摆脱了干系。关于经验需求、理论需求、价值需求的等级论（如马斯洛需求层次论）遭到强烈的反对（例如有些人宁愿死也不愿活着失去自由，所以生存需求并不优先于自由需求）。因此，如果所有的需求生来平等，那么为什么实际上有一些需求比其他的更高一等呢？

对于这一问题，有许多显而易见的答案。其中之一是"统治的需求和人权来源于此"，相信只有占统治地位的国家才能满足人们的需求—权利。只有效仿他们，人权才能得到保障，即意味着享受市民—政治权利。

我们的答案是：寻找最好的，如同上文提到的全球公民权，而不只是市民—政治权利。目标是减少人类的苦难，"基本需求"的概念是建立在他们的"不满足就等于苦难"这一观念的基础之上。所有的人应该完全享有这些全球人权。无论幸福是否与工作所带来的现金、有保障的收入或劳动有关，这些都不重要。尊严才是最为重要的，不论经济是否被完全货币化、市场化、资本化和社会主义化。"以上所有需求"或许是最不容易受到损害的。

[3] **关于人权的辩论经常因为西方和普世化权利之间的对立而受到损害。**在传统和现代社会或封建制度和资本主义制度的过渡时期，人权形成的历史就是标准的西方历史。然而人权并没有遵循西方那些得不到普及的神圣化权利，也不是因为"西方历史＝普世历史"，而是因为人权来源于普世需要。对世界某一部分授予特权，违背了实现全球化的对称性需求。那些同样坚持"普世性＝由普世化组织形成"观点的人，非常清楚自己事实上是相当西方化的。

如果将"普世性"与"人类基本的需求"联系起来，而"基本的"一词又可理解为普世性的，那么我们等于在做一个买卖。关于人类的苦难和成就应该具有一定的普世效应，可将普遍接受度作为参考指数。然而，我们也应该严肃对待由来已久的分歧。对以村庄为单位的集体权力、作为生存手段的传统工艺及作为法人代表的多元家庭的肯定，不是对个人权利的否定。

西方在其领域内提出了普世化的见解，这一说法荒唐可笑。努力缔造一项人权法案，使世界各地的人们如同置身家中般自在，但这需要空间上的拓展和时间上的压缩。

空间拓展：引进所有其他的文明／文化，鼓励他们以文明对话的形式提出各自关于权利的想法、表达人类需求。

时间压缩：普世性不等于永久性。人类会犯错误，每隔 50 年都会对错误进行一次检讨，以求获得更强大的权力。不仅使人权的实施实现全球化，也使其内容全球化。大胆地从全世界范围内进行选择、淘汰。

达成这一目标的途径之一是通过以下四种方式，让一名全球公民将参与全球软管理作为一种权利与以下**相关义务**联系起来：

• **全球公民应该被赋予权利**通过赢利性的、保证足够收入的雇佣关系来满足基本物质需要。相对地，有义务为全球化纳税，这对公司及某些人而言，只是一笔小数目。

• **全球公民应该被赋予权利**受到保护、不受暴力侵害，通过最大努力阻止冲突转变为暴力，将世界中心权威维和下的暴力侵犯降低到最少；同时也有责任调节冲突，运用和平手段、军队和平民来维护和平。

• **全球公民应该被赋予权利**自由表达世界社会应怎样运行，通过自由、匿名投票成立联合国人民大会，可以自由集会、自由陈述意见；并有义务参与选举。

• **全球公民应该被赋予权利**形成基于新旧文化元素之上的文化认同，无权将自己的认同强加于他人；有义务在和他们、他或她进行关于认同和真理的对话时，表示尊重。

这些都属于人权惯例[27]，除此之外还表达了人类的义务。在这一平等参与系统中，义务被视为理所当然的事情；不能违背法律，需要缴纳税赋，必要时以身殉国。在此，为全球化**纳税、致力于调停和维和行动**、参与创建世界中心权威（联合国人民大会）的选举活动、本着尊重和好奇之心与其他文化建立联系，这些义务与职责已是一目了然。义务和权利相栖相生，如同一枚硬币的正反两面。

17.　全球民主

假设一个世界中心权威是建立在联合国三个机构的基础之上：

- **联合国大会**，已经存在；
- **联合国人民大会**，第二个大会；
- **联合国企业委员会**，第三个大会。

97 这将引起成员资格问题以及三个大会在决定权上的争议。任何想成为联合国成员国的国家必须得到现成员国的承认。由于政府极少在这一问题上征询公民的意见，是否加入联合国实际上是由政府而非公民决定。[28] 如果一个非政府组织想要加入联合国人民大会（UNPA），该组织必须符合以下五个准则[29]，该准则也适用于贸易谈判协会（TNC）加入联合国企业委员会（UNCA）：

[1] **该组织是否具有国际代表性？** 其成员是否覆盖各大洲？这种覆盖是否不仅表现在地理区域分布上，而且也表现在文化和政治上？

[2] **该组织是否能充分体现民主？** 该组织的领导阶层对各成员是否负责？领导阶层是否可以通过选举改变？

[3] **该组织是否关注人类的需求？** 换言之，该组织是否只关注某一特殊群体的利益？

[4] **该组织是否能反映一种全球性的视角？** 或其视角只局限于本地区或本国、本教区？该组织的内部权力分配（主席、执行委员会、理事会、总部所在地及资金来源）是否能反映一种全球性的视角？

[5] **该组织是否能存在较长的时间**？或者它只是暂时性的存在，并会很快消失？

下面我们将参照各国对这些准则逐一进行分析。

准则 [1] 偏向多元文化的国家，其统治者可以反映出这种文化的多样性。准则 [2] 偏向民主政治国家。准则 [3] 强调人类的团结，反对因性别、代际、种族、阶级、民族和国家等的差异而自抱一团。准则 [4] 强调提升世界利益，而不仅仅维护有限的国家（民族）利益。准则 [5] 偏向永久性存在的国家。这样说来，符合条件的、唯一能留在联合国的不就只有瑞士了吗？

大多数国家仅能符合最后一个条件"持久存在"，即领土主权完整、近期没有分裂或革命现象，否则将不具备入会资格。但这一准则不适用于非政府组织。非政府组织的权力既分散又融合、既存在又虚无，在无限的功能空间中运作，而不受领土限制。

如果选择类似这五条的标准时，我们对非政府组织的要求应该要比对政府组织的更为谨慎。然而，对非政府组织的标准为什么没有更加谨慎？为什么这些准则依旧保持不变？如果要求非政府组织的主席或总秘书完全控制其成员、不容许分歧或反抗，那么只会降低这一组织的灵活性。

这些准则是否适用于各类贸易谈判协会？贸易谈判协会常常具有国际代表性且相对长久存在，但这不代表它是民主的。或许贸易谈判协会能更民主一些？是否应该优先考虑满足基本需求的产品生产和实现世界的团结，而不是资产和销售比率？[30] 是否能尽可能地保障大多数人获得应有的报酬？

参加联合国大会的代表团都经由政府组选，参加联合国企业委员会的代表团也有可能经过了筛选，而参加联合国人民大会的代表却需要民主选举产生，而不通过政府选拔。[31] 在较长的时间内，联合国人民大会的民主选举模式不会改变：每 100 万居民产生一名代表，每个国家至少有一位代表，成员国都是选区。国家只有通过自由、公平选举的形式组成联合国代表团，才有权向联合国人民大会派遣代表。这些代表团可能由政党组织而成，如印度联邦和欧盟。在这两大联盟中，其中一个人口超过 10 亿，另一个人口约为 5 亿，如果它们可以推行公平的选举，那么整个世界也可以这样做。

假如联合国成立了联合国大会、联合国人民大会和联合国合作大会，那么三者之间应该是一种怎样的关系？借用现代国家结构来说明，通常情况下实行行政、立法和司法三权分立。联合国大会类似于欧盟部长委员会负责行政；专门机构主委会（the Heads of Specialized Agencies）类似于欧盟执委会（the European Commissioners）（正处于形成阶段）。联合国大会和专门机构主委会对普选产生的联合国人民大会负责。立法权掌握在联合国人民大会手中。国际法院和国际刑事法院（当然消除了美国的卓异主义）饰演全球司法中心的角色。

除了另外两大分别负责领土和功能跟踪的行政机构外，这就是广为人知的议会制民主模式。这样的分配是否会发挥作用？

如果我们认真执行民主，包括被弱化的、间接的议会制民主形式，这样的分配就会发挥作用。西方国家因为这样的民主将限制它们的权力和特权，而不断抵制之——正如权力受限制的英国上院。由此可见，道路将会更加曲折。

在今日，世界政权的组织形式应以欧盟为典范，后者虽存在不足，但仍取得了众多成就。其中最大的成就是在内部成员国之间实现了和平，至少目前如此。最大的不足是与外部——比如与其他类似欧盟的多国联合[32]——发生冲突而产生的威胁，以及内部缺乏民主。如果将和平主义传播开来，那么将给世界甚至各国内政带来福音。假设将全世界视为一个整体，不存在来自银河系邪恶的外侵者，那么欧盟上述的不足也不复存在了。事实上，由于一些在和平思想指导下的全球管理已初现成效，则没有必要强调民主的全面化。

这一结论（同时也是建议）将促使联合国大会把最高权力逐渐移交给联合国人民大会，同时促使联合国专门机构委员会（联合国教科文组织、世界卫生组织、国际劳工组织、联合国粮食及农业组织等）在功能和专业方面，与领土国和政权国平分联合国的领导权。由精英领导大众，以人民大会作为最终仲裁者，由国际法院确定其仲裁结果的合法性：这一世界图景令人心向往之。

那么联合国企业委员会应该如何运作呢？

采用类似联合国大会经济和社会委员会的模式。但联合国企业委员会也可以提供咨询；在各企业如何促进经济发展、环境保护、维护世界和平与稳定方面，制作出一套内部规章。这些规章计划应该呈交给联合国大会和联合国人民大会，进行磋商、获得批准并付诸行动。保证这些规章的合法性，将激发企业的参与热情，无论他们是否为联合国大会成员；同时还能防止左翼和右翼人士对资本的控制。在联合国全球公约里，我们可以找到这一切构想的指导思想，非常有必要用来应对一个垂死的美帝国引发的剧烈震荡。

100

18. 全球经济、军事、政治与文化权力

上述五节展现了全球化的总体景象，而无论被冠以何名，部分真实目的是拯救一个垂死的美国。这种愿景将世界公民、全球人权和全球民主具体化。在本节中，我们将撷取关于本书的主线即四大权力（经济、政治、军事和文化权力）的松散结论，将之整合成比第一部分更为完整的论述。

在生产、分配和消费过程中，经济活动的外部效应即经济活动的起因与结果是一个关键的问题，但它们在主流经济理论和标准经济行为中均得不到体现。经济学理论和实际经济活动强调经济的"内在性"，即在市场化的过程中，对可转化为金钱的产品进行比较，而不顾及其他后果，并将产生的众多问题推给他人。

积极的经济外部效应如来自他国的挑战反而促进自身发展，可以使中心国源源不断地受益；而消极的外部效应如环境污染、失业现象，便会堆积于边缘国家，加大中心与边缘的差距。如果有一道类似于划分民族或国家、内部与外部、我们与他们之间清晰的分界线，那么经济活动也可以根据交易是属于集团内部还是集团外部（如拉美国家有可能建立自己的内部经济组织）这一标准区别对待之。

经济集团内部可能会推行软经济，而集团外部却实施硬经济，这一做法无视集团外部国家所面临的消极的经济外部效应。

在一个真正意义上的全球经济中，需要考虑到各种负面影响，应该通过谈判、沟通的方式促使各成员达致一个各方满意、公平的结果。如果行不通，那么全球经济体就会解散，各成员将重新组合自己内部的经济集团。

　　然而在**全球化的世界里，人类形成了一个内集团**（ingroup）。因此经济学家需要重新思考并自我调整来适应全球经济一体化。世界公民的形成，必须以群体之间不存在性别、年龄、种族、民族的严重差异为前提，唯一的区别在于个体来自不同的地方。据此，在一个真正的全球经济里，经济外部效应从定义来看是一个内在问题。

101

　　当今的全球经济市场建立在资源、产品和资本自由流通的基础之上，而非建立在劳动力即（欧盟的）"第四大自由"之基础上。信息—文化市场的形成，取决于思想及其产品如书籍、音乐的自由流通，而不一定是艺术家、人们的流动。但政府的决策或好或坏地影响到全体人民及其生活。倘若政府决策不能为人民提供生活保障——没有工作、没有住房，那么人们至少可以搬到另一地方尝试新的生活。假如不能搬迁——不容许人员自由流动，那么从全球层面来说，他们唯一的权利就是拒绝参与这些经济和文化市场：抵制某些"跨国"产品，拒绝某些"跨国"文化。今天人们保护自己民族文化中特色产品与习俗，明天他们也将保卫世界文化中的特色与风俗。

　　因此，全球公民权的特点之一是可以自由地到达任何国家，如同欧盟成员国的公民：以旅游者的身份到某成员国居住三个月，若三个月后仍没有找到工作定居下来，那么可以离开、前往新的地方寻找机会。如果找到了工作、居住下来，那么不久便会获得当地公民的大部分权利，包括选举权，如参加某些成员国的地方选举。要达成这种形式的对称，首先必须实现国家和地区间的货币自由流通，以及税收差距降低至可以操作的水准。

　　然而，比实现自由流通更需优先考虑的是生产大多数穷人能支付得起的、满足其基本生活需求的产品；这些产品可以通过劳动的方式偿还，还可以进行物物交易，而非必须支付现金。

　　如前文所示，全球公民权这一概念建基于一个世界中心权威和全球公民之间的社会契约。这一契约必须是成文的形式，可以执行制裁，否则它只能是一种美好的空愿。

　　制裁**在内**可以表现为个体的"道德情感"，**在外**可表现为结构上的社会反响。当制裁标准向善、具有奖励性时，可以产生**积极影响**；而当制裁以恶意和惩罚的形式出现，则导致**消极后果**。总体来说，由警察和军队实施的、外在的、消极的制裁大大超过了以奖励、回报及其他积极举动为形式的制裁。

102

对一个国家而言，经济和军事的集体制裁带来矛盾的结果，既惩罚了有罪者又惩罚了无辜者，但主要是惩罚无辜者，甚至有时促使他们联合起来。同时还制造出一个"垃圾"国家——受到更严厉的制裁，如1991—2003年的伊拉克。某些地方法规定，一个人犯罪将株连整座村子或城镇，它们随后遭到攻击。

显然，我们可以作出如下结论："法律武器"必须在国家的保护下，诉诸法庭——如国际刑事法院。该法庭必须是一个负责任的独立组织，不受美国任何特例论的威胁；可以组建一支世界警察队伍，负责全球安全而非变成军队四处屠杀；解决问题的方案应该是软胁迫、协商、尽可能使用非暴力手段。

在今天，"民族"一词已声名狼藉，"民族主义"变成了一个粗俗的字眼。有充分的理由直接证明这一点：民族主义被用来分裂人们、将灭绝人性的行为合法化，紧接着直接暴力和结构暴力(剥削、压制、隔离)迅速泛滥。同一民族的人们在时空上共享一种文化，并将某些内容视为神圣的事业。而不幸的是，在某些国家，这些神圣的事业经常与军事行为联系起来：战争的胜负、王者的生死。同时幸运的是，在另一些国家这些神圣事业与大部分政治家、部分法学家的工作有关，他们致力于缔造一个新体制或推翻一个旧体制。

假设整个人类社会组成一个民族国家，那么这一国家该如何运作呢？我们不必嘲笑这一构想。毕竟，民族国家的形成是以地方相互融合为条件，消减了方言，破除了地方、民间、村庄神话传说（如日本的神道教），除非这些只局限于当地风俗。这一进程不能只用好坏区分，从原则上来说它具有普遍性。

在全世界范围内，我们今天所知道的所有民族国家，即使是中国，都是少数人群体。世界上唯一的多数人群体将是由女性组成的国家；当女性能更好地甚至是全球性地组织起来时，这将更加明显。作为殖民主义的后果，基督教白人文明依然占据主导地位，远远超出其数量所能达致的范围。一个世界性国家奉行多元文化主义原则，意味着占世界人口 16%左右的西方将丧失统治地位。白色人种只有世界人口的 22%，而黄色人种、棕色人种、黑色或红色人种将占 78%。尽管实现世界民主尚需时日，但人权在许多国家已取得了一定的进展。

　　我们不可能再继续将西方历史等同于世界历史，将基督教视为世上唯一正确的宗教，将英语、法语和西班牙语当作世界通用语。世界各地都在上演这一事实。但如上文所示，人权的普世性仍存在问题。1948 年 12 月 10 日发表的《世界人权宣言》体现出西方文化的三大精神：生命的神圣性、精神的神圣性及法律面前人人平等的原则。当然，还蕴涵着其他精神。迄今为止，我们面对的是"世界人权＝西方人权，不具有普世性，也不是文明对话的结果"，而这是建立在"如果你接受了我的人权观，我就接受你的人权观"一番讨价还价的基础之上。

　　从夏威夷的个案中，我们可以学到很多：奉行自己的风俗、尊重其他所有文化，推行多元文化主义、反对将单一文化强加于他人。[33] 没有哪一种文化能够提供一劳永逸的答案；我们需要各种合理的解决方案。小心地游走在宗教和语言领域，感知自己何去何从、作出独特的贡献。

　　从定义而言，全球历史是共享的历史，如佛教所称的共生来源。对构成人类的各个组成部分如欧美，不应该为了政治目的在空间上（分为"西方"与"非西方"）、时间上（"地理大发现"）进行分割。在这一世界性国家里，所有侵略行为源自内部、所有战争皆为内战、所有历史均是人类历史，同时反对将世界的某一部分当作唯一的中心，而另一部分只能是被动的接受者或破坏者。任何只建立在某一部分人之上的所谓神圣的观念，都是无法立足的。而那些象征着人类苦难的标志，如奥斯维辛集中营、古格拉集中营、广岛、南京却永远矗立世间。蓝毗尼（释迦牟尼的出生地）比伯利恒（耶稣诞生地）、麦加（伊斯兰先知的诞生地）能更有效地将人们团结起来，因为佛教传播依靠的是精神力量，而不是靠刀剑或相互谋利的贸易手段。

　　而无论如何，作为一个整体的世界以及人的诞生皆不是出于某一授命行动。非生命、非人类的"大爆炸"论也很难体现人性化的一面。关于人类的起源，千百年来尚未定论。人类如同一颗宝石，散发着多面的光彩。假如每天展示其中的一面会如何呢？若以年为单位来计算，我们将发现人类的多面性超出了我们的想象。当然，也可以每隔十年来庆祝一个特殊的日子，那么我们就有 3650 个以上的节日值得纪念。

为何不这么做呢？日期中的数字本身并不具有神圣性。更重要的是超越民族主义和地方主义，向真正的全球主义演进；摒弃武装暴力和政治阴谋，转向发展全人类的博爱、团结与创造力。

联合国教科文组织在世界遗产的定义方面作出了重要贡献，包括上文提到的奥斯维辛集中营和广岛。世界遗产在空间上细腻地表述了人性的集结：大部分遗产是颂扬人类所取得的文化成就，但同时也警示人们人性偏离正道的后果。它们有时以事件的形式（如广岛）出现，有时表现为某一过程（如奥斯维辛集中营）。鉴于此，教科文组织的工作素材不仅来源于刹帝利的创作、婆罗门阶层（艺术家、科学家、知识分子、宗教人士和空想家）的作品，同时还来自首陀罗阶层（即平民）的思想，尽管他们的世界充满了暴力和痛苦；此外，还包括自然创造的奇观。

吠舍即商人阶层已逐渐消失。他们建立起经济资本，并以此行善广施于人，而经济主义促使他们倾其所有来制造更多的资本（包括无节制的金融资本），促使他们渐渐沦为贱民。我们还有许多工作要做，这些工作的意义远远大于各种民族纪念碑。

考虑到大规模的经济、军事、政治和文化权力将集中于某一中心，以此对付边缘国家的顽抗，将世界统一为一个国家（如上文所提）不仅不可能，而且也不合时宜。在这种情况下，一个世界性国家并不会让世界运行得比今天更顺利。如前所述，联盟这一组织形式则表现出一定的可行性。那么世界公民对此有如何反应呢？

首先，我们找不到更合适的词汇来描述将世界视为一个"政体"进行思考、讨论及采取行动的这一能力。建立一个世界性政体将对世界经济、军事和文化产生深远影响。因此，关于这一设想，国际组织尤其是联合国已完成了许多建设性的工作，譬如：

- **认为历史是世界的历史**，强调人类的融合。众多史学家已作出了许多出色的工作，但仍有不少工作只停留在概念阶段。

- **在地理上，世界是一个整体**。与国际气象组织的专业背景进行比较，美国有线新闻网（CNN）、英国广播公司（BBC）和半岛电视台（AlJazeera）利用各自精确的气象地图所做的报道更胜一筹。

- **世界是一个整体社会**。全世界60亿多名居民按照经纬度划分成块，如同每一个社会将其根据广为人知的分割线进行区分，如种类、性别、年代、种族和军事、经济、政治、文化阶层以及民族与国家、文明与地区。而社会科学倾向于根据国家来划分人类，参见《50年：25个思想图景的发现》（*50 Years:25 Intellectual Landscapes Explored*）。[34]

在这25个思想图景中，9个是根据社会科学的标准进行划分的。需要考虑的是，它们如何才能把握全球化的思想方式。

世界统计资料不应该仅按照国家来划分。联合国通过每年发布的《开发计划署人类发展报告》激发了人们对一个统一的世界社会的构想，这项工作成效显著。报告一部分阐述了国家之间的差异，如发达国家（占全球人口的20%）与不发达国家之间购买力的差异；另一部分则关于人与人之间不平等现象，如上流社会（占20%）与底层人群之间购买力的差距。生计上的极大差距导致全世界问题丛生，但由于国家的划分常常造成资料极度分散，反而使其他分界线变得模糊并抹杀了世界的整体性。

据此我们可以设想一下，根据某些封建社会的资料报告，人们被分成"住在山顶城堡"（即美国梦——住不起城堡的穷人所梦想的目标）的富人和"住在山下村庄"的农奴。界限如此分明，仿佛这是两个完全不相关的社会，其存在只是为了形成对比。的确，这种差距通过现实中社会和经济指数已有所表露。不同的国家显示出不同程度的不平等现象，但我们不能根据各国贸易指数来判断这一外在的不平等。

106

难道可以说发达国家——"山顶上的城堡"的国民生产总值高，就是因为不发达国家——"农奴的村庄"的国民生产总值低？或者，反之亦然？我们需要的是将世界作为一个整体进行考察而得来的指数，这些数据即将出现，尽管速度缓慢。我们要进行的是一项最为艰辛的工作：在所有的经济实体之间寻找标志着不平等程度的数据。

最理想的是，我们应该有一份关于如何从自然提取价值的流程表，内容还包括价值是如何被附加上的，价值如何被流通、分配。据此，人们可以自我判断分配是否公平，而不仅仅判断生活状态是否公平，因为存在大量差异，生活本身就是不可能平等的。

换言之，作为一名全球公民，他在被告知如何行为时，有权要求得到相关数据来了解因各种界线而造成的不平等状况，同时这些数据不应只是地区性；由此，他可以努力寻找实现公平的解决途径。

而这项建设性的工作能否成功取决于跨越所有界线、实现对话的能力。某些国家是不打算与"邪恶"国家进行对话的。这类对话不以互相宽容为目的，而是因为——"我是很宽容的，所以我允许你存在"，也不是出自真正的尊重与好奇——如"我很高兴我们之间有如此多的不同，我们可以相互学习"。真正的意义在于沟通的过程——以对话作为沟通的手段，而不在于最后的结果，因为结果往往会由于更多的对话而时时发生变化。

关于对话，犹太教的塔木德法典为我们提供了一个很好的例子。该法典不同于犹太教托拉（常专指《摩西五经》），反对关于上帝选民、应许之地为永恒真理的说法。在这一日益缩小的世界里，全球公民若不怀以尊重、好奇之心来进行无数次对话与探索，则很难生存下去。

我们都是**上帝的选民**，都被赋予了在**应许之地**居住的权利。

当今人类社会面临两大威胁：**去文化**和**去结构化**。各种社会组织正以惊人的速度遭到破坏，地方、国家、地区和世界级的各种暴力不断上演。社会规范变成某种强迫、束缚人类的力量，而我们不得不承受之。这并不等于建立起了新规范，而是意味着传统规范的**沉渣泛起**，在与其他文明规范进行对话、碰撞时愈演愈烈。毫无疑问，这些沉渣中也会有好的东西，如全球公民的概念。然而当大部分人仍局限于地域生活时，全球公民的概念只能受困于国家公民的概念。问题在于如何使这一向全球公民转变的过程变得更加鼓舞人心，促使所有的人加入其中。要达到这一目标，必须在世界各地文化中提高意识，认识到社会规范应当发挥提高生活水平的作用。

由此，我们为何不欣然接受各种文化与宗教中最有利的一面，受之启迪并大胆地发扬光大？且听其详：

印度教信奉梵天（创造之神）、毗湿奴（保护之神）、湿婆（毁灭之神）三位一体，表明在"乐受"中创造更多的"乐受"；保持带来"乐受"的东西；灭掉那些产生"苦受"的根源。

佛教强调以不杀生、非暴力作为获取手段。相信因缘，即一切皆有因果，我们都处于因果关系之中，要对所做的一切负责；过犯（the acts of commission，即做了不该做的）与亏欠（the acts of omission，即不做该做的）同等重要。

道教提出辩证的观点，认为善恶相互依存。善中有恶、恶中有善。

基督教的启示来源于两点：一是希望，如光明般永恒闪耀；二是担负个人责任，需要负责的是你和你自己的想法，而不能怪罪他人。

伊斯兰教崇尚团结。人们集体呼吁和平，如《古兰经》索拉 8:61：如果你的敌人倾向于和平，你也应该这么做。

犹太教主张对话。真理不存在于现成的文书里，而是体现在过程之中，存在于我们共同创造的对话之中，并通过新的对话不断地被赋予新的内容。

人道主义尊重人类的基本需求和权利。

所有这一切都可以融合在一起，形成一个更高层次的、任何人都能编筑的统一体。那些拒绝其他文化中的智慧、只局限于自己单一信仰中的人，其结局必然悲惨。

108

19. 全球通讯与身份认同：瑞士模式

若要实现全球化，通讯水平必须大幅度提高。

在第14节中，我们已经确定通讯水平的高低是影响全球化进程的首要因素；我们所提到的"信息社会"和"信息高速公路"概念并非原创。大约一个世纪前，国家建设是通过教育（德语中的"教化"）来实现，其中包含了很多文化信息。而真正面临的问题却远远不止是**学校教育**。今天的现实是有更多的计算机和计算机通讯，但不一定包含更多、更丰富的信息。

然而我们仍然应该认真对待"信息"二字，并且明白"假信息社会"和"造谣收费公路"确实也正在我们身边形成。

举一小事例，来自《纽约时报》[35] 公共版的一篇名为《真实存在的通讯》（"really existing communication"）的文章，认为 O. J. 辛普森被描述为"有史以来最有名的被告"，预测他将成为世界关注的焦点。是这样吗？有人可能会将耶稣基督视为世界的焦点，至少在基督教世界是如此；也许曾把阿尔弗雷德·德雷福斯（Alfred Dreyfus）作为20世纪世界的焦点。但他们都有两大缺点：不是美国人；又有点古老甚至古怪，而且时代不同。他们都不适合美国"有史以来"狭隘的时空观。

"全球通讯"的实现必须彻底告别本位主义。如果世界是实现"全球通讯"的舞台，那么同时也是其大背景。然而我们如何知道我们所传达的信息是否真实有效？对此，并没有明确的界定，但可以运用以下三个标准。如果我们准备成为一个统一民族、形成一个全球化的国家，那么我们需要知情权和被知情权，而不是假信息。信息就是力量，假信息亦是。

标准一：**这是事实吗**？信息要用数据说话，应该与根据观察的现实相符。但主观与主体之间可以相互验证其真实性吗？当然可以，不过只能局限于某一点。米歇尔·福柯（Michel Foucault）宣称艾滋病引发了争论，正在形成一个现实，但在某些地方这已经是一个不可否认的现实；毕竟，他最终死于艾滋病。是否有人会死于这一争论？在虚拟现实中，是否有人感到痛苦甚至因此而死亡，或感到喜悦？

佛教徒同样也要承受身体、心灵和精神上的苦难与满足。他们的喜怒哀乐、痛苦与满足以现实为依据。这种痛苦与满足也可能发生在电脑屏幕前。并非所有有关电子的东西都是虚拟的，有些是，有些不是。即使缺少真实场景，通过电话、电脑"获得"的性同样也让人感到愉悦。

标准二：**什么样的信息已被排除在外**？耳闻目睹的信息是真实的，因而值得信赖。而如果能看到看不到的（如没有亲历过的行动），听到听不到的（如没有亲耳听到的话），那是一件更好的事情。但如果隐瞒看到的和听见的东西，则无异于犯罪。

因此，有关经济增长的信息只能是谣言，如果不是，我们可以核查数据；但一些重要信息如经济分配的信息已被隐藏起来了。我们需要占人口20%的社会底层人群的生活水平数据，以及上层社会与底层社会之间购买力的比例。只有掌握有关温度和风的资讯，气象学家才能作出更准确的预报，由此我们才能推断出风向变化和主观温度。有了这两方面的数据，我们就能更加明白门外的现实将如何打击我们。根据双方的经济参数，我们也能更明白社会将以何种方式打击我们。"唯增长论"是一种智能犯罪。

我们被告知有关"工作"和"创造就业机会"的"信息"，却不知道"工作"不同于旧机构中的"职位"。它不能保证可持续的生计问题，甚至不能保证任何水准的基本生活。公司撤销了一个职位的同时宣布两份工作机会，但按照原职位工资的三分之二来支付这两份工作，并且没有任何社会保障。这样就算净创造了一个就业机会。这样做对吗？这是真实可靠的信息吗？当然不是，纯属假信息。

标准三：**后果会怎样**？如果相信这些信息，会产生怎样的后果？信息发布者可能会对信息接收者产生一定的影响。那么，具体是怎样的影响？与"这对接收者意味着什么"这一问题相比，更重要的是"这对我意味着什么？"这样可能会引发对此信息更多或更少的搜索。

这三条标准属于经验主义，经过了理论和实践的检验，具有一定的意义。其意义体现在自身及其对实践的指导之上。通讯包含对信息发布者所发布的信息内容及其标准进行考察。如果没有进一步考察的机会，或信息发布者没有做过调查，但他发布的信息中包含了根据信息来源、相关利害关系及信息值得分享的原因所做的结论，那么通讯不再仅仅是信息的传播，而是一种人为操纵的公共关系和广泛宣传。[36]

真正的交流是平等主体间的交流，通讯亦如此。如果假信息被传达，那么自然会产生一个权力结构来操纵或散布这些信息。正如达尼洛·多尔西（Danilo Dolci）所言，真正的大众传播是不存在的。如果它真的是面向"大众"，那么它就不是真正的沟通，因为考虑到现实中受众之广及受众采取匿名的形式，真正的对话是不可能实现的。

在真正意义的通讯中，信息发布者和接收者之间应该不存在任何屏障。然而，双向的电子化通讯仍不失为一个次佳的选择。

但这也与通信技术有关。

在《美国的公开性》（*USA Glasnost*）[37]一书中，理查德·文森特（Richard Vincent）指出近年通信技术本身是如何造成了内部信息沟通的恶化。举一简单例子，在冲突激烈的地区，工作任务之一就是从沟通的角度对冲突进行诊断、预测并提出可行的解决方案。粗略地讲，就是在此从事这项最乏味工作的记者们为电视网络进行的工作。他们与携带摄像机和电缆的技术人员一起进入演播室，即我们常见的电视采访。接着，演播室里还有拿着录音机的电台记者，即我们常说的录音采访。效果最好的是以纸、笔为武器的记者，可以不受技术的阻碍，真正实现新闻的互动。而这又局限于在旧的话语体制下难以捕获多少新信息——当然前提是，如果不问"你还需要补充什么吗？是否还有其他我没问到的问题或没有涉及的话题？"

再者，电视曝光对观众的影响。以美国为例，无论"信息社会"为何物，在美国的发展程度大概总要高于其他地区。以美国学生为例，鲜为人知的是，他们普遍缺乏地理、历史和文化的一般知识。这不是教学的问题，即高中、大学不重视记忆相关知识、教学目标肤浅，也不是信息超载的问题。人类一直生活在信息超载的状态中；与大自然或他人的任何碰触，都包含了大量信息。狩猎—采集者发明了各种方法来存储信息，这些信息常被称为经验和智慧。就像一个大学生平时注意知识的点滴积累，以应对他们的期中或期末考试。

更基本的问题是：人类的推理能力——从前提到结论的相对较长而复杂的推理过程——有所下降。也许有人会称为思考能力的下降。但是思考这一概念的内涵比推理（即从前提到结论的过程）更为广泛。

我们有必要对历时性推理和共时性推理进行区分。历时性推理是通过时间来建构"思想元素"的链条。它可以按照演绎的顺序进行详细记载，且一目了然，但这样的推理链需要一定的时间跨度。这恰恰是问题的症结所在：不存在这样的时间跨度。原声插播必须非常短暂，因为如果推理链过长、过于复杂，大脑容易对此产生疲劳感。

然而"思想元素"也可以像图像一样，以共时性模式出现。在电视镜头中可以常常发现这种思想元素组织的痕迹，通常是在时空上对现实进行切换、更变和短暂的报道。相对来言，推理更需要采用共时性模式。这并不是说接收和组织信息的心理承受能力已经受到干扰，而是意味着这种思想模式是按照其他原则组织起来的，或更确切地说，是按照范例和图像非线性发展的方式。譬如"9·11"事件的报道，其中**时间**、**地点**、**方式**和**内容**清晰可见，但无法囊括不能解决冲突、引发报复的**原因**，后者需要历时性的分析。

共时性组织模式和后现代主义之间存在关联，后现代是恰巧和全球主义同时出现的另一种现象。我们可以假设，后现代社会是建立在个人主义和自我中心的基础之上，表现为：强迫性的行为规范和社会组织结构减少、利己主义和以自我为中心的思想盛行；即使在同性之间，同代人之间，同一种族、阶级、民族和国家之间，团结一致的观念已不得人心；休戚与共的信念已被性别歧视、年龄歧视、种族主义和阶级歧视等切断。

因此，有人得出结论：意识形态已寿终正寝；而实际上并非如此。新古典经济主义极力推崇的利己主义，很少具备类似团结一致之列的意识形态色彩。把利己主义及其逻辑推论即（新）古典经济主义非意识形态化，是试图将它们视为"正常"的人类社会事务的反应；而这种做法本身就是站在一种高度意识形态化的立场。人类社会的"正常性"受到空间和时间、文化、结构和环境的制约；并且一直处于不断变化中，从来不是静止的。总之，正常状态从来不是一种常态。

关键是共时性推理与后现代社会形态具有相同的结构，即同构性。人们生活在后现代社会，任何立场都不能把人们拴到某些组织机构上，当然"工作"除外，因为这时的"工作"意味着偶然的"合同"关系；配偶甚至孩子对个人都没有或者只有极低的束缚性，人们之间只有简单的"关系"；那时，人们精神世界里的相关因素联系松散，会感到在家般的轻松自在——这些因素即索罗金（Sorokin）所认为的因空间巧合而聚集在一起的因素（包括关键的电视屏幕）。一个过度消费的社会与一种过度消费的思想相吻合；各种"思想元素"彼此分离，从而不会被忽视。自由变得毫无约束——包括来自社会空间的其他人的约束，以及来自心理空间的理解、理论和简单逻辑的约束。

在反对"假信息"的问题上，这与上文有关"信息"的三个标准有什么联系呢？即使从某一空间场景挑选出来的数据是孤立的，但它仍可能通过实证来检验。"米洛舍维奇当选为南联盟总统时，他薄薄的嘴唇微笑着"或"今天上午一架客机袭击了双子塔中的一座楼"等等这些电视图像，可以通过多种方式对议会和那个著名的早晨所发生的事情进行检验。事实证明确实如此。

然而，一些信息细节却无法通过第二次检验。我们需要运用某些理论来考察缺失了什么。需要对事件进行一些整体性描述，这是对后现代社会某些心理活动的诅咒。如果"现实"只是一篇"文本"，那又有谁在乎呢？如果进行整体思考，"缺失了什么"这一问题才有意义。

这同样适用于第三次检验，即是否求真务实。假如理论需要的是向后追溯与信息相关的联系，那么"然后是什么"则需要向前探索与信息相关的联系。这两种活动都是历时性的，因此不太可能同时发生共时性推理。

可以得出**结论**：考虑到这一严重的免疫赤字，我们正承受着各种假信息严重超载的重负。对此，美国中央情报局的例子可供参考。据说，冷战期间，他们犯了七个关键的错误，包括未能预测苏联能够发明氢弹和人造卫星，未能预测柏林墙的倒塌，未能预测古巴导弹危机——同时也是土耳其的导弹危机，以及未能预测冷战的结束。

不是因为"信息"缺乏而导致的错误，中情局也许能通过标准一的检验。然而，所有这些信息的叠加体现了以美国精英为主导的意识形态世界观，但他们自己并不清楚这一意识形态是什么。意识形态意味着有色眼镜，也意味着虚拟现实，它切断了外界重要的信息来源，使其自身的信息来源有效性不容置疑。关于他们的逻辑，可举例说明：研制人造地球卫星需要创造力作为前提，但共产主义扼杀了创造力，所以苏联造不出卫星。

113

人们被误导，当新的现实和意外出现时——如"9·11"事件、金融危机，他们会撞得头破血流。一些关键的信息被隐藏起来，于是原来建议的一些行动现在已变得不合时宜。人们需要继续寻找更加合适的依赖互联网的媒体资源，需要寻找更少依赖国家和资本利益的媒体资源，需要寻找从更多角度进行报道的媒体，如半岛电视台。这都是全新的开端，为的是能为自下而上的全球化发展提供潜在服务？

然而，自下而上的全球化——即以普通人为主导的全球化的发生，需要在相继发生的各种问题上保持全球的同一性，通过"沟通"扔掉我们陈旧的思想包袱。在各种发展模式中，是否有一种多元文化、实行地方自治的民主模式？

让我们来看瑞士。作为一个统一的联邦国家，瑞士由 26 个州组成，包括四个民族，具有悠久的邦联传统；国内存在各种民族认同，其中以日耳曼民族最为强大。在此，我们将不讨论瑞士人数百年来多元文化互动产生的日耳曼化，而考察凌驾于四大民族之上的超民族认同，这既不是种族熔炉政策导致同质化（这使得他们丧失了原来的特性）的结果，也不是强者驱逐弱者（如在美国）的结果，更不是依靠互相支持求得生存（如在欧盟）的结果。

瑞士正是克鲁泡特金（Kropotkin）提出的进化类型，即在原来的众多认同之上通过合作、互助的进程叠加一个大认同。这不是典型的、充满竞争的"适者生存"达尔文进化论，该理论认为，人类社会的进化是通过消除或融化与有关各组成民族创伤和荣耀的神话，以及消灭主导民族的语言来实现的。

在瑞士发展过程中，机械论者关注于"日耳曼化"，这恰好和自上而下的以"英美化"为主导的全球化对应，而"瑞士化"则恰好对应自下而上的全球化。在处理各种众所周知的冲突时，我们不得不向瑞士学习。

瑞士的解决方案能够应对什么样的冲突？同时如何得以解决呢？

[1] **形成彼此支持的边缘国群体**：与其成为萨尔茨堡（大主教）——哈布斯堡王朝、米兰、巴黎、法兰克福／柏林的边缘国，欧洲其他国家不如形成团结局势。

[2] **为防止解体而保持中立**：奥地利、意大利、法国和德国常常陷入战争。参与这些战争将造成瑞士各地区发生分化，不利于维护国家统一和完整。因此，中立已成为瑞士解决类似冲突的约定俗成的规矩。

与瑞士接壤的四个国家都是欧盟成员国，其中三个还是北约成员，因此有关中立的争论近年显著减少。用军事力量捍卫中立立场，一方面能与所有邻国和其他国家增进友谊、召开会议、保持良好关系，另一方面也能进行积极的和平建设。瑞士不是欧盟成员国，而是联合国成员。

[3] **基本采取防御性国防理论**：瑞士位于四个大国之间，其军事理论带有强烈的非挑衅性色彩，强调短程的"地区防御"，而不仅是边防。重点在于完善固定军事基地的武器装备，比如安装在山区的军火及短程作战军队，以及海军、空军和本地民兵相结合的军事力量。

[4] **为了实现军队彻底地方化，实行强制性兵役，允许普通人家里保留枪支，要求士兵定期操练。** 经过四个月的培训后，各军事单位每年都要重新召集12岁以上的公民进行为期两到三周的军事训练。

[5] **保护四种语言——德语（70%）、法语（25%）、意大利语（4%）、罗曼什语（1%）——各自的认同感，使之和平共处。** 四种语言均为官方语，并要求每位公民必须多学一种官方语。

[6] **为实现国内各团体的平等地位，瑞士在 1848 年一直是邦联国家，1874 年成立联邦政府**，中央政府有权决定国家的外交、安全和金融事务，其余权力统归地方政府所有。

[7] **七名内阁成员不仅代表地方利益，同时还代表政党利益**（这是一道灵符，非常神奇）。内阁对公决和大选中的选民负责，而不是对议会负责——议会不过是内阁的一面镜子。

[8] **在瑞士，农民起义相对面言是比较成功的，因为它促使了地方决策模式的形成，即直接民主的形式。** 瑞士人口仅占世界总人口的千分之一，但对 20 世纪某些特别事件进行的全民公投数量占世界总数的 60%。

[9] **为了确保民主地方化，各州面积不能太大。** 瑞士有 23 个州（其中 3 个被划分成两个半州，一共是 26 个州）——其中一个州说罗曼什语，一个州讲意大利语，四个州完全讲法语，另有两个州部分讲法语，其余各州都讲德语。全国共有 2763 个地方当局，乡镇发挥了非常重要的作用。

115

[10] **为了使民主在人民群众中扎根，他们能够发动 10 万人联合签名，提倡全民投票，两年内行使一票权。** 为了通过并形成法律，全民公决必须获得至少 50% 人口和 50% 州的支持。

换言之，瑞士政府精心设计、维持平衡，以保留每个民族认同，同时在这一基础上创建了一个覆盖各方的大认同。由于瑞士在这方面已实践了很长时间，必须需要几代人的共同合作。但薄弱环节是建基于公平之上的性别之间的合作，而且种族之间的合作尚不稳定，因为还需努力限制或消除移民歧视，更不用提很多明确而基本的举措和全民公决了。

以上十点是对政治表层文化的总结。政治也有其深层文化即集体潜意识——在集体记忆和心态的滋养下成长，通常不用语言表达但理所当然地存在文化之中。因此，瑞士各民族都愿意且很少被动地学习他族语言和饮食习惯；然而文化交流不包括深层文化。我们常常刻板地认为，日耳曼人总是急于将其他人尤其是东方人日耳曼化，法国人总带有优越感，而意大利人则是生活品位上的唯美主义者。而瑞士人认为，人们在潜意识里都应该保留自身的深层文化。

在其他地方，人们不仅拒绝接受学习多种语言，而且他们自己的观点甚至得不到表达，或只是以一种微弱的方式呈现。瑞士文化建立在农民—边缘文化的基础之上，而不是依赖帝国—中心如德国、法国和意大利的文化。这是一种被边缘化的地方农民文化，团结是其精髓。

现在，我们可以试图对三大理念即文化、身份认同和全球化作出一些假设。此前我们一直致力于此，但这次我们作出的假设不同于具体的、切合实际的瑞士案例——这一驻扎了众多联合国机构的东道国，而是关乎于未来的全球治理。

第一，文化和认同与真理类似；两者间充满竞争和排斥性，正如拉瓦锡实验常常被解释为给燃素论带来了致命打击。因此，如果主流文化是后天获得的，那么显然将对地方语言构成威胁。但两者也可能建立合作关系，就像光线照射下光波与粒子的互动。在这种情形下，他们可能会在元文化覆盖层的庇护下和平共处、相互尊重，如同尼尔斯·玻尔(Niels Bohr) 运用道家思想对现实进行的阐释。然而，与瑞士人一样，他们就某一方面将达成一致：**任何一种文化都不会占主导地位**。各种文化和语言均享有平等权利，如联合国将六种语言作为工作语言。在现实中，有些方面可能比其他方面更为平等，但实现形式上的平等将是一项重要成就。

然而，我们面临的一大挑战是，建设积极因素和消极因素共存的瑞士元文化。现在，欧盟也在努力地做同样的事情。任务是艰巨的，然而在几个世纪以前，今日欧洲国家之间的平等也曾是未知数。

第二，从世界范围来说，文化全球化与之相同，致力于创建一个世界元文化，而不是文化与文化的叠加。如今还没有出现一个元文化，让说英语、法语、西班牙语、俄语、阿拉伯语和汉语的人可以共享之。我们一直努力创建一种共享的元文化，但却出现了大规模的英美化，包括美式口语的盛行，将作为组成部分的其他文化排挤一旁。这不仅发生社会精英之间，而且还包括所有民众。我们可以这样假设：目前美帝国的衰落和崩溃，已经为建基于多样性、共生性和公平性的全球性元文化铺平了道路。

第三，全球化将以怎样的面貌出现？比如，是看起来像瑞士一样强大的多民族国家吗？

让我们设想一下，假如国家的名称不是瑞士，而是阿尔卑斯山下的联合国，这个共同体由四个相互合作的民族组成，有共同的缺陷如洗钱、压迫妇女及上层社会的自以为是。但是，除了直接民主和社会福利外，它在国家内外和平共处上所做的努力是可圈可点的。总之，大体上是在发展。

全世界的联合国能否做到这样？如今没有其他载体能够承担如此大规格的项目，在这一项目中，每个人都能找到自己的位置，就像在家里一样舒适自在。当然除了那些妄想单独控制全球化进程的国家，他们通常以公众的名义自上而下地给出所有问题的答案。

117

以联合国教科文组织的一个研究项目为例。该项目表现出效率低下，中心权威的智囊团难道不能更好地解决这一问题？也许可以，但前提是人们需要淡化研究人员来自不同国家和民族的背景，每位研究员应该齐心协力创造一个真实的世界，使世界每一个角落的人们都感到轻松自在。研究的内容还包括各民族间相互学习和合作共建。

联合国对这个世界所作的贡献，还比不上瑞士对阿尔卑斯山部分地区所作的贡献：在统一的联邦国家内，保持文化的多样性以及元文化对众多文化的兼容性（而非排他性）。类似这样的制度不能以行政命令的方式自上而下强制实行，例如苏联曾试图针对所有公民重新界定"苏联人"的含义。它需要有机地成长，就像瑞士的所作的努力。我们需要给联合国一些时间，现在我们已经踏上拥有双重公平的全球化之路，与之相伴而生的是与瑞士元文化并无很大差异的世界元文化。在新的世界结构中，瑞士的十大创新能够找到各自合理的诠释。在这一世界里，我们都身处边缘，拥有双重身份认同——全球认同和民族认同。

20. 全球外交关系：世界内政

外交关系还有另一称谓："跨国关系"——即本节的主题，在传统的国家制度中，外交权通常由位于首都的外交部垄断。

欧洲早已存在中央集权国家——如英国、法国、西班牙和土耳其，但欧洲国家制度的诞生则要追溯到 1648 年 10 月 24 日威斯特伐利亚体系的建立。这一体系结束了实施宗教清洗的野蛮的三十年战争，其代价就是为一个更糟糕的后继体系付费。国家要为日益昂贵的军事装备征收足够的和必要的税赋。正如基督所说，国家并没有给世界"带来和平，而是带来了战争"。

118

需特别指出的是，国家体系具有以下四大特点：

	国内事务	国外事务
权力垄断	最后的意见由国王签署	外交事务
暴力权利	"主权"	"宣战"

简单而言，政府享有暴力垄断权和暴力实施权。

国内，各国政府不能垄断一切权力，但他们可以垄断权力的权力，其中包括一些终极权力，如以内部事务为由杀害本国公民。美国从 17 世纪起就开始杀害红人和黑人，而棕色人（1778 年以后主要分布在夏威夷）有幸存活至今，这一切是因为国家有执行死刑的权力。

国外，国家长久垄断外交事务和发动战争的权力——假设战争是提前预谋、妥善安排的。

有权行使这四种垄断权力的都是贵族，他们只是西方上流社会的一小部分，其姓名前大都冠以 de/di/de/von/Sir 这样的头衔，现在也不过是构成"国际社会"的少数。其结果自然是迫害不断升级，死亡人数成倍增加。直至今天，在笔者写作的时候，由美国支持的以色列的国家恐怖主义仍在加沙横行。

而一般来说，这些国家对和平的关注远远逊于对跨国关系的关注。社会关系使我们以个体或集体的形式成为社会人。西方个人主义的唯物主义观认为，我们的存在方式是通过个体躯体和灵魂来识别的。东方佛教和无数"原始"社会则更加强调我们身处各种社会关系，即社会关系网之中；它强调的是"我有关系，故我在"，而非西方的"我思，故我在"。人在生理性死亡之前，还可能有社会性死亡即孤立；而人在获得生理生命之后，还有社会生命即名誉。即使躯体早已进入坟墓，个人名誉和思想也可能在子孙后代中永生。生命现象只是生活的一个方面，但自有魅力。

青春期是确立社会认同的时期，这一认同的确定完全是通过父母所说"我们的大家庭——邻居——朋友和他们的孩子都是你需要的"。一种国家制度的运行遵守《威斯特伐利亚和约》的规定，而严格地说，该和约是对国家长久的青春期的否定。这是挪威在 1905 年打破与瑞典联盟关系的主要原因：挪威想通过直接开展对外事务来建立自己的外交关系。

当然，大国可以向国内居民提供更多的社会交际活动，有时甚至多到足以耗尽民众的交际能力，使他们看起来像是文化单一、粗野的乡下人。当然，为跨国关系提供的交通——通讯也需要这一关系的发展。跨国关系的需求与国家的承受能力成正比，与国家大小成反比。规模小但承受能力强的国家在跨国关系中往往更加活跃。

然而，这些跨国关系的主体是谁？威斯特伐利亚体系指定国家元首、外交部长及各部长为跨国关系的主体。此外，还有社会地位低得多的人，如移民、牧民、商人等也是跨国关系的主体。而实际上还有更多主体未被提及。

在外交事务上，我们已不再遵循威斯特伐利亚体系所制定的一些基本原则，但在内部事务上则相对滞后。因此，也只是在最近，暴力主权论包括权力阶层不受惩罚的特权才开始受到质疑。今天，围绕威斯特伐利亚体系，各种替代性体系数量已相当可观。

[1] **联合国普世化体系**：处理世界内部事务的政府间多边关系；世界内政。

[2] **超级大国和区域体系**：处理区域内部事务的政府间多边关系。

[3] **各国政府**：在本国体系内自主处理政府间双边关系。

[4] **超国家组织**：有民族但无国家。

[5] **拉丁美洲和加勒比地区主要城市的地方当局**：形成网络，具有通用性、区域性和双边性，乡村作为基本单位。

[6] **跨国公司的企业内部网络体系**：以其跨越国界的合作而闻名；具有通用性、区域性和双边性。

[7] **非政府组织，形成网络**，具有通用性、区域性和双边性；其中包括宗派和行会。

[8] **个体间的关系网**，具有通用性、区域性和双边性；互联网的使用大大加强其力量。

乡村—行会—宗族是非常重要的传统形式。

威斯特伐利亚体系只创建了 [3]，即由各国政府自主处理双边政府间事务的国家体制。但是这一国家体制从未很好地维护和平，而只是保持权力均衡的现状，从而导致 [2] 的产生，形成众多联盟。同时它还一直忙于协调国家利益，这也导致 [2] 的形成，并最终产生 [1]，虽然一直纠结于协调"大象"和"蚊子"的利益问题。

在以上八种体系中，[1] 已经实现全球化。[6]、[7]、[8] 也很容易发展全球化，因为其流动性不受领土的限制，如跨国公司正在实行的经济全球化、非政府组织正对其抵制力量实行的全球化。

[2]、[3]、[4]、[5] 的全球化实非易事，因为它们有领土的限制，被束缚于某地。然而，如果不存在这些领土限制，那么全球化将只是一场空谈。

现实世界呈现出这样一幅图景：一个联合国、约 5—10 个区域、约 200 个国家、2000 余个附属国家、200 万个直辖市、约 2 万个跨国公司及至少 20 万个非政府组织，超过 60 亿的总人口；考虑到这些，想要编织跨越国界的坚实组织，工作量是非常巨大的，涉及所有与之有关的不同实体和个体。

　　表5看似复杂，但逻辑其实很简单。沿着主对角线，是同一类别的体系；对角线交汇处即它们的共同利益。在该对角线之下，就是各体系影响更高层次的体系所采取的方法和手段。

　　现在，让我们近距离观察表5所列出的完整体系，这是兼具自上而下和自下而上两种全球化的景观图。

　　[1] **联合国体系**。联合国专门机构的负责人又组成了行政协调委员会（ACC）。要充分利用之！

　　[2] **超级大国和区域**。联合国安理会的核心否决权，可看作是超级大国、或区域如欧盟、或其代表即英法两国的犯罪手段。1945年世界五大强国联盟，控制了相当一部分的世界范围，比如先是西半球，然后是英联邦和法兰西共同体。和现在一样，苏联是当时面积最大的国家，而中国则拥有世界最多的人口。今天，安理会似乎已经过时，像八国集团以及高度多样化的第三世界已形成一个新区域。欧盟在某种程度上介于区域和超级大国之间；独联体国家很难有资格发展成为一个新区域，但俄罗斯也许会有这一天。正如本书第12节"区域化：七大区域出路何在？"所提到的，伊斯兰国家也许会发展成一个新区域，拉丁美洲和加勒比地区、非洲（非盟）、南亚联盟（南盟）、东南亚联盟（东盟）以及潜在的东亚—太平洋地区等都有成长为新区域的可能，这样世界将共有八大区域。每个区域的国家代表将循环任职，不像欧盟只有两个国家代表。安理会作为世界各大区域的协奏曲，使人恢复了对维也纳音乐会的遐想，因此它在世界历史现阶段中的作用是合乎情理的。可以提出这样的假说：全球关系越紧密，世界实现和平的机会就越大。

121

表5　**全球化世界的关系表**（第一部分）

	[1] 联合国体系	[2] 超级大国	[3] 各国	[4] 亚国家
[1]	联合国大家庭	联合国机构（世卫组织等）中心	联合国协会；开发计划署办事处等	联合国教科文组织加泰罗尼亚中心
[2]	安全理事会	区域协商	地方官员	

续表

	[1] 联合国体系	[2] 超级大国	[3] 各国	[4] 亚国家
[3]	联合国大会	区域大会	双边外交	
[4]	亚国家大会	准大国	资本代表团	亚国家组织
[5]	全球化联合国的地方当局大会	区域地方当局大会	国家地方当局大会	亚国家的地方当局大会
[6]	全球化联合国的跨国公司大会	区域跨国公司大会	国家跨国公司大会	亚国家跨国公司大会
[7]	全球化联合国的非政府组织大会	区域非政府组织大会	国家非政府组织大会	亚国家非政府组织大会
[8]	全球化联合国的人民大会（协联*）	区域人民议会	国家人民议会	亚国家的人民议会

* 联合国协会世界联合会。

122　（现有的体系已发生倾斜；其他体系的产生势在必行）

表5　全球化世界关系表（第二部分）

	[5] 地方当局	[6] 跨国公司	[7] 非政府组织	[8] 个体
[1]				
[2]				
[3]				
[4]				
[5]	拉丁美洲和加勒比地区组织			
[6]	拉丁美洲和加勒比地区的跨国公司	达沃斯世界经济论坛		
[7]	拉丁美洲和加勒比地区的非政府组织	跨国公司中的非政府组织	世界社会论坛	
[8]	拉丁美洲和加勒比地区大会	跨国公司大会	非政府组织大会	人性

123　　　**[3] 各国**。他们善于照顾自己，而且这是一个关键点：相对于这些已有350多年历史的国家体系，其他体系的组织缜密性则稍逊一筹。他们有

自己的联合国大会，还参加区域大会（如美洲国家组织、欧盟、南亚区域合作联盟和东盟等），并且他们的经典外交手腕即双边关系网络非常密集。

[4] **亚国家**：我们只谈论"有民族无国家"的例子。联合国可以为他们建立一个亚国家大会［成立于 1991 年的非联合国会员国家及民族组织大会（UNPO）便是一个开始］；各区域可以把它们列为准成员，联合国也可如此做；在一国首府，他们往往有其代表团，这个代表团由占主导地位的民族控制（只有瑞士各民族间几乎是相称的）；为了相互支持，他们也可以成立自己的组织。

[5] **地方当局**常常作为国家和亚国家的对应产物，在全国范围或亚国家范围内形成组织。联合国和各大区域都应该为它们建立一个大会，因为它们迟早会在世界组织中发挥有效作用。

[6] **跨国公司**也许更愿意在幕后操作，因为它们往往与各种腐败行为有关。但它们最终超越了达沃斯论坛、走向前台：联合国也应该为它们建立一个大会，各区域、各国和各亚国家及拉丁美洲和加勒比地区也可以仿效联合国的做法。至于为什么有关它们的审议应该保密，并没有明确的原因。非常可惜的是，它们并没有对自己的客户负责；造成了有史以来最大的财政赤字；应该推行区域和国家的经济民主。

[7] **非政府组织**正在酝酿一个新的世界性组织（在布鲁塞尔举行的国际协会联盟一直密切注视其动向），一个新兴的联合国大会正逐步成形。联合国非政府组织论坛可以成为各大区域、各国及各亚国家仿效的对象。

[8] 在以上七种体系内部，**个人**也必须有自己的集会，而不仅被包括在 [3] 和 [7] 中。对人民负责正是民主的要旨所在：越民主就越合法。

本次调查所得出的结论是：在传统中枢——联合国、国家及个人等方面，至今还在世界体系中起到非常重要的黏合剂作用的是人权。它们责成会员国保证本国公民的人权，以换取公民对国家的效忠，并要求各会员国对联合国负责，以取得联合国的认可。世界体系中的新成员如各大区域、亚国家、跨国公司，以及世界市民社会的两个关节点即地方当局与非政府组织，正在以它们的方式融入这个整体的、令人印象深刻的世界关系网。但完全融入尚需时日。

在此，需要对传统的形式——乡村、宗族和行会进行解释。亚洲曾提议视集体人权为法人：享有生存权、追求安康的权利和自由权、认同权。在这一提议中，乡村、宗族和行会被认为可以发挥一定的作用。与人类一样，虽不能保证这些组织形式可以永远存在，但可以保障它们生存的权利——只要它们还存在，并能够受到其他组织和个人的保护。

我们在前文提到的对角线，包含了联合国如何利用密集的代表团关系网与成员国保持密切联系，这一切都由一系列机构的驻地代表运作完成，例如，开发计划署、联合国教科文组织（作为国家委员会）、联合国经济与社会理事会，和各种专门机构如建基于各区域组织之上的世贸组织（各区域组织，如拉丁美洲经济委员会、欧洲经济委员会、非洲经济委员会、亚洲及太平洋地区经济与社会委员会，以及各种以"欧洲"冠名的组织）。联合国可以通过各国的联合国协会来沟通信息、交流政策。联合国协会世界联合会（WFUNA）则是某些非选举产生的、却具有一定代表性的人民议会。强大的超级国家，如欧盟也有类似的组织网络。

但是，这些高于国家层面（above-state）的体系一般会让成员国通过法律、指示和规章来规范与低于国家层面（below-state）体系之间的关系。

表5还为雄心勃勃的亚国家建立内涵丰富的跨国关系网络提供了基础。尤其是对加泰罗尼亚这样的地区而言，其斗争的目的是为了实现自身的高度自治，提高人们的协商意识以及了解众多谈判细节，而不是像骑士一样一时愤懑而使用汽车炸弹等。还应该牢记斗争的出发点——威斯特伐利亚体系，其外射投影不仅是垄断国有资本，而且垄断加泰罗尼亚的法院—政府甚至王室—领袖的产生。诚然，法官和王室之间存在密切的婚姻血缘关系，最初出现在天主教国家，后来也扩展到新教国家。在高度两极化的冷战时期，我们又回到了由各国元首组成的"峰会"时代，这些国家元首们没有任何血缘关系，也没有任何共同信仰来缓解紧张的局势。可以预见的是，他们所取得的成果将少之又少。

125　　　对表5中出现的众多亚国家来说，它们所面临的外交关系如下所示：

[1] 在联合国中谋得地位，不仅在联合国内部设置代表团，还要至

少成为联合国的观察员；

[2] **在欧盟（或其他区域）中谋得地位**，不仅在区域内部设置国家代表团，还要至少成为区域的观察员；

[4] **成立亚国家世界性和区域性组织**，其目的是与联合国、各大区域或其他实体进行集体协商；

[5] **通过拉丁美洲和加勒比地区大会来巩固亚国家的地位**，然后形成自己的外交政策；

[6] **通过跨国公司大会来巩固亚国家的地位**，然后形成自己的外交政策；

[7] **通过非政府组织大会来巩固亚国家的地位**，然后形成自己的外交政策；

[8] **通过推行真正的民主，来巩固亚国家的地位**，应对所有挑战和反响。

最后四点既是对内，也是对外。通过与区域性的拉丁美洲和加勒比地区、跨国公司、非政府组织和人民的对话，亚国家可以更好地规划国家的外向型发展。比机械地复制国家集权模式要好得多的是：丰富国家内部的对话形式。

如果这样做，亚国家将表现出巨大的优势，这一优势也隐藏在威斯特伐利亚体系的本质之中。亚国家挑战国家在外交事务和一般外射投影上的垄断现象，是无可争议的，但却没有必要挑战国家在"宣战"方面的垄断。相反，当亚国家从各种军事野心的束缚中解脱出来时，它们能够运转得更好。它们可以把重点放在提升自身政治、经济和文化实力，以及亚国家与拉美地区、跨国公司、非政府组织和人民社会关系的总体水平上。后四者被国家邀请参加世界政治公开对话的机会越少，亚国家与之交好的机会就越多。各国在一定程度上固守他们原有的发展模式。而亚国家则有可能带来一个全新的开始，从而更容易降低它们诞生于充满暴力传统的环境并沉浸于暴力传统的可能性。

在这方面，有一点至关重要。我们谈论的是有民族无国家的情况，民族等于文化加土地。那么，它们如何跨越土地的界限进行规划呢？当然是通过文化。不仅包括政治权力、经济产品和服务，还包括社会关系、个人关系等这些原本就不存在界限的渠道。从世界范围来看，亚国家的文化不甚明确。在主导民族的影响下，其文化一直被遮掩在面纱之下——当然，瑞士除外，在那儿没有这种现象。如果这样做，它们可能会使各个国家和区域感到羞愧，从而促使后两者转向正途，即不必忌讳国家利益之争，但不发生军事冲突。亚国家也许会像罗马一样，将自己训练成为冲突的调解员。

现在让我们再一次回顾表 5。在威斯特伐利亚体系的前康德时代，没有联合国，却有欧洲皇帝统治的地区，还有国家、民族、城市，甚至前城邦国家、商人及人民。这些都是构成当今世界的素材。但它们的结构化、制度化程度较低，又受制于三公九卿的权力。

国家容易发动战争，但希望成立自己国家的民族也是如此。由 2000 个国家组成的世界，会比由 200 个国家组成的世界更加和平吗？很难说。但除了挂在联合国的国旗和席位外，这些国家喜欢通过自己的军队来证明它们已经功成名就。它们将迅速结成联盟或形成区域化，而各大区域喜欢玩一些致命的游戏。

从和平的角度来看，更有趣的是，那些追求高度自治、以求拥有所有外在联系，包括对更广泛的事务进行对话、提出建议和投票表决（不包括作为观察员的角色）的亚国家，与其他亚国家一样也不希望承担发展军事力量这一沉重的包袱，但对于其他三个方面即政治、经济和文化权力则态度柔和得多。像梵蒂冈和其他一些地方，亚国家将会逐渐豁免其领土的军事权利和义务。由此而形成的国家将追求一切发展目标，唯独不发动战争。

然而，这是否会造成概念上的模糊？是的，而且在这一点上，或许可以从香港的新名称——"中国香港特别行政区"——中学到一些经验。对北京而言，这意味着归属感，成为国家的一部分。而对香港市民来说，这只不过是一个地名而已，就像为了收发邮件。双方都得到了各自想要的东西。受到这一创造性模糊概念的启发，亚国家将为了所有现实目标——战争除外——成长为真正的国家。

The Fall of the
US Empire

第二部分

未来：走向何方？

B

国内情境：美国法西斯主义或美国全盛期？

21. 悲观预言：美国法西斯主义

卡珊德拉*（Cassandra）：法西斯主义的基本要素是国家出于经济、政治和文化目的而进行大规模屠杀。这就意味着战争；为了获胜或展现威力的正规军队与对平民进行大规模屠杀的国家恐怖主义之间爆发了激烈的遭遇战，如同德日在第二次世界大战中的所作所为。从 19 世纪初开始，美国已通过大量干预事件（243 起）参与到这一屠杀当中。在全球范围内，美国的行为超过了历史上任何一位统治者。这些行为常常出于对法西斯主义的一贯恐惧，或许暴露出美国的"软弱"。

这一切将会立刻停止？有人说[38]，暴力像苹果派一样具有美国特色。错，美国暴力比苹果派更流行。美国视战争为单行线，面对非武装人员的反击——针对美国军队的游击战及（或）针对美国平民的恐怖主义——感到诧异并被激怒。然而什么是正确的呢？

美国使用直接暴力，包括最近参与世界战争，以此建立经济和政治上的结构暴力，随后建立三角形的另一角——文化暴力。文化暴力赋予前两者合法性，看上去清白无辜，"仅仅"是文化、诗歌、音乐、艺术、纪念馆、格言、布道，这些容易被低估，却带有不祥之兆。

合法性模式包含卓异主义，认为美国是一个特殊的、不可或缺的国家，肩负着四处惩恶扬善的使命，作为上帝的选民响应神的召唤。远在政治上干涉西班牙和苏联帝国之前，美国就已涉足犹太神学。

再加上冠以每年一次胜仗头衔的军事深层结构，以及促进军队硬件和软件建设的产业。美国军队是否将体面地退出历史舞台，为和平所用？

接着出现对具有强势领导人、总统、总司令，体现至尊权力意志的强国进行狂热崇拜。这里包含着强烈的不明确性。胜利意味着上帝对信仰者的支持，意味着成为世界的最适者，这一点由其生存可以证明，而否定世俗主义者。失败意味着同时失去上帝和整个世界的支持。在国家及个人的层面上，这构成了争取胜利的三重原因，但仍具有很大的不确定性。一直战斗到其他国家无条件投降，毫不妥协。当其他国家代表着邪恶，美国还能采取什么别的方法呢？

130

文化暴力在全球范围内促使美国直接暴力和结构暴力合法化，其中有五大突出因素。

- 选民论、荣耀观、创伤感——合称为 CGT；
- 摩尼教善恶二元论及即将发生的世界末日善恶大决战——合称为 DMA；
- 对强国领导对抗邪恶之战的狂热崇拜；
- 对强势领导人变民众为追随者的狂热崇拜；
- 以胜败作为是否为选民和最适者的判断依据。

相信这些因素将使每次暴力实施成为"判决性实验"（experimentum crucis），一种对整个建构设想的测试。"越南综合症"即为例证，失去的不仅是战争，还有上帝的支持以及在越南作为最适者的地位；甚至屈位为"第五级政权"。在 1991 年伊拉克战争中重获胜利，"我们已经克服了越南综合症"。2003 年至今的伊拉克则更多的是对这一说法的反驳。费卢杰战役对美国的意义，相当于斯大林格勒保卫战对德意地缘法西斯政权的作用。

由于众多不确定性，美国地缘文化暴力赋予地缘法西斯主义合法性，而无视开战和战时条规，后者一般只为普通国家设立。美帝国将为其生存而战斗。

我们将面对的是毫无约束的胡作非为，隐藏更深的大屠杀，对集中营、大规模酷刑、秘密处决、失踪和引渡等带来的痛苦的漠视。

然而，这种赋予直接暴力和结构暴力的合法性的综合症不仅仅只发生在国外；美国国内也存在邪恶。与国内外政策相辅相成的是政治阶层成员，如乔治·W.布什和希拉里·克林顿[39]的信条："谁不站在我们一边，谁就是和恐怖主义一派"，并包括小布什政府内所有的民主党派人士。假如说所有的反对者、游行示威者都是恐怖分子，那么对和平组织的监视则要大大优先于在漫长而薄弱的美国海岸上进行监察。[40]

"'9·11'事件改变了规则"（犹如纳粹分子遭遇围城攻击）。《爱国者法》、国土安全部相继出台、成立，展开监视工作。它们被怀疑秘密监禁战俘，通过秘密法庭进行秘密裁决；与引渡、秘密弄讯、庭外处决和失踪案有关。美国的极刑是掌握了生杀大权的大规模国家权力，第43任总统曾一度是主要执行官。

在此背后是国家行政机构通过伪选举（2004年美国总统选举中，摇摆的州的电子选票与投票后的民意调查相差甚远，所有选票非常一致地支持布什而非克里，这件情况出现的几率不足 2.4 亿分之 1）战胜了立法机构，又通过向法院塞满理论者战胜了司法机构。人们受到恐吓，媒体被钳制。比越战更糟糕的战争所导致的抗议声却大大减少。总有一天，人们和媒体都会被噤声。

让我们设想一下，由于某些原因，美国各种跨国干涉行为告一段落。到时，我们真的可以断定这一以直接暴力、结构暴力、文化暴力为三大支柱的庞然大物不会巡视国内，寻找一些更无自卫能力的目标？名锤何患无钉。难道不会在少数族群、民族和"自由主义者"中找到钉子，并将之钉平？美国无须采取军事手段，其行动已经存在，即持久性的文化暴力和结构暴力。

再者，美国或许将寻求建立"**美国治下的和平**"，一如其他志同道合的国家绕开联合国，试图建立"**民主治下的和平**"。

22. 乐观预言：美国全盛期

波丽安娜*（Polyanna）：我不会落入卡桑德拉所预言的陷阱，因为这一预言是建立在第43届总统布什的统治之上，而我的预言取决于第44届总统巴拉克·H.奥巴马的执政。总统走马灯般变换。他们很重要，但其作用也许最多为25%，而不是很多美国人所相信的75%甚至95%、100%。这里还需考虑深厚的文化和深层的结构因素，而卡桑德拉悲观式的预言则主要取决于总统。

我非常不赞成个人抱以偏见来对文化与结构的原型与综合症进行考察。很多其他文化和结构也和美国一样各有优缺点，正如一个人心理有消极的一面，也有积极的一面。在美国表面与深层的文化和结构中，以下五点非常突出，同时也是我所关注的：创新、合作、平等、勤奋和慷慨。

创新。美国人面对一个问题几乎都会自动作出这样的反应："好的，那我们能对此做些什么？"答案一直正在探索之中，而且美国人一般不会屈服于现状。这种精神导致了科技领域的伟大发现，更不用说市场上令人惊讶的、品类丰富的商品和服务，以及思想界的多姿多彩。当然，文化和结构也有局限性，正如上文提到的一些硬性因素。同时，两党共管模式促使差异最小化，但也阻碍了新思想及新意识形态如"社会民主"、"绿色主义"的全面引入。

合作。我认为应该指出的是，虽然目前个人主义泛滥，各行其是的行为比比皆是，自私自利的利己主义思想甚至占据了人类心灵的最高处，然而，仍然有很多团队一起策划并实施极富创造性的工作。当然，像"你是在制造问题还在解决问题"之类的说法和急于成为"一名优秀的团队成员"的想法也许是一致的，有可能形成一个相当团结的意志。

平等。美国人在收入、财富和教育方面存在差距，但他们通常拥有直呼其名式的平等基础，就像穿衣饮食一样平常。当特权阶层在欧洲、印度、中国的大部分地方和其他地区充分彰显其优越性时，这种平等精神使得美国人更容易实现合作。当加入团队进行合作与创造性的工作时，一个人犹如重获新生，有了一个全新的开始，而不是埋怨只能扮演一般社会角色，如男人、女人，年轻人、老年人，上流人士或底层民众等。美国人善于包纳那些不可磨灭的身份特征，如性别、代际和种族等；相比大多数其他民族，他们也许能动员更多的社会阶层。

勤奋。美国人不惮于努力工作，而且一个合作、平等的环境非常具有激励作用。对领导权形成崇拜所产生的积极意义是：鼓舞士气的领导者可以与他人一起，开启头脑风暴，激发新想法，并努力工作实践之。消极意义是：领导者会遮盖其他人的光芒，并无法容忍任何人站在其对立面。

慷慨。美国人习惯与他人分享，常常邀请朋友来家做客，并慷慨地与朋友分享自己的时间和意见，且不吝于捐助教堂、宗教机构及任何民间组织，而不仅仅是为竞选筹备资金。同时，来自美国人民的慷慨也会穿越国境；有时的宣传并非夸大其事。一直到他们开始质疑"我能从中得到什么好处"，从此这一问题将在他们心中盘旋不去。

具有这五大优势，美国将获得巨大的潜力进入全盛期。这是非常棒的工具！然而，必须清楚地指出一个目标，或最好是多个目标："我们正处在全盛期的初级阶段，并希望进一步的发展。开足马力，全速前进！"

133

23. 内部力量

悲观预言：艾森豪威尔认为军工业（MIC）是推动法西斯势力发展的力量，关于这一点前面已略为提及。他原本计划在五角大楼再增设一些官僚机构，如能源及核计划署；同时，在工业领域增设金融经济作为资本驱动在战争中进行投机活动。而有"世界第二古老职业"之称的知识分子与前者类似，也在兜售有关敌人潜伏在我们国内的一些安全故事；唯一的补救办法就是阻止和粉碎他们的阴谋。他们在美国环城高速以内更隐蔽的地方蓬勃发展，并使每位新上任的总统明白：由于秘密条约和安全原因等，存在各种各样的困难。

乐观预言：在国内，只看到环城高速以内的情况将是一场极其危险的噩梦。环城高速以外的范围更为广阔。在此，我不打算阐述人们能在两党制体系之下——无论是共和党人还是民主党人，通过选举产生的代表对华盛顿施加压力。在两党人士中，只有一个人对美国发动伊拉克战争投了反对票。我关注的是数以千计的非政府组织和地方当局，以及为它们工作的数以百万计的人们，他们已经做好准备一旦有机会，就要全力以赴促使美国共和国开花结果。无论在本地还是全球范围内，他们为此努力奋斗、上下求索，全心全意致力于建设本地社团和（或）跨国共同体——在那里，美国人正秉着公平意识和勤奋精神，为和平、发展与环境保护而努力工作。公平意识、低生态足迹、和平大业——很多美国人都热爱它们，并竭力使之更进一步发展。总之，要动员各种力量，包括华盛顿及其以外的地区、环城高速以外的隐蔽力量。也许有人会说——这人或许是黑人，或在军队、金融界身居要职：看，这只会导致死亡。让我们回头是岸，转变策略吧！

134

24. 外部力量

悲观预言：持有这一观点的人为数不少，我将之分成朋友和敌人。美国会有朋友，但大家过于得意忘形，从而导致美国警察不能维持当今世界的权力秩序，不能保持美国对西方、太平洋和加勒比地区一些岛屿的特权。东欧正乐于向西方阵营转移，当美国酝酿出一种新的干预政策时，它们都会变成美国的盟友。当然，也会有敌人，他们正在尽最大的努力证实安全专家的预测，以说服美国领导人相信强硬手段必不可少，实行真正的民主要冒太大风险。

乐观预言：持有这一观点的人为数不少，我也将之分成朋友和敌人。真正的朋友不利用美国作为人体挡箭牌，要求美国作出他们自己都不愿作出的牺牲。真正的朋友是不会再塞给嗜酒成性的人一瓶酒；真正的朋友也不会鼓励暴力成瘾者采取更多的军事干预行动。相反，他们会邀请美国加入他们以实现真正和平为目标的各种活动之中，与各方共同协商、换位思考，一起合作找到创造性的解决方案。

有关敌人的情况比较复杂。鉴于美国过去的暴力犯罪，有些敌人可能渴望复仇。由此，美国需要采取一些补救措施来调解矛盾，并承认过去所犯下的罪行。有些敌人也许是美国暴力行为的受害者，但他们不是为了进行强烈的"回击"或复仇，而是更像越南——**让我们将仇恨搁置一旁**，共同改善我们共同的命运。然而，为了达到目的，他们需要在华盛顿安插众多敏锐灵活的耳目。

世界上大多数国家热爱美国，但不喜欢它的外交政策。如能够改变后者，那么人们的热爱就会抽芽成长。世界各地的人们愿意热爱美国，然而当帝国主义无处不在时，这种热爱之情已愈发不可企及。

25. 经济重组：基本需求、平等与环境

近日有关经济危机的讨论非常多，尤其是金融经济及"信贷紧缩"已开始向实体经济蔓延。有一种愤世嫉俗的说法，认为"危机"作为一种现象实际上肇始于 2008 年 9 月 15 日雷曼兄弟的破产（也许是在计划之中?）。当时，每天大约有 12.5 万人死于这一体系所引发的饥荒和原本可以治愈与预防的疾病。对此，须承担大部分责任的是，人们已陷入经济主义思想的旋涡，把市场和资本的优先发展凌驾于人类与自然的发展之上。[41] 资本主义正是如此，它既不是人本主义的，也不是自然主义的。经济显然应该涵盖所有这三个方面，但实际并非如此。

目前爆发的危机远在上一次永久性的经济危机之上：在饱受信贷紧缩之苦的金融经济中，各种交易也蒙受损失，经济行为参与者也不例外，甚至比以前更糟。为什么会这样呢?

从某种意义上讲，"资本主义和往常一样"，但这过于笼统。如果不采取一定的措施，资本主义是一个"损不足以奉有余"的体系，"劫富济贫"所占的比例相当小。最终结果是显而易见的：处于国家经济和全球经济底层的人们生活贫穷，甚至困苦。财富聚集在少数富裕国家和富人阶层，尤其是生活在富裕国家的富人手中。资本主义其实是在复制它所取代的封建经济中臭名昭著的不公平。这与不平等法案不谋而合。

简单而言，资本主义体系导致底层民众生活的困苦（据说，在美国底层民众占总人口的 70%），并导致上层社会流动资产过剩，以至于只有一小部分财富可用于消费。而在实体经济领域，对生产性企业的长期投资不具有吸引力。因此，金融经济领域的短期投机行为暴涨，泡沫也在不断增长直至完全破灭。这种不健全的经济体制不仅谋害人命，最终

也会导致其自身的覆灭。

重建？这不是通过贫穷的纳税人给银行和富人实施紧急救助就能实现的。首先，由于大规模地印刷钞票和借贷，重建不过是将劣币投向劣币；其次，无能之辈和欺诈之徒将从中大大获利；再次，这将进一步减弱美国人最普遍的可获得力，使实体经济的增长更加难以捉摸。

需要考虑以下可能会产生作用的 10 个方面：

[1] **凯恩斯主义盛行**：投入大量资金以改善美国摇摇欲坠的基础结构、促进绿色能源的发展、创造数以百万计的就业机会，其中包括学校和综合诊疗所。向弱势群体倾斜的就业机将激发底层人民的可获得力。

[2] **大规模的再分配**：积极推动税收政策改革，增加奢侈税税率；减免 70%底层人民的税收，并向他们提供住房和医疗补贴。同时，重塑底层民众的可获得力。

[3] **政府接管从泡沫开始至破灭期间的住房抵押贷款**，减轻债务人负担从而间接减轻银行负担。取消应受资助和不应受资助的借款人之间的任何区别；减少体系故障。

[4] **取消所有抵押品赎回权**，为每个人寻找一个公平的解决方案。

[5] 为重建筹措资金，**消减白宫策划帝国主义活动，如打击基地组织的财政预算**。用纳税人的钱来支付美国重建所需费用，这笔预算应来自美国在世界各地采取破坏行动的费用，而不是来自医疗保健、教育、福利开支等。

[6] **消灭最差的银行金融机构**，因为它们往往是最贪婪的：它们对各种交易的资金支持最少，但在平均薪酬福利上，总裁与普通员工之间的比例却最高。日本式的道歉，如总裁在电视上公开为企业叛离消费者信任的行为道歉，这种方式可能被强制执行。不需要自杀，而需要深刻的忏悔。

[7] **视最新金融产品为非法产物并否认之**，除非它们能通过测试，保证这些产品的买方和卖方都充分认识到其运作过程及后果。

[8] **鼓励银行与客户保持直接联系**，宣布明确的贷款保持量——与世界银行的要求和对我们作出的保证相吻合，并确保每个细节都能通俗

易懂。

[9] 及时发布广义货币供应量（M2），使美国经济体系更加透明。

[10] 美元大量贬值，也许贬至三分之一或一半，从而产生一个新美元。因此，削减债务负担、使美国的剩余产品更具竞争力，以避免发生大规模通货膨胀。

做到以上几点或采取与之相近的措施，美国的全盛期也许指日可待。

但**问题**是：民主党—共和党意识形态上的共识阻碍了美国全盛期的
137　到来。

26. 军事重组：解决冲突、防御性国防

当务之急是解决冲突、维持和平，然后才是防御性国防的建设。然而，美国"军事文化"支持美军的重建。需要考虑以下几点：

美国和盟军指挥官关于军队在和平行动中的作用的观点：建立保卫和平与安全的军队。[42]

欧洲的做法："（和平行动）是存在于人民之中的行动……如果你只穿着衬衣，武器掉在脚边，你看起来并不具有侵略性，那么你可以起到安定人心的作用……你越是力图使自己与普通人区别开来，比如戴着头盔、穿着防弹背心、躲在大型四人巡逻车里，那么在人群中，你要找到想要的人可能性就越小。"[鲁珀特·史密斯将军（General Rupert Smith）语]

美国的做法："这相当简单。当服役时，必须随身携带全套战斗装备。我们将在悍马和卡车的防护下巡逻，因为这样能够拯救在意外事故中受伤的人的生命。对此，美国陆军的哲学是：'看，如果你想要我们武装起来去战场执行维和任务，那么你需要提供一个军纪严明的组织，并能随时准备应对任何一种致命威胁。如果你不喜欢这样，那么就把它转交给联合国。'"[蒙哥马利·梅格斯将军（General Montgomery Meigs）语]

欧洲人发展到这样的程度还需要很多时间。同时，美国也将调整自己的军事文化，更多地借鉴《孙子兵法》，减少克劳塞维茨《战争论》的影响，但这也需假以时日。在此期间，以维护美国安全为借口介入世

界任何角落的行为，都将导致他国人民对美国任何一方的袭击。如果军事文化不能普及，那么它将不具备可操作性。

　　解决冲突、维护和平以及建设防御性国防体系，这些尚需普及。普遍应遵循的金科玉律是：不要开发和部署他国无法接受的军事防卫体系。这适用于大部分美军，同时也适用于伊朗可能的铀浓缩试验和俄罗斯可能的反导弹防御体系安装。在康德看来，只有那些可以普遍调配的军事体系有存在的必然理由；而这通常是指非挑衅性、非进攻性及短程的军事体系。在这方面，也有一个可以替代裁军的选择：DIS 定位系统和公民防卫[43]。

27. 政治重组：倾听民意

当四十多岁的美国人围绕六个对话议程被要求对美国冲突进行定义时，将会产生什么结果？这些对话能否产生新提议？选择一些冲突进行分析，可能比研究对话的内容更具有指示意义。我们可以试为之。

我们所选的**第一个冲突**，是非裔美国人和西裔移民与美国庞大的盎格鲁—撒克逊系白人新教徒（在美国资本主义环境中，他们过着体面的中产阶级生活）之间的冲突。这一矛盾相当深刻。一般的行为准则是要求非裔美国人和西裔移民与资本主义合作，无论他们面临怎样的问题，如失业，都应抱以合作而非竞争的态度。公共部门被用来组织一部分没有与这些发号施令者签署合同的少数人，并督促他们配合。组织原则以基本公共需求为导向，除了对摇摇欲坠的基础设施进行维护外，还投入大量资金建设和维修全国的学校与综合诊疗所，同时始终保持弱势的工人阶层的优先权。

因此，体面的生活应该是既基于个人薪资报酬，又以良好的基本需求服务为基础，同时也离不开美国社会的合理分配。

非货币性交易的技能也已出现；众所周知，牙医是填补蛀牙的，而管道工的工作则是清理堵塞的管道和水池。

然后，非货币经济学可推广到不同工种间以小时为单位的工作交换——服务业比产业更容易交换，这样可以使大家对美好生活充满希冀，即使不能做一个小时的百万富翁，至少也可以做半小时的百万富翁。

总之，将底层人民和上流社会从一个制造破坏和不安的、荒谬的资本主义桎梏中解放出来。

虽然没有发展苏联模式的热情，但却有更多的积极性来发展民主社会的激进经济主义，以及绿色的更侧重于人类基本需要和尊重自然的本地经济。我们应更加注重人类自身的安全，而不仅仅是国家安全。正是出于后者的考虑，公民的津贴经常上下浮动，每月要支付 500—1000 美元来保障食品和住房的最低需求。[44]当经济目前的极端畸变被清洗干净、荡然无存时，美国是能够负担得起包括每个人在内的食品和住房的最低
139 需求保障的。

第二个冲突发生在外交政策方面。人们普遍假设美帝国正在消亡，美国将其外交关系的重点放在邻国，包括加拿大、墨西哥和北美；并认为北美自由贸易协定的签订将会随着边界的开放，使北美市场自由贸易区不再自由，就像在北欧联盟或欧盟一样。墨西哥的资本主义发展与沃伦·巴菲特、乔治·索罗斯及其他人所预测的不同，而是受到卡洛斯·斯利姆（Carlos Slim）及其对广大贫民的大力支持的刺激。

在即将诞生的"美国与拉丁美洲和加勒比组织"中，绝不能取消墨西哥的成员资格，即使它起到主导作用；事实上，墨西哥还可以发挥桥梁作用。有种说法，墨西哥可能是离上帝很远，但却非常接近美国和拉丁美洲。然而，要想一扫前嫌，在这三个国家之间建立平等关系，仍有很多工作要做。因此，尚需建立一些衔接性机构以使墨西哥—美国（MEXUSCAN）成为现实，并为更加合理的美国提供一个理想家园。

墨西哥人将自由进出在 1846—1848 年战争中失去的土地，而美国人—加拿大人（不仅是退休人士），也将在墨西哥—美国的拉美地区找到可供容身的安全家园。

第三个冲突仍与外交政策相关："9·11"事件不是被定义为不同文明之间的冲突，矛盾双方的一方是"基地"组织和穆斯林极端派，另一方是美国新保守主义的帝国军工业综合体。由于阿拉伯—穆斯林更加了解西方国家包括其历史，相反，西方国家却缺少对阿拉伯—穆斯林同等的了解；因此，这一差距需要通过对阿拉伯和穆斯林文化的大规模研究来弥合，促使人们接触历史真相，促进不同文明间实现对话。

西方国家已多次攻击、入侵、剥削阿拉伯—穆斯林的领土；1683年奥斯曼土耳其帝国入侵西方国家，并在维也纳城外被击败。自此，"9·11"事件是阿拉伯—伊斯兰国家第一次采用其他方式的进攻。人们

呼吁历史委员会、真相与和解委员会停止暴行，包括"9·11"事件这样的暴行。我们的任务是消除产生暴行的原因。相互尊重的态度以及基于互惠和平等权益的行为，对此将有所帮助。有些事实需要澄清，比如沙特阿拉伯既被伊斯兰教视为圣地，是先知诞生的地方，也是重要的石油开采和军事基地；而想要从人们生活中彻底清除作为理想人物的先知，以及他所说的阿拉伯世界不能同时存在两种宗教，则绝非易事。将沙特阿拉伯作为伊拉克战争的美军集结待命地区，是对神灵极为不端的亵渎。

140

第四个冲突是墨西哥人融入美国社会的问题，这在很大程度上与第一个冲突有关。1846—1848 年美国发动墨西哥战争，豪夺了墨西哥一半以上的领土，这是最保守的估计。波尔克总统遭到来自伊利诺伊州年轻议员亚伯拉罕·林肯的质疑，林肯认为这场战争是不必要且不道德的。缓和边境的紧张局势——拆除耻辱之墙（wall of shame），这道墙堪比巴勒斯坦地区寄托了以色列梦想的哭墙，希望这两道墙尽快与西柏林墙一样被扫入历史的垃圾堆。这样做，将会带来更多的益处。

通过战争改变边界是过去的原始做法，而通过渗透对其进行软化则是一种现代方式。这意味着美国开始向更多的墨西哥人开放，目前美国有超过一半人口（接近 6000 万人）来自墨西哥，其中有三分之一即约 2000 万人是合法移民。然而，这种人口流动也可以通过其他方式进行，如前文所提到的，为富裕的美国人和加拿大人在退休之后寻找颐养天年之地提供了选择。

然而，比生计更重要的是文化。从语言上来讲，问题的关键不在于英语与西班牙语之间的较量，而是双语现象与单语现象的冲突；加拿大实行双语政策，即同时使用英语和法语。

而且从更深层次来说，清教徒认为他们是上帝的选民、奉上帝的旨意执行特别的任务，在西半球拥有一块应许之地。这种极其不祥的思想亟须淡化。每个民族都有自己的神话，美国的神话曾有利于美帝国的崛起，但现在却意味着美帝国的衰亡。大量墨西哥人涌入美帝国将改变一切，也可能会赋予土著美国人更多的尊严，比美国所给予的还要多。

　　第五个冲突是关于堕胎，或更笼统地说，是有关生命的神圣性。反对人工堕胎合法化的争议有其合理性，但同时也陷入了美国式的悖论：那些保全了腹中胎儿生命的人们常常会站起来捍卫美国的权利甚至是义务，但他们的所作所为耗尽和污染了自然环境，使地球成为动物的屠宰场；在美国领土上屠杀、奴役以及私刑处死其他民族，通过死刑夺走成千上万人的生命；打着保护美国国家利益的旗号，发动战争来干预其他国家甚至区域的内政，乃至在美国领土以外的地方建立军事基地。

　　美国卓异主义的本质是将大规模杀戮合法化，视之为神授使命。鉴于此，一般的暴力文化被推广至自杀、凶杀（尤其是家庭凶杀案）以及帮派争斗（在美国的诸多暴力形式中，这是伤害性最大的一种），这毫不奇怪。一些人反对人工堕胎合法化，赋予未出生的生命一种神圣意义，这一点值得称赞；其他人站立起来维护已出生生命的神圣性。这一悖论的两面性已一目了然。这要求在超越"廉价、珍稀和安全"的基础上重新考虑堕胎问题。更好的性教育不仅要强调堕胎的危险，还要宣传生育所带来的快乐，以及培养责任感。相对于堕胎，领养不啻为一个更好的选择，这样更容易拥有儿女，成本低且安全。孕妇必须有最终决定权，在反对人工堕胎合法化的运动中，往往带有明显的反女权主义色彩，除非她是被迫受孕，否则就应该与男方协商。所有这些都必须在尊重生活、重视尊严的大框架下进行。

　　第六个冲突也是最后一个冲突，即妇女问题。常见的争论是：一种观点认为女性作为社会人口的另一半，包括统治美帝国的那些女性，享有男女平等的地位；另一种观点则认为女性作为新鲜血液的来源，更多的是出于男性的同情［吉利根（Gilligan）语］而非一些抽象的道理，且通常被视为缓和矛盾的调节剂。显然，对于这样的问题，我们应该采取两者兼顾的态度。

　　倾听民意。然而一旦当选的政客都陷入了更接近一党制的体系，并力图协调众议院和参议院的不同立场，这一体系终会走向对单一议院负责的联合政府。一个可能的补救办法是：信任最高领导机构。通过全民公决，人民将决定权委托给他们。[45]

28. 文化重构：通过对话实现新启蒙运动

首先让我们来看一组数据。

2003 年 9 月关于美国人民信仰的调查结果显示：42% 的人认为"《圣经》的确是上帝说的话"，69% 的人觉得"现在宗教对大多数人的生活产生微乎其微的作用"；92% 的人相信上帝，85% 的人相信天堂，82% 的人相信奇迹，78% 的人相信天使，74% 的人相信地狱，71% 的人相信魔鬼，34% 的人相信存在不明飞行物，34% 的人相信鬼魅的存在，29% 的人相信占星术，25% 的人相信命运轮回说，24% 的人相信巫婆的存在。[46]

142

启蒙运动尚未真正触碰到前现代国家的轮廓吗？对于这种情况，存在一种可能的历史解释。17 世纪，今日美国的先驱者相继离开英格兰：1607 年从德文郡移民弗吉尼亚州；17 世纪 20 年代，从东英吉利取道荷兰抵达马萨诸塞州，从布拉德福德迁移至宾夕法尼亚州，从英国、苏格兰、爱尔兰的"边界"地带移民阿巴拉契亚山脉。正是他们促生了美国、美国世界观及所有一切。然而，启蒙运动却秉持这样的世界观，即认为被视为创造者的上帝实际上并没有起到重要作用；随后在 18、19 世纪，启蒙运动席卷欧洲。

如今超现代的美国在许多方面难道不是现代性的摇篮吗？的确如此，但这不过是为了证明：对大多数人而言，所述的各种信仰并不排斥汽车、现代住房、抽水马桶以及超现代军队，也不排斥有关魔鬼的各种信念（与波兰和菲律宾等国家一样，美国相信上帝，但似乎也特别相信撒旦）。在以色列及很多伊斯兰国家，还有印度、中国、日本等，传统信仰事实上不排斥对现代技术的接受。然而也有一些例外，比如美国阿米什人不仅相信上帝，也笃信前现代的社会秩序；又如瓦哈比人信仰的是先知时代的社会秩序，还有世界其他地方的类似信仰。

此外，两党的联合统治是主要的政治障碍。在本节简短的篇幅中，只指出了主要的文化障碍与之相似的一点。换言之，政治障碍对第二次启蒙运动的呼唤，远远比不上当年对已经画上句号的启蒙运动的召唤。

29. 社会重组：依靠规则建设团结新局面

我们离开了位于弗吉尼亚州的哈里森，当穿过国际日期变更线这一民族的、历史的里程碑时，我们就能很早地看到日出。此时，呈现在眼前的是云雾缭绕、遍布丘陵的弗吉尼亚州。太阳光芒正在传统的共和党州上空画出一道红线。冉冉升起的太阳映着火焰般的秋色，一条小路迂回弯曲、绵延不尽。身在途中的我们有些恍惚不已，那是因为我们已完全沉醉于沿途的无限风光。我们缓缓前行，不疾不躁，只因这令人心旷神怡的美景。

143

美国司机一向严格遵守交通规则，其最高境界表现为相当数量的礼节，这使得他们在风景如画的美国开车时能切实享受驾驶带来的愉悦；这种精神还具有传染性，也正因如此，美国司机曾训导了在交通规则上有几分不羁的欧洲人。在美国，如果我们要停下来在某处喝早咖啡，停车场标记清晰可见，服务生同样彬彬有礼、如沐春风，这一切甚至使得咖啡的美味也更加醇厚。

回忆也浮上心头。几年前的某一天，贝鲁特的交通状况出现了另一派截然相反的景象。当时电力中断，警察罢工。让我们看看十字路口发生的情况：大型汽车急行抢道、挤压小车，有的甚至抢占人行道。所有的喇叭都在刺耳鸣叫，司机站在大街上大声叫喊他们是正当驾驶的，别人是不讲道德的。这种无组织的疯狂最后才暂时停止，好像混乱状况的结束与否取决于司机嗓门的高低。

可以得出的结论是：交通的畅通除了需要红绿灯和警察之外，美德也是不可或缺的。而且，我认为美国的司机甚至贝鲁特的司机，一定程度上肯定勉力而为之。否则就不会达成一种默契，在今天的你和我之间亦如是。一些乐善好施的志愿者及警长模样的人拥有疏导交通的愿望：时不我待，关键时候，理应挺身而出。

那么可预见的是，对美国司机的歌颂同时还强调了这样一个悖论：为什么不能在处理世界事务时也如此井然有序？为什么如此仓促地为自己抢位，并急着收获？为什么有这么多的**"公地悲剧"**？每个人都试图使自身利益最大化——如《国富论》所述——为达此目的，难道他们不惜亲手锯断了自己赖以生存的树枝？有一则寓言可以说明这个问题。复活节岛上的最后一位居民面对岛上的最后一棵树时，他考虑的是，**"砍还是不砍，这是个问题"**；其答案也是众所周知："如果我不砍，别人也砍。"于是树被砍倒，人们最终只能离开光秃秃的拉帕努伊（波利尼西亚的复活节岛）。

这是人的本性使然？当然不是。美丽的国家公园是**"公地成功"**的标志，欧洲很多公地风景也是如此，在高高的亚平宁山脉和阿尔卑斯山上，传统远离文明；在北欧的巴巴瑞安出现了一种美好的趋势，很多乱抛垃圾的人正逐步变成维护环境的准圣人。**道德情操**在起作用，以引证亚当·斯密理论的积极一面。对此也许是我们不求甚解。当然，这也包含了合理的自我利益诉求：在交通中，如果我善待他人，那么他们也应该同样善待我；如果我友善地对待交通和自然，那么它们也应该同样回报我。同时更深层次的集体情绪也有可能在起作用：与我同道的司机，他的痛苦就是我的痛苦，他的快乐也是我的快乐；大自然的痛苦就是我的痛苦，大自然的喜悦也是我的喜悦。在这两种情绪的引导下，社会变得更美好。

同理，面对"市场"和"和平"两大议题，若善待之，则得到回报。如果迫不及待地进行抢位和收割，那么这可能恰巧会起到相反的破坏作用，最终颗粒无收。因此，"己所不欲，勿施于人"是远远不够的，还要充分理解交通、市场与和平的内涵。

必须采取适当的监管措施。需要制定相应的规章制度，如同交通规则。当然，最终可能造成条规过剩，因此需要时间确定最佳也许是实用的规章。需要考虑到一些常识，如当协商繁忙的交通问题时，最好明白油罐车里装满了可燃气体，这样可以避免造成重大事故。对于市场，也只是换种说法，即入市须有额外的流动性股权。如果没有，则可能会被套牢，同时其他人也会被卡住，如借贷者和银行会因其被忽略的、考虑不周的交易行为而使得投资者血本无归。这同样可以理解为：不要破坏人类社会能够会面和讨论、谈判、调停、和解这一宝贵的自愈能力。

"治疗靠医生、康复靠自然"，意为医生为病人治病，而病愈还须自然而然。因此，不要在类似贝鲁特交通的问题上冒进，让重型装甲车一直在马路上横冲直撞，直到交通系统瘫痪。应当像指挥交通一样，在市场与和平问题上强制推行平等以解决美国的矛盾；还应当像公平处理交通问题一样，实现市场的互惠平等以及和平的多样性、公平性和共生性。这需要团结一致、共同努力。

20 世纪美国的社会建设创造了众多奇迹。黑人、妇女、工人阶级以及西裔美国人都勉强被接受为社会的成员。然而仍存在对生活赤贫的人们可耻的剥削，这块土地上的第一个民族尚未被美国社会接受——当然，他们也可能不希望融入美国社会，因为土地是他们的。很多人也许在静静等待着属于他们自己的时代。据说，他们对这块土地的拥有权——其面积相当于弗吉尼亚州的 100 倍，已有 4 万年的历史。而今天取得的一个最大成就是从诸多肤色的人种中选举了一个黑人作为国家总统，但这并不适用于欧洲。

如上所述，当前的任务是从经济上消除底层民众与上流社会在民生方面的差距，充分发挥市场决策以及遵章守制的世界观的作用。

145

30. 奥巴马现象：第一个十天

很少有政客曾经看到类似当今民众对第44届美国总统巴拉克·奥巴马抱有的如此之高的期望。[47] 很多人热爱美国，并愿意热爱美国。人们分别对待美国及其外交政策的态度形成了巨大反差。俗话说，爱情是盲目的，而对第43届总统（布什）治下的美国，则需要很多的盲视。也许，他的名字可以被当之无愧地遗忘。

竞选期间，奥巴马举起了贴近他胸膛的卡片，只有两张："**改变！**"和"**是的，我们可以！**"这是可以理解的。凭借其非凡的领导力和个人魅力及智慧，他最终赢得了选举。[48]

打出的每一张牌也许会让选民望而却步。然而，在2008年11月4日赢得大选后，奥巴马应该亮出自己的底牌，也许这些政策不如当初般吸引人。这些牌曾经表明不过是些过时的、一两张老旧磨边了的国王牌和皇后牌，甚至出现了腐化，因此，这些政策的制定者需要改变。

改变？布什总统从来没有说过究竟应该如何改变；因此，在美国长达八年之久的落伍之后，大多数人都把"改变"解释为"渐进式"的变化。也许布什总统是被误解了，他原本想塑造一个具有超级活力、左右逢源的形象，而不是像前任一样温顺、只会一对一地解决问题——如对伊拉克的反恐战争，开始在中东问题上保持低调，直到最后才有所作为。

奥巴马并不先进却很务实，他的所作所为都是对美国政治的提炼与升华。奥巴马以充沛的精力同时应对众多问题，因此，从2009年1月20日就职典礼一直到1月30日我写作本书时，他打出了数张"王牌"（即施政方针），这一点是很难被击败的。任职初期即打出如此多的"王牌"，所表现出来的智慧是另一回事。也许奥巴马将用接下来的4年或8年任期来反复搓洗这些"王牌"。

让我们来考察这些"王牌"。有关国内的一些政策明显属于特定范围之内，如游说原则、退休政客的豁免权期限以及一般的政府透明度。然而，还有更多政策属于这一范畴之外。

《外交政策》杂志的主编莫伊塞斯·纳伊姆（Moises Naim）在《布什的强化版——奥巴马》一文中，对奥巴马执政最初几天的作为做了如下评论[49]：

[1] 美国军队轰炸了位于巴基斯坦东北部、被假定为塔利班士兵的团体，14 人受伤或死亡。巴基斯坦在抗议中曾提到美国缺乏政策上的改变。

146

[2] 新任财政部长盖特纳指责中国试图动摇美元在世界货币市场上的中心地位。

[3] 阿富汗战争得到进一步强化，超过 70000 人组成的部队入驻阿富汗。

[4] 奥巴马将不会允许伊朗发展核武器。

[5] 奥巴马支持以色列反对哈马斯、保卫自身安全的权力；导致他区别对待的原因在于，美国内阁中有更多的犹太人。

没有改变。针对巴基斯坦、加沙和阿富汗的政策，是他前任制定的。奥巴马做了些什么呢？

[1] 在轰炸前与巴基斯坦谈判；那么根本问题是什么？

[2] 与中国讨论，咨询他们是如何用 14 年的时间使 4 亿人脱离贫困线，转而过上较低水准的中产阶级生活——这是一项世界纪录。并讨论中国是如何从规划到技术建立起全民医疗保障体系。

[3] 如果伊拉克是一片泥潭，那么不妨设想一下：难道是兹比格纽·布热津斯基——隐藏在霍尔布鲁克这匹在光州和南斯拉夫著名老战马背后的战马——在操纵这盘"大棋局"，希望阿富汗不是仅仅控制中亚还将控制世界？这始于 1904 年的麦金德地缘政治吗？为时已晚，无力回天。奥巴马是在自掘坟墓？还是天真地相信武夫治国？阿富汗正翘首以待。

[4] 在威胁伊朗之前先与之谈判。1953年承认伊朗的合法地位。

[5] 米切尔在爱尔兰不是特别重要，亚当斯和他的人民才是最重要的（但他们从未获得过诺贝尔和平奖，因为他们的立场是错误的）。米切尔与哈马斯真主党的对话将带来改变。

这些都是老旧的、陈腐的政策。哦，美国，你为什么从不学习呢？

答案是：因为帝国的深层结构和文化已深植奥巴马的头脑之中，也许当他还在檀香山的普纳侯贵族学校求学时，这一思想就已根深蒂固？而且连他自己都没有意识到这一点？

"他的演讲是失败的"，《泰晤士报》如此评论奥巴马的就职演说。在奥巴马竞选期间及就职以后，这个基督教原教旨主义国家对他抱有很大的期望。对葛底斯堡演讲和诺曼底登陆大加褒扬的历史，也许是恰当的。但对"西部大开发"的评价是否恰当？对"溪山"即建立在越南的巨大的海上基地的评价，是否也恰如其分？

这对美帝国意味着什么？意味着目前因为其感召力和魅力，帝国将延续一段时间。然而随着时间的推移，这两个吸引力将逐渐消失。

这与贸易公平与否无关。没有对财政强有力且健康科学的管理，那么对人权的关注和维护就将大打折扣。这与是否削减军事预算无关，而是与米切尔的冲突解决方案相关。但是白宫办公厅主任拉姆·伊曼纽尔（Rahm Emanuel）不太可信，而持反对意见的吉米·卡特（Jimmy Carter）则保持沉默，他甚至没有被邀请在民主党大会上发表演说。在应对经济危机的最佳时机，我们往往过于关注领导人，却很少关注各方的平等谈判，或没想过需要邀请最平稳渡过危机的伊斯兰国家交流经验。或者可以前往古巴，学习如何更好地采取卫生措施以延长人们的寿命（如今美国女性的寿命预期出现下降）和降低婴儿死亡率。然而，帝国从未吐露如此心声。

那么，这对2020年美帝国的崩溃意味着什么？

我的预测正如奥巴马就职期间的历史一样：

"谁通过腐败和欺骗以及压制异议来固守权力，谁就是站在错误的历史一边。然而，如果你愿意松开你的拳头，我们会向你伸出援助之手。"

美国总统奥巴马，请按照自己的意愿行事。扼杀腐败和欺骗，解除对各种非议的压制，松开你的拳头，包括松开你在中东、阿富汗、巴基斯坦和伊朗这些地区的拳头，这样，你就能站在正确的历史一边了。　　148

The Fall of the
US Empire

第三部分

帝国的衰亡：
罗马帝国与西方帝国主义之比较

"……罗马帝国的衰落是盛极必衰的自然结果。繁华催熟了腐败；扩张加剧了破坏；一旦时间或事件除去人为的支持，庞大的机构就会被自身的重量压垮。"

——爱德华·吉本
（Edward Gibbon）

"回顾在古希腊罗马发生的一切，我们看到它们只剩下了一样东西——石柱。当然，过去曾发生的是伟大的文明。当他们变得富有时，同时也丧失了生存、进步的意志。他们颓废、堕落，最终摧毁了这一文明。美国现在也处于这一边缘。然而我坚信，我们所拥有的活力、我们所拥有的勇气、我们举国上下的力量将证明美国不仅富有、强大，而且它的道德与精神力量也是积极向上的。"

——理查德·M. 尼克松
（Richard M. Nixon），1971 年

31. 引　言

早在法国大革命之前，爱德华·吉本在洛桑（Lausanne）对其主要历史研究进行了总结，但他并非唯一一位痴迷于罗马帝国衰落现象的社会学家。吉本主要关注的不是将美国的现状与罗马帝国进行比较，而是罗马帝国的衰亡。因此，他认为我们可以从中吸取很多教训。[1]然而，如果以罗马帝国兴衰史为鉴，美国现状与之有许多相似之处。[2]另一个以不同方式建立起来的帝国（美帝国）在经历巅峰期后，同样将面临衰退甚至崩溃。简言之，本部分主要观点为**西方国家发现自己的现状与罗马帝国有高度相似之处，因而他们能据此推测出帝国盛衰循环的规律。**[3]

在此我们只谈西方帝国。也许与非西方帝国［如美洲的印加帝国与阿兹特克帝国、非洲的马里帝国，当然还有埃及帝国、奥斯曼帝国和波斯帝国——这些帝国也许是半西式的；各种形态的蒙古（莫卧尔）帝国体制；中国的历代王朝］之间的异同进行比较，将会大有收获。但在此我们只关注西方帝国。西方帝国具有两大主要特征，虽然这两大特征并非西方帝国所专有，但它们在其他帝国体制上表现得不如西方明显。第一个特征是**"没有界限"**[4]，不断扩张边界直至（甚至超出）技术和军事力量所能承受的范围。第二个特征是不仅要对蛮荒之地及其人们进行征税、剥削，还要尽力将之**西化**[5]，直至与其中一部分人达成合作。接下来我们将根据这些特征对帝国进行分析。作为西方帝国的共有特征，它们对我们的研究是十分重要的。

151

32. 罗马帝国的兴衰

从某种程度而言，隐藏在表象下面的也许是这样一幅图景——一个高筑在罗马七丘之上的微小实体，成为一个帝国的中心。同时，罗马的文化理念或宇宙论已证实了这一点，并通过帝国成功的征服与扩张得到了印证。因为如果不是先持有这种信念，这一实体将会一直处于封闭状态，只倾向于抵御外来封锁——而不是向外扩张或向前发展。然而这种发展是离心而非向心的。离心式发展也许是来自伊特鲁里亚与古希腊的经验。毫无疑问，罗马人尤其是在安东尼王朝统治下，比其他先辈更为成功地实践了这一发展模式。

尽管有悖于罗马帝国发展过程中的事实，也不符合当代西方帝国的现状（虽然我们还没看到它们的终结），但我们所阐述的问题已经开始显山露水。当以某点为中心的扩张在军事、政治、经济、文化、交流、社会等各方面开始启动，众多后果也随之而来。

首先必须明确的是，疆域的扩张是以一个点为中心的平面扩张，而非直线型扩张。[6] 不仅在外存在一道边界需要抵御外敌；在内还存在一道防线需要控制内敌。即使没有明显的内忧外患，也要保留一套统治机构，并且其维护费用极其昂贵。

中心的官僚组织是这套统治机构的一部分，需要整个社会向其输送足够多的剩余财富才能维持运转。[7] 这一目的可以通过两种方式得以实现：以海盗和强盗的形式抢夺地方财产（如矿产、金钱、艺术品、牲畜和人力）；有时通过"赋税"的形式，中心控制某些生产和贸易，使大部分赢利流向自己。所有帝国都会利用这些方式，只是程度不同而已。而对一个帝国的性质进行评价，则主要取决于哪种方式占主导地位。因

152

此，**地方赋税**与建立地方生产体系是彼此兼容的；这甚至会演变成一种契约性义务，即地方向中心缴纳赋税从而得到"保护"作为回报。[8] **集中剥削**（Centralized exploitation）通过扩张经济圈和其他圈，对地方的社会、经济、文化造成侵蚀。而无论采取哪种方式，由于地方的军事、政治权均被紧紧掌控在(听命于)中心手中，都会出现中心对地方的"殖民化"；正因为如此，这两种方式如出一辙。

然而，第二种方式在长距离圆周形的范围内对军事、政治决策、经济、文化价值产生长远影响。因此将形成一个由中心向周边辐射的、交流更加频繁的网络，同时也会导致更多的包括文化适应在内的社会变革。

鉴于"引言"中所说的西方帝国主义的特征之一就是决心且急欲去驯服他人，而不仅是控制他人，在西方帝国演变史上第二种方式应该是占主导地位。第一种方式具有很大的局限性，即规约性太强。第二种方式的合法性来源于以下准则："我帮助你抵抗敌人和我的其他竞争对手；而你要拿货物、产品、现金或人力资本（奴隶、角斗士、人祭品）来回报我。"但西方帝国主义所要的远远不止这些，**事实上他们要求其他国家把西方当作世界的中心**。他们希望其他国家被统治、被征服，并希望这些国家能把自己看作是——甚至是自己想要成为——提供最新高档商品、服务、文化等的西方中心的附庸。这一准则或许可以改为："我不但帮助你抵抗外敌，而且还帮助你摆脱对充满危险与敌意的自然的依赖，而你的回报就是改变你我之间的关系。"简言之，就是要依靠我这个中心而不是依赖自然。

显然，罗马帝国均采用过这两种方式。地方省份需要缴税来维持这一不断扩大的超级帝国[9]以及行使政治—军事职能的官僚机构的运转。与此同时，中心也会设立剥削圈来聚敛财富。目前来看，对罗马帝国而言，第一种方式最为重要。其正确的说法应该叫"掠夺"。其中最重要的资源是人，他们被征服后会转卖给种植园主、食品工厂和农场。各省份必须交纳赋税来维持日益扩大的超级帝国、执行政治—军事职能的官僚机构与军队的运转。当然，最终结果就是边缘地区——地方各省——日益贫困而（各个）中心日趋富有。然而，这一机制不仅仅在我们所理解的贸易这个非常小的范围内发生作用。帝国经济圈（economic cycles）持续的时间非常短暂，因为家庭在很大程度上是自给自足的；拥有大块腹地的城市也构成了一个自给自足的体系。劳动力没有人身自由，况且只要不追求劳动密集型产业，至少在很长一段时期内劳动力是相当充足的。在当时，长距离贸易属于奢侈的行为。而且更重要的是，国家用此来为大城市及帝国中心运送粮食。这里的"中心"不仅仅指罗马，还包括一些次中心。这一帝国体系之所以能够运转如此长的时间，主要是因为太多的人被"罗马化"了，他们将拉丁语当作自己的语言，把罗马的道德观当作自己的世界观，越来越把自己视为这一庞大机构的一部分。罗马成为中心的中心，成为边缘地区的中心。[10] 而这一切都需要帝国体系来维持。因此，当剩余财富被送往中心时，这些中心也包括地方的次中心；而真正的中心在罗马。[11]

在奴隶制社会，这种帝国体系无法通行，因为该体系运转的基础是在当地从事商品生产的非自由劳动力以及可以从事低贱工作的自由劳动力 [12]。这一庞大的帝国依靠赋税和生产原料而生存 [13]，其中必定有一个权威性的上层结构需要被维持及忠诚地拥护，但这一上层结构没有物质生产能力。除了官僚机构，该结构还包括我们今天所称的"精英"：大土地主、商人、不断增加的知识分子、表演者等，这些人为整个帝国的含义和合法性制造出各种说法和理由。

要维持帝国的稳定必须要依靠一些相对复杂的平衡机制。一方面，中心的收入必须足够维持上层结构的运作；另一方面，不能从边缘地区榨取太多的财富，以免引起他们的冷淡或暴乱，否则上层结构将失去如兄弟般忠诚的合作，从而不能对体系中表现良好的个体进行奖励（包括偶尔释放奴隶和角斗士），不能进行惩罚，不能进行残酷的镇压。我们现在假设这一上层结构有发展壮大的趋势——不完全因为帕金森定律而是因为需要奖赏个体，那么流向中心的经济财富也必将随之增加。这些财富或者取自罗马帝国的边缘地区、次中心的边缘区以及边缘区的边缘区，其方式就是劝诫这些地区努力工作并且（或者）加重赋税；或者通过扩大帝国疆域，攫取、剥削更多的蛮人地区来获得。每一种方式都被利用到了极致：直到上层结构再也无力处理来自边缘区或野蛮区的漠视、抵制及撤离现象，而这也正达到了帝国体系的极限。

因此，在掠夺与大规模奴役的双重压力之下，难免会出现"无产阶级化"的结果：一部分是小农场主或农民，一部分为工匠，还包括一些获得人身自由的奴隶。帝国经济圈内土地被过度消耗、吞并，从而无法养活多余的人口。人们不得不涌向城市，一方面是因为城市的吸引力，另一方面是受到"**面包**[14]与**马戏**[15]"的诱惑。面包是免费的，从此不会有人挨饿，而代价也是巨大的。尽管相对于其他关键方面，用来娱乐的花费是微不足道的，但仅从圆形竞技场来看，我们很难想象这项娱乐包含了所有获取原材料的潜在费用——人与野兽——运送、喂养、训练及为决斗做准备的花费。

要做到这一点就会受到自然条件的约束。[16]在一个不断扩张的帝国中，获得新的土地相对来说比较容易，因而似乎就没有必要关心土地问题。如果现有土地消耗殆尽，只要继续扩张就可以了。而如果"新扩张地"生产的粮食被输送到中心——如罗马，那么当地的矿产也会随之一块被运走。这些粮食和矿产被罗马人消费，按理说应该会滋润罗马这块土地，然而这一机制在此却无法成行：无论是在生产地还是消费地，粮食产生的肥料直接通过下水道白白流失，大部分矿产也被浪费掉了。相反地，导致越来越多的人因为土地失去价值而不是因为没有土地而成为无产阶级。[17]

这一切造成的后果就是罗马帝国必须在现有版图上不停地扩张。只有这样，才能在不改变帝国本质的前提下维持该体系的正常运转。在这一因果关系中，特别重要的一点就是"引言"中所提到的第一个方面：**无限扩张**。扩张主义自身没有停止的意图，没有什么自动刹车之说；唯一能阻止扩张的障碍就是——蛮族。

接下来会发生什么事情便显而易见了。此时这一体系在内部、外部开发与市场发展方面已大不如以前。无物质生产能力的上层结构[18]——在当今被定义为军事机器、教育与社会安全——发展的速度大大超过扩张中的敛财速度。当面包与马戏不再能打发广大的无产者时，势必会导致暴乱或溃散。当军队力量不够，就不能有效地抵抗来自蛮族的"入侵"（主要是收复原本属于自己的土地）。在这种情况下，一些边远地区就会采取自力更生的政策[19]，边缘地区的次中心也会认为自立自强要远远好于依靠一个衰落了的罗马[20]。显然，此时他们将采取与蛮族相同的行动，事实也正是如此[21]。

到时候就只剩下了罗马的权力核心：他们该做什么呢？毫无疑问，军队会逐渐掌权：如果这些问题被定性为基本的军事问题即抵御蛮夷的侵略，那么军人在决定王位的人选上会很容易占据上风，从而掌控王权的更替。但这时需要加强无物质生产能力的上层结构，并因此进一步促进扩张需求。准确地说，罗马帝国就是处于过度扩张（因此变得脆弱）与保守扩张（因此不能维持上层结构）的困境之中。

是否还有其他补救措施？他们可以通过土地改革调整农业政策，赐予小农场主更多的土地，通过更生态、更合理的方式，让人们留在土地上而不是在城市中供养他们。这些措施均被实施过但通常结果是"太晚了，来不及了"，问题在于这些措施不具有内在典范性。从某种意义上说，罗马帝国意味着一个新时代即中世纪的开始，建基于较小的却相对自给自足的单位之上。而这样的一个帝国就不能称其为罗马帝国了，罗马权力中心也必定感觉到了这一点。[22]

人们也许会认为，为了获得更有利的防御地位，各地应该会自发地在经济上和军事上联结起来。[23]但这并不是容易发生的事情。如果成为了事实，其结果是边缘地区的叛变与溃散（自给自足的程度不断增长），而不是帝国中心发出的自治命令。因为这与罗马化进程相悖：后者为边远省份，变得越来越罗马化；它们是罗马帝国不可抛弃的一部分。如果罗马帝国仅仅依赖于税收，问题就相对简单了，因为召集税吏是比较容易的事情。然而，一个建立在广泛而深刻、以共同准则与生活方式为核心的基础之上的帝国是很难消亡的。[24]

不难感觉到罗马帝国的权力核心试图让这一切成为可能；但一切尝试都失败了，他们对自己的事业也逐渐丧失了信心。在这里必须提到**马戏**。娱乐需要极大的情感投入，自然也会耗尽情感，使人们变成旁观者而不是参与者[25]。它所消耗的地方经济成本可以忽略不计，但社会成本是巨大的。这不仅仅是一个时间应该更好地被利用的问题，而且也是一个整个社会和精英应该成为参与者而不仅是旁观者的问题。在其他经济体制下，人们的精力会被用来从事农业或小手工业生产，在这却被大量地用来护卫斗兽场。简言之，机遇的浪费是极其巨大的。

然而，另一因素更为重要：一种来自于原始基督教的**可替代的精**

神。罗马对基督教所做的唯一一件明智的事情是：不能战胜基督教时，将之立为国教，并许诺在罗马帝国的保护下，它可以自由活动甚至可以到罗马帝国周边及以外的地方传教[26]——作为回报，必须效忠于罗马体制。然而，原始基督教的影响一直存在[27]：更多是超验的东西，世俗化内容较少；更多内向性，外向性较少；倾向形成小团体，甚至是自给自足的团体（修道院的前身）来敬拜上帝[28]；否定等级制度，因为在等级制度下，人们更关注等级结构而非来自上帝的教诲[29]。

简言之，**有充足的理由证实罗马帝国面临"信仰缺失"或"精神缺失"的问题**：用来调节这一体制的手段已经使用无效；从帝国建设的角度来看，很多潜在的、建设性精力都被消耗在无用的地方；虽然已经出现对世界的另一种看法并遭到曲解，但人们的观念还没有完全改变。因此当蛮族兵临城下时，罗马人还在**狂欢庆祝**，这就不足为奇了[30]：他们只是刚刚开始对自己的基业失去信心。如果一事成功则事事成功，那就有可能一事失败则事事失败——因为无论是成功还是失败都将影响人们的**世界观**，即能让人们理解万物的思维模式。

公元 476 年，西罗马帝国的覆灭只是新旧时代更替进程中的一个里程碑。显然，蛮族并不想要摧毁罗马帝国[31]，甚至不想征服它——只是他们确实想要生活在帝国里，而不仅仅是为了获得急需的土地和为了逃避匈奴的侵略寻找避难所。蛮族的社会组织形式主要建立在自给自足的、规模更小的单位之上；所以从他们在罗马土地上定居的那一刻开始，就必定会发生一场重要的文化／结构之间的双向交流。

罗马这种离心式的扩张浪潮一直持续了下去，并逐渐成为蛮族人的世界观。既然蛮族在罗马定居，彼此间的结构／文化出现了根本性的兼容，罗马的结构／文化或多或少地被迫转为逆向的向心性及内向型，而我们知道这最终成为中世纪的基础。[32]

人们认为这种离心式的扩张主义精神作为一种模式，一种显示事物怎样发展、条件成熟时就要实施的意象，一定对罗马帝国的边缘地区造成了冲击。罗穆卢斯·奥古斯图卢斯（Romulus Augustulus）倒台后几世纪，西罗马帝国以埃布罗河（the Ebro）为界分裂成北方的查理曼帝国与南方的阿拉伯帝国。后来（东欧一直稍晚一点），事实上是一千年后，如西罗马帝国一样，奥斯曼帝国也分裂了。然而无论是这三大帝国还是各个日耳曼式／罗马式国家，都没有做到像罗马一样有着极其牢固的深层结构，即在汲取财富的同时保持高度集权，中央牢牢掌控统治权。它们的结构相对松散；只要缴纳赋税，在一定范围内，它们允许甚至促进多样性的发展。因此，它们与中世纪内向型的、彼此少有贸易往来的小国完全可以并存——在中世纪文艺复兴之前至少是如此。

对造成罗马衰落的矛盾有所了解后，也许我们可以提出这样一个问题：**谁创建了社会新秩序，即后罗马秩序**？当然，罗马体制瓦解之后，所有罗马人或多或少地是被迫生活在新秩序之下，但有些人会比其他人更热爱这些新秩序，甚至成为新秩序的缔造者。这些人不可能是蛮族中的精英，因为他们早已被罗马收服，甚至做了罗马军队的将领（这也是他们不积极作战的原因？）。正如我们前面提到的，他们想要的似乎是享受罗马的东西，不仅仅是土地，还包括今天我们所说的"文明"。[33] 对他们来说，最好的情况莫过于消除罗马的戾气，在自己的疆域内享受各项权利而不受剥削，同时罗马整套统治机器还能像为罗马上层阶级输送货物与服务那样，为蛮族的上层阶级打造罗马贵族式的生活。

罗马帝国也不存在内在无权阶层（internal proletariat），因为他们很可能抱以相似的观点：除了自己身处社会底层而不是上层之外，罗马帝国基本上是好的。由于罗马体制不鼓励个人流动，他们也许希望有更畅通的流动渠道向处于弱势的个人开放，或普遍提高生活条件（我们不清楚当时的无产阶级意识已达到何种程度。从团结一致这一点来看，斯巴达克起义很难称得上已具有无产阶级意识）。[34]

已出现了两大极端：罗马精英与蛮族大众。后者有自己的生活方式，集中在当时的东北欧，当中很多是奴隶、农奴。[35] 也存在一部分规模较小、自给自足的经济单位。而至于罗马精英，当努力失败、感到疲倦时，难道还有比打包离开，在乡间如达尔马提亚岛建造一座庞大别致的城堡[36]更顺理成章的事情？他们不可能自己挖土耕地，需要奴仆来干活，从而出现了大量蛮族农奴融入这一新结构（庄园）的兼容模式。[37]

然而，这些远远是不够的。这一结构不仅是混乱时期的避难所，人们可以在那里坚持到一切恢复正常，直到可以再次掀起对帝国的追求。人们的宇宙观也发生了变化[38]，它试图吸收修道院精神、在天主教看似成功的合并中保存了下来的原始基督教教义。也许可以说，基督教的分歧演变成了罗马建立教阶制度、实行集权的羽翼，而更注重平均与分权的教派则演变成了众多修道院，这是对两个相对的宇宙观在宗教行为的投射：集权与离心、分权与向心。必须从两者之中找到**折中之法**（modus vivendi），这正是教会历史主要关注的内容——除了罗马的宗教解放与外高卢义民带来的经济高涨，即宗教改革（而那些带有预见性的、对宗教改革带来的新局面进行反抗的努力，则被称为反宗教改革）之外。无论如何，由于原始基督教比罗马衰落的年代还要久远，新的结构需要借助高度超验的中世纪基督教来获得合法地位，尤其是在新结构成型之前。

因此，我们的初步结论是，新结构的创建者应该产生于旧体制的内部，原因也许很简单：相比其他人，他们认为旧体制很难再运转下去。其他人也许会选择其他替代形式来抵抗边缘化，以此作为获得自治的途径——这并不是说他们真正反对帝国主义这一形式，而是因为他们自己没有建立帝国主义。他们目睹帝国的运行；饱受煎熬，这种煎熬不仅仅是因为坐视他人享受自己的劳动成果。如果他们也有机会成立帝国，或边缘化中心地或边缘化其他人，他们难道还会感到奇怪吗？

在本节结尾处，让我们试图来回答一个难度更大的问题：罗马帝国衰落的原因是什么？这一问题并不好措辞，但意义重大。

图 1 是关于罗马帝国衰亡的原因与结果的流程图。其构图正反映了：**两种扩张方式——通过领土扩张获得物质财富和通过在奴隶制基础上生产的产品获取社会财富**，都在维持着一个日益扩大的、不具物质生产能力的上层精英结构。

可以说，这一上层结构依靠这两种扩张方式生存，反过来导致来自蛮族更多的抗议与压力，来自无产者更多的反抗与起义。为了解决这些问题，则需要更多的上层结构：需要采取军事行动来对抗蛮族，需要制造更多的**面包与马戏**来平息内在无权者的抗议与反抗。军队带来更多的领土扩张，至少会达到一定的程度。对面包的需求在经济活动中所占的比重也会进一步增长，也会达到一定的程度。最终，所有这一切会导致

160

161

生态式的崩溃[39]，由社会参与的缺失到精神崩溃、军队加强对社会的控制，最后是蛮族成功入侵[40]。

那么，让我们边看图1边思考什么是"罗马帝国衰落的原因"。图右列出的五项条目既不是罗马衰落的原因也不是其结果，而只是对"崩溃"含义的描述。接下来我们来看图中间部分，似乎可以提出"原因就是经济状况承受不了如此沉重的上层结构"，或者说"是因为发放免费面包"或"是娱乐造成的后果"。然而不管怎样，这些只是人们在挖掘原因时所看到的相对明显的结果——除非人们有某种能力能够感知到这些现象在当时已经达到"够了，适可而止"的程度。因此，如果想找到真正的原因，最好仔细察看图左栏，来看"扩张"一词——在罗马帝国，与其说扩张是物质上的表现、地理空间上的扩张、经济圈的扩大，不如说扩张是宇宙观的一部分，这一用语即包含了物质概念，又包括了精神内涵。

162

而这又带来了另一难题：**该宇宙观正是罗马帝国的精髓所在**。换言之，据此我们可以得出这样的结论：**罗马帝国本身就是它衰亡的原因**。而这一衰亡也许就是罗马帝国大厦的一部分，即扩张是这枚硬币的一面，而衰退是其另一面。[41] 因此，我们应该采取如下立场：

罗马帝国是由一系列"相互关联的事物"构成；存在自身的内部逻辑；具有连贯性；但不可能永立不败之地，因为它为自己制造出了种种矛盾直至毁灭。

但从某种意义而言，这枚"硬币"与众不同：**罗马的宇宙观已经包含了衰亡**——即罗马的宇宙观中早已形成了这种观点："有时它会强盛；然后维持稳定；有时它会衰亡——这一切相当自然、绝对正常。"从这一意义上来看，"衰亡"不是平常所说的衰亡，而只能称为收缩期，是帝国规律发展的一个阶段，也许更像一个有呼吸的生物体而不仅仅只吸气却没有呼气。如果罗马帝国进程早已包含了衰退这一阶段，从理论上说，就不会有挫败、痛苦，也不会有"精神崩溃"。[42] 即使是上层结构中的精英们，尽管他们不具备任何物质生产能力，但由于荒年之后会是连续丰年，因此他们应该准备好为其生活水准（借用我们今天的称谓）作出牺牲。[43] 而从古代史来看，罗马精英们似乎并没有把这一观点应用

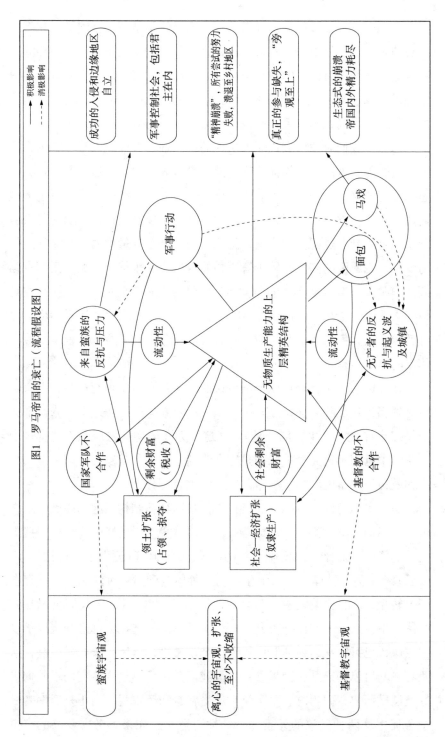

图1 罗马帝国的衰亡（流程假设图）

到实际之中。但如果他们这样做的话，**那这就不是罗马帝国了！** 它将成为别的东西，也许更像埃及或中国古代王朝。关于这一点，最温和的说法是这是一种带有内置的停止信号，无论在大的方面还是小的方面（图中的虚箭头）都可自我调节的宇宙观，但罗马帝国的宇宙观与之相背离。因此，罗马帝国的衰亡是缺乏约束、谦逊与分寸感的结果。[44]

164

那么，我们对罗马衰亡原因所做的结论在很大程度上与探究古人类消亡的原因相近。 对生物体而言，关于身体老化、衰弱这一普遍现象的思想是有意义的；死亡是由年轻、健康的身体里一些也许是微不足道的痛楚导致的。把死亡原因归结为这种痛楚，主要是从认识论上解释人类难以理解的衰老过程。相应地，把流程图中众多变量中的一个提升到作为罗马衰亡原因的高度，等于置事物的自然发展规律于不顾，而刻意强调其中某一环节。从实用的角度而言，这也是很危险的；它容易造成对该因素的过度重视，从而试图从某一特别角度来改变整个体系运作。也许就像今天人们为了延长寿命，装入人造器官，但并没有从根本上改变体系的基本运程。

在此已无多余篇幅可以详细探讨后继体系——中世纪社会，但有一点必须指出：如果说罗马帝国在某一个发展方向表现得过于夸张，那么**中世纪也许是（至少一部分是），在这一方向的逆向发展中表现得过于夸张。中世纪不是完全扩张而是完全收缩**——除了与罗马帝国、罗马教会和效仿罗马帝国的加洛林帝国版图的重叠部分。[45]

是否可以将罗马帝国或其衰亡看作是这种新结构兴起的原因？也许可以，然而把原因当作一种暗喻，并无多大意义；最好应该考察一些更简单的实体，总结出更清晰可见的联系。一种体制诞生了，进行扩张，然后衰落；另一种体制又会诞生。从一种体制到另一种体制，中间存在一个**转型**；新的"关联事物"会取代旧的"关联事物"。我们可以从先行体制中挑选一个现象来观察——如罗马精英们选择了逃避并定居于乡村城堡，也可以从后继体制中挑选一个现象进行探讨——如采邑制，这两者之间可以确立某种因果联系。但我们并不认为这样能有助于我们更好地读懂历史，因为它忽略了整个历史背景和宇宙观，而正是后两者赋予了促生这两种现象的元素的合法性与意义。如果不考虑罗马的宇宙观，只是部分地将之诠释为一个物质结构、部分地是关于自然和常规的集体共享意识，这些现象只能被机械地联结起来，好像它们是由没有意识、没有良知的非生物体（只是一些机器）创造出来的。而这也正是走向终点时所发生的一切：宇宙观被削弱了；人们只从物质层面而不是从意识层面解释它的构造，两个世界已完全不具有同构性。这也许就是众多史学家所指的"精神崩溃"的真实含义——宇宙观已不可能再牢牢地控制人们的思想。没有得到践行的宇宙观意味着给人们留下了一项需要完成的任务；如果一个结构不再需要深层次的意识形态为其提供合法性，那就意味着人们在完成这项工作时，已超出了界限。然而，就罗马帝国而言，控制权的丧失与精神的崩溃同时发生，分别代表着帝国衰亡的物质方面和精神方面。

165

33. 西方帝国的兴衰

不可否认的是，从时空上来看，新的西方帝国主义国家将产生于边缘地区：地点为北欧，时间为西方中心——罗马遭天谴而崩溃后的数百年之内。当然，大约从中世纪文艺复兴兴起到1550年前后，意大利（意大利城邦国家）迸发出一段短暂的帝国主义历史，而到最后意大利各城邦毁于内外战争的重创。[46]这些城邦毁灭的原因也许是自身感觉良好，或对自己完美形象沾沾自喜，或准确地说是由于它们当时自视为古典文化复兴的象征。当他们发觉远在北部如佛兰德斯、荷兰、英国的市民在玩各种花样时，已经太晚了。这些"花样"包括：对地理大发现后的新土地进行经济开发，源源不断地进口原材料，同时也源源不断地出口加工产品、依靠产品的附加值谋取利润。[47]当然，在此期间，西班牙从一开始就是庞大帝国的中心，但后来似乎犯了一个十分低级的错误：仅把帝国当作榨取贡品、征收赋税的对象，而不是将其发展为一大市场。西班牙富裕起来了，支配别的国家进行产品生产与加工。它非常自豪能买得起世界上每一个角落的产品，却未意识到现在的所作所为造成西班牙帝国所剩时间不多，正一步步地将自己毁灭。[48]

不管怎样，后来用于工业革命的资本积累产生于北欧，由此为大规模生产和国际劳动分工机制的大范围扩展提供了条件。这一分工机制沿用了几百年，并延续至今：法国在帝国首创期一直效仿此机制，与英国发生了激烈的竞争；德国也竭尽全力试图达到这一点，在第一次世界大战爆发前拼凑出一个德意志帝国，但很快分崩离析；接着在希特勒的主导下向东建立起一个帝国，而其垮台之快不亚于当初建立的速度。

在某种意义上，更为有趣的是当今两个超级大国——美国和苏联——也加入到建立这一机制的角逐之中。[49] 美国明显地改变了部分贸易模式：虽然它仍以出口某些原料及进口加工品为主，但出口的某些加工品［如军事装备、计算机、汽车（长时期内）］在"现代"社会的社会和经济生产结构中占据了主要位置，以至于美国能制造出巨大的杠杆效应。这一规则一旦被发现，并被用来指导后殖民地国家的经济发展，那么美国的经济将主要依靠于它的规模及内部扩张力。内部扩张力包括领土和人口的扩张，这一扩张向整个社会—经济机制注入动力，并传送到国际经济运作之中。毫无疑问，类似的情况也在苏联发生：正如美国一直抱有远西的概念，它曾经甚至现在仍有远东这一概念[50]。然而，苏联一直没有成功地改变自己在世界劳动分工中的位置，它实质上还是国际市场上的一名经销商。

在此，我们不会赘述西方帝国形成过程中的各个阶段[51]，而谈谈以下几点。首先，它们都符合"引言"中所提到的两个条件：一是致力于成为世界的中心，主张一直扩张，直到被迫停止（打个比方说，遇到了路障而自己刹车）；二是致力于驯服边缘国：将新的社会结构、新的理念及信仰甚至宇宙论强加给它们。于是便出现了这样一个有趣的现象：一个被帝国化的边缘国或民族投身于解放运动，从而获得自治，然后它自己又踏上扩张与剥削之路，逐渐居于主导地位，可能最终波及那些旧中心地，将之吞并或边缘化。罗马原来就是这样的一个边缘国。对希腊人及希腊扩张来说，罗马人就是野蛮人，并处处效仿伊特鲁利亚人。[52] 对此，有人或许会提出美帝国和苏联帝国作为不同的例证。欧盟则是在原来的基础上，极力将法兰西帝国、德意志帝国、意大利帝国、比利时帝国、英帝国和丹麦帝国所剩下的部分组合起来，建立一个协调合作的实体，一边与美国抗衡，一边与苏联对持，并明确地想要主宰第三世界。[53]

可以预见，非西方国家也产生了相同的反应，日本首当其冲。如今它的经济帝国主义浪潮席卷了原来的中心国，其各类商品四处可见。假如将之视为第二道冲击波（如同美国和苏联带来的第一道），那么"亚洲四小龙"（韩国、中国台湾、中国香港、新加坡）正发出的冲击波则不容忽视。[54] 因此，国际经济新秩序可以被描绘成这样的一幅图景：更

167

多诸如此类的冲击波即将出现，一层又一层地向岸边袭来。

而接下来要讨论的是：罗马帝国的衰亡与西方帝国——首先是欧共体，然后是美国，最后是苏联——的衰退及可能的崩溃之间有多大的相似性？虽然三者都是西方文明帝国，但需指出的是各自处在不同的帝国生命发展阶段：西欧处于衰老期，美帝国接近老年期，苏联则处于成熟期。（根据一个对西欧来说不是太悲观的观点，这三大强权可能看上去更年轻一些，但仍保持这一顺序：苏联处在上升期[55]，美国刚刚经过巅峰期，西欧在下滑但还没到达衰老期。）另外需指出，美国与西欧国家关系密切，和苏联处于对抗状态。因此，西欧东部地区的衰退甚至崩溃可能会来得稍晚一些，但再晚也一定不会像东罗马帝国一样晚一千年之久。之所以指出这一点，仅是为了再一次体现罗马历史的分析有利于我们对当代作出假设。[56]

那么在与罗马帝国进行对比时，我们应该如何看待西方帝国主义的独特性？可以采用以下这种方法。

文艺复兴激活了旧的宇宙观，更倾向于离心性、扩张主义，不仅激发了地缘政治的拓展，还造成了社会经济的扩张。地缘政治拓展常被称为殖民主义，而社会经济扩张则被称为帝国主义；前者是一个官僚政府构建的跨国界的外溢活动，后者同样超越了国界，但由资本家所操控的公司实施影响。

然而，与罗马帝国明显的差别在于西方帝国主义的一个主要特点，即政府与企业、官僚与资本家之间的合作。[57]资本家几乎是自愿地上交税收给政府；相应地，政府为这些资本家在国内外进行的经济圈扩张提供军事保护，向他们提供订单（如制服、武器、公共设施建设）；当这些企业面临彻底破产时[58]，政府为其提供最终保障。同时，资本家还面临能否收回在海外领地及国内外普遍无产阶级化后的赢利的风险。因此，政府与企业之间合作而非竞争的关系应当是西方帝国主义的主要特征。从这一点来看，彼此间的政治冲突作为这场游戏的精细规则，则显得不那么重要。当然，对私企而言，政府是否提供上述三种服务，不仅提供军事保护，还更广泛地提供公共基础设施，或在实际上接管公司，开始自己经营公司，这些都有着至关重要的影响。而对政府而言，当企业参与政治时，政府和企业之间的界限就变得更加模糊了。

我们需要区分两个层面的术语：在国家层面上，要区分政府建设和跨国政府建设；在其他层面上，要区分国家建设和跨国公司建设。然而无论是先考虑跨国政府的建设还是跨国公司的建设（一般可能先考虑后者，因为它具有更高的灵活性），这两个层次间的合作都会发生。

随着政府与企业合作不断发展、国内外政府和企业规模不断扩大，它们呈现出势不可当的趋势，对能够建构模式解释这种现象的知识分子的需求大大增加，例如这些人为官僚制定法律与规则、为资本家的行为提供自然和社会科学"法则"的辩护，勾勒出一个更有预见性的扩张丝毫不见减少的世界[59]。总而言之，通过地缘政治和社会经济的扩张获取剩余利润，这为由官僚、资本家和知识分子构成的上层建筑——西方帝国体系的核心提供了支持。

当然，随着世界贸易和机械工业逐渐占据主导地位，尤其是工业革命之后，海外"原住民"对地缘政治扩张的反响及"无产阶级"对社会经济扩张的反应造成了局势动荡。无论何种情况，选举被当作用来平息动乱的手段，然而来自国内及无产阶级阶层的、以个人流动形式出现"缓慢向上"证明仅靠这一手段是远远不够的。解决这一问题还需寻求其他策略：主要采取军事行动对付"海外原住民"，而采用各种值得明示的策略对付国内无产者。

这些策略或比较温和，或较为强硬。强硬策略包括警察行动及努力镇压罢工和暴乱；温和策略包括政府推行的福利措施（如罗马帝国的面包政策）及大型娱乐行为（如罗马帝国的马戏）：体育活动、电影、无线广播或电视节目。

但也有更好的解决方法：与上层结构中的精英们逐渐建立起共同的利益。[60]这一规则逐渐演变成"在西方，精英和大众将同进同退，因此我们也能够为共同的事业而奋斗"[61]。无产阶级想分得更多利益，那么国家福利政策正好可以满足这一要求。同时其他党派也想得到更多，结果是这份利益蛋糕必须做大，也意味着扩张不能停止。

第二次世界大战后，非殖民化进程促使所有的扩张行为发生了戏剧

170

性的变化。非殖民化进程意义重大：采取直接税收，不再需要作为回报的"保护"。但结果也是显而易见的：**为弥补非殖民化带来的损失，需要进一步集中加大社会经济的扩张**。不出所料，跨国公司的兴盛成为非殖民化导致的合理结果。这是当在国家层面让步时，政府开始将目光锁定社会经济扩张。[62] 颇具戏剧性的是：这一体系恰似某个人的一条腿断了，他便加固另一条腿。尽管这样很脆弱，但他仍以极大的热情向前跛行。

从本质而言，这意味着市场关系变得至关重要，市场关系最终演变为供需关系及生产—消费关系的问题。殖民主义时期，为提供必要的盈余，殖民国家致力于领土扩张，部分原因是为了留住大批精英，部分原因是为了让那些难以管束的无产阶级者陷入困境，甚至吸引他们中间越来越多的人成为精英的一部分。同时必须进行经济扩张，这意味着消费与生产、供应与需求也不得不随之扩增，需求必须大于供应，否则危机四起。假如供需处于静止的平衡状态，那么无生产能力的上层结构必须在数目和平均消费需求上保持不变，同时抑制无产阶级的费用也需要保持不变（如薪水必须不变）。

然而，动态平衡的假设也不能完全解决问题：为了加强市场正常运转，至少需要有潜在的需求量来带动商品和服务的实际供应。

根据扩张主义宇宙论，殖民国家至少应该在一段时间内能够满足这些需求。这样不仅生产产量的增加可以实现正常化、自然化，同时需求与整体消费的增长也会如此。我们也许会嘲笑别人在家用品上贴数字：晶体管收音机上贴6、手表或闹钟上贴5、电视机上贴3、汽车上贴2，然而这样的事情确实一直在发生。[63] 通过刺激国内外市场，需求也许会增长，从而导致生产得到提高；反之亦然。而从中谋取的利益将越来越多地用于外部精英的分红和对无产阶级的安抚。因此，现在的扩张模式与以前的领土、地缘政治扩张如出一辙。殖民时代晚期，军事政府在非西方国家建立政府—企业联盟时，越来越倾向于寻求其他策略而非军事行动（越南战争也许是历史上众多案例中最突出的一例）[64]。其中原因之一是，现代军事作为一项制度的社会逻辑存在与现代资本企业之间具有很大的兼容性。[65]

考虑到我们已提到的问题，那么是什么将威胁到这一平衡的稳定性？是什么造成需求低于由西方主导的市场供应？从上文提到的简单逻辑来看，"麻烦"可能来自于两个方面：一是需求量减少；二是满足需求的生产供应降低。如今，国内市场需求减少已众所周知：在西方中心的某些地方，人们产生了一种消费疲劳，尤其是那些中上层知识青年。尽管他们看似规模很小但至关重要，因为他们可能是未来潮流的先驱。在一些国家，消费疲劳可能已经扩散到更多的阶层；但需指出的是：尽管有些人谴责过度消费，其他人则强烈感到自己消费不足。一旦这些群体觉得自己消费不足（尤其是老年人、孩子及边缘群体），他们就有可能形成一个潜在的国内市场。

172

考虑到西方宇宙论，几乎所有的非西方国家应该且能够认识到西方消费扩张是一个正常、自然的现象：一个工作到中午的西方本土人宣称已赚够了生活所需的钱，便在这天剩下的时间里尽情享受西方人眼中的"闲暇"，而对进一步提高自己的市场购买力不感兴趣。由此，西方企业的主要目的或许是通过在一个较高水平上将增加消费的模式引入各种人群来刺激需求量增长。[66]

无论情况如何，很明显西方扩张面临的主要威胁与其说是需求量有限，不如说是来自新生产中心的竞争。西方核心之外的地方生产设备正逐步增加，越来越多的生产技术得到转移和掌握（尽管大部分还是掌握在西方人手中），需求也得到越来越多的刺激（如有名的"预期上升革命"），最重要的是非西方国家越来越多的精英适应并全盘接受了西方宇宙论。如果这些精英不能领悟到应该独立经营自己的经济圈，那将是一件匪夷所思的事情。相反，则能稳占国内市场，从更长远来看（这一时代已经到来），可在原有的西方边缘国家和中心地开拓国外市场。如此说来，**第二代帝国主义**已经来临，我们正处于本节开头所描述的时期。还需指出的是为了经营这些经济圈，精英首先要做的事情之一是掌握生产因素——本国原材料的控制权，尤其是能源、资本、劳动力以及调研能力。逐步获得控制权所采取的一切手段，即为今天所称的新国际经济秩序。但我们还需加上一点——劳动力，因为在新国际经济秩序中该概念没有得到清晰的阐述。长远来看，非西方国家是否会接受西方国家对劳动市场的干预？为了提高其产品的竞争力，非西方国家是否会接受西方国家在国内外使用的外国劳动力的概念？非西方国家是否会接受西方国家在本国引入一些标准，如最低薪水，因此造成成本增加、非西方国家在世界市场上的竞争力减弱？非西方国家是否会仿效西方国家，诉诸自动化。[67]

173

其次，无论情况如何，我们应当看到中心国对原西方边缘国的依赖性增加，从非西方国家到西方国家的原材料输出减少，对西方国家有利的外部市场缩减，甚至西方国家的人口也出现减少（或增长速度减缓）。于是，危机如期而至：供大于求，除非能够创造出更多的需求。除了上文已提到的扩展内部市场，还有其他主要措施来化解这一危机：采取破坏的手段，以达成供需平衡。在经济大萧条中销毁商品的方式已是臭名昭著；市场低迷时，这一招经常被农民使用。尤其是两次世界大战后，这一方式得到进一步推广：为了进一步扩大消费，或至少为了增大重建的需求，这时销毁的不仅是商品，还有资本货物（或其他相关的东西）。这一做法同样众所周知。任何对西方国家当今处境的理性分析，都会毫无隐瞒地对上述情况进行描述，当然同时也意味着对此进行谴责。[68]鉴于此（其重要性不仅限于逻辑方面，从经验上讲，还具有重大意义），我们必须加快研究，提出其他可替代的方式。

关于可替代方式，大多数会提出减少供应：通过减少工人数量、缩短工作时间或降低生产率来减少生产，尤其是商品的产量。第一种情况称为失业，第二种情况称为自由时间的扩大，第三种情况则是生产模式的大转变。在以上六种方式中，**有三种的目的在于提高西方帝国主义的关键所在，即需求量**：内部及外部市场的扩张，更不用提战争本身——不仅为了地缘政治的征服，而且还刺激社会经济的扩张。但其他三种反其道而行，**目的在于减少供应；由此解决途径得到缩减而非扩展**。因此我们列出失业和闲暇，还有西方帝国衰落的标志之一——生产力下降。需注明的是，闲暇等于不工作的义务。

174

图2"西方帝国主义的衰亡"是对这些过程的绘制，其分析遵循了前文罗马帝国的"衰亡"一图的逻辑。

图中左栏是扩张主义者及对整个时期进行假设的离心型宇宙观。同时，"非西方宇宙观"从外部和内部对帝国起到了侵蚀作用；西方一直与之有着接触，至少在言语上一直保持对这一宇宙观的关注[69]，在此我们称之为"宗派宇宙观"，不仅指保留更多原教旨主义的基督教派，同时还包括其他思想如无政府主义、和平主义，更不用说散布在西方中心边缘地区、乡村、山区等数以千万计的普通大众，其精神和物质上较少受到西方扩张主义的影响。他们代表着西方柔软的一面，可能只有极少数人能意识到在世界其他地方还存在着相应的思想和体制。[70]

图2中间部分表示西方帝国主义的常规活动。处于中心位置的是无物质生产能力的上层结构，分为三大机构（精英）。这一结构必须受人供奉、维护。地缘政治扩张下的原住民不得不生产足够的剩余产品来支付针对自己的军事行为；社会经济的扩张导致帝国内外产生大量无产阶级，后者同样不得不生产足够的剩余产品来进行监管以及后来福利国家的整合事业（据推测无产阶级直接为其消遣埋单）。

图右一栏列出了12种衰落迹象——换言之，即暗示了中间部分所提到的帝国体系尚未达到静态或动态的平衡。**这12种衰落迹象的核心被视为衰亡的最后迹象：精英们迁至乡村地区，去尝试新的生活方式。**但首先出现的是地缘政治上五种衰亡迹象：已经大规模发生的非殖民地化；边缘社会经济的自我依赖性，这已引起国际经济新秩序的关注与思考；"原住民的入侵"，这使人们联想到来自海外的外国工人，特别是在西方帝国如英法地区的中心；当没有领土可供占领和掠夺时，西方内部开始了战争，这使人们想到第一次和第二次世界大战以及"冷战"；法西斯主义者的镇压导致国家能源向帝国主义方向调动，这尤其使人们容易想到德国的东扩，以使原东德马克在其预定目标的边缘国家流通，而且在未来数年内，为了抵制所列出的一系列问题，极度的专制主义在西方帝国中心重新出现的可能性非常高[71]。

伴随着更多社会经济障碍的出现，这些问题继续存在：社会普遍瓦解或**失范**（犯罪骤增、各种失范行为涌现、酗酒等）；各种异化现象[72]，表现为过度的"旁观主义"以及不断增多的精神错乱；失业人数增加；一种新的生活方式——"享乐主义"出现；最终以降低生产力的新方式来减少产品生产[73]。尽管生态体系能够由一种形式的生态平衡转移为另

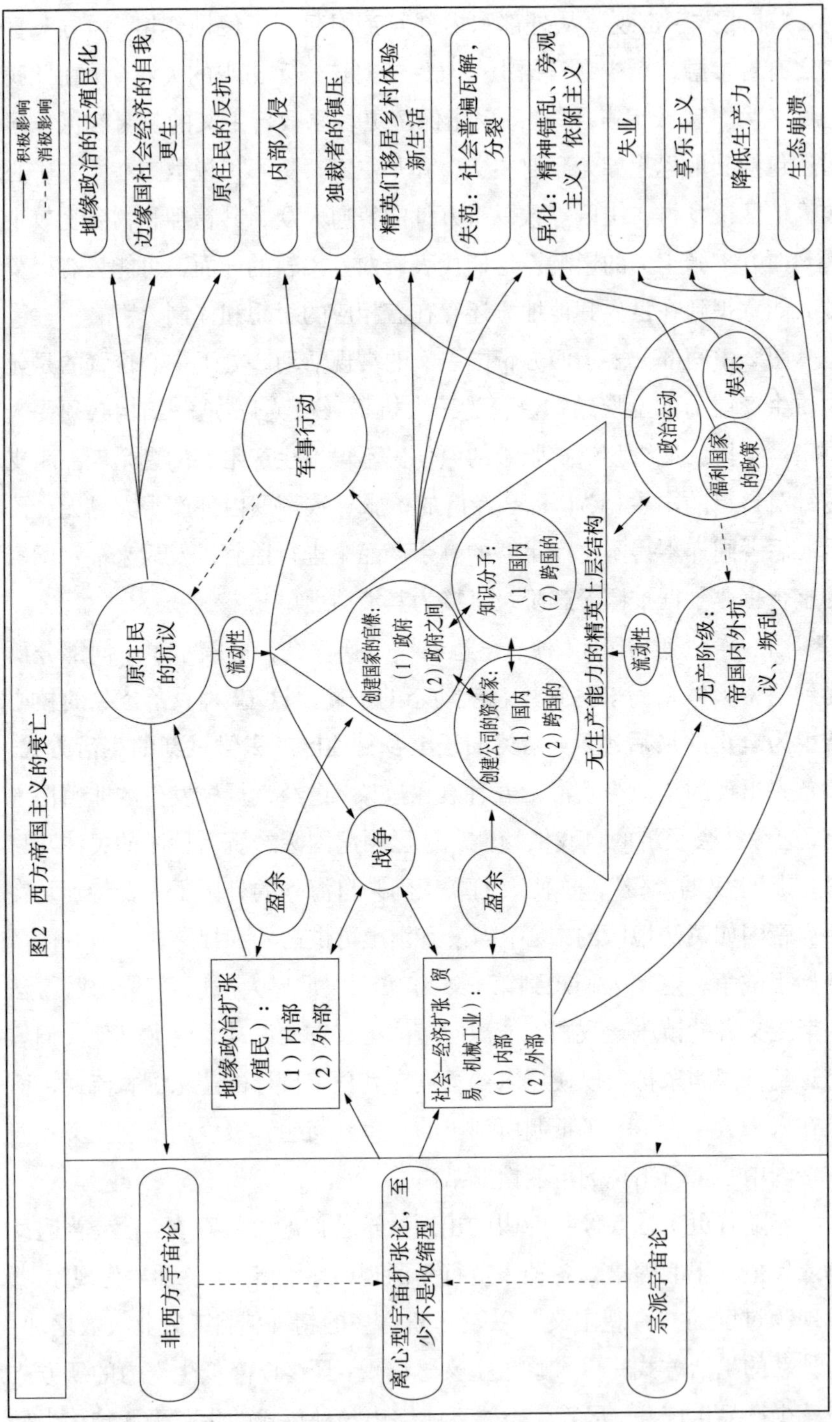
图2 西方帝国主义的衰亡
积极影响
消极影响
地缘政治的去殖民化
边缘国社会经济的自我更生
原住民的反抗
内部入侵
独裁者的镇压
精英们移居乡村体验新生活
失范：社会普遍瓦解，分裂
异化：精神错乱、旁观主义、依附主义
失业
享乐主义
降低生产力
生态崩溃
军事行动
政治运动
娱乐
福利国家的政策
原住民的抗议
流动性
创建国家的官僚：（1）政府（2）政府之间
知识分子：（1）国内（2）跨国的
创建公司的资本家：（1）国内（2）跨国的
无生产能力的精英上层结构
流动性
无产阶级：帝国内外抗议、叛乱
盈余
战争
盈余
地缘政治扩张（殖民）：（1）内部（2）外部
社会—经济扩张（贸易、机械工业）：（1）内部（2）外部
非西方宇宙论
离心型宇宙扩张论，至少不是收缩型
宗派宇宙论

一种形式（如通过化学作用将物质转化为能量），但这些都应该被列为生态崩溃的种种病症。

当然，这两个图不能由此证明罗马帝国和西方帝国的衰亡是完全相同，或至少是相似的。毕竟，只是为强调历史的相似性而以这种形式将两种衰亡过程绘制出来，然而实际上，历史非常复杂以至于不能完整地表达其"相似性"与"差异性"。但这并非重点。重点在于**各部分配置在总体上的高水平同构**[74]，而不是"各配置之间的匹配性"。我们努力强调的是机制上的相似性，包括维持体系长久稳定性的机制和那些最终动摇体系的机制。因此在这两种机制中，有保持无物质生产能力的上层结构快速增长的基本建设任务，而且只有当野蛮人或原住民、帝国内外无产阶级能够通过他们的工作和任何其他可得到的东西进行支付时，这些任务才得以完成。但他们对这些任务均表示抗拒，因此产生了如何抚慰他们的问题——包括强硬和温柔两种处理方式。剩下的就是保持平衡的问题：是否有足够的盈余来留住精英和控制动荡局面，或是否有足够的盈余可以被过度榨取，这样他们只需生产较少的产品来支持一直扩张的上层结构？并且，如果如此之多的盈余必须用来抚慰国内外无产阶级以及原住民或野蛮人，那么是否会阻碍上层结构的发展？现代西方帝国主义还有更多机制等待处置（或至少表面看来如此）。它在空间上延伸更广而不影响同构的东西——或者更准确一点，是同构**假设**。但罗马帝国与西方帝国的基本机制仍然类似。

那么两者主要的差异是什么？若需指出这一点，则也许是西方中心国之间缺少团结。这好比管理罗马帝国的是意大利——但在持久的对抗与竞争、常常相互交战等方面，西方帝国与 1350—1550 年间意大利诸城邦国家有一定的相似之处。此外，其中一些国家是早期的发起者，一些国家是后来的追随者，还有一些甚至是反动的帝国主义者，如苏联，或更准确地说是莫斯科[75]（莫斯科帝国主义的特质之一是与之相接的土地具有安全性；其边缘区是中心地的地理外延，由此让其看上去不是那么殖民化，因为它和传统的"海外"模式不同）。这应该反映为一种更好的西方帝国主义模式，但对西班牙、葡萄牙、英国、法国以及德国等帝国而言，它们的出发点在本质上是相同的。然而在运用此类模式的过程中，显而易见的是我们所谈论的国家包括了欧盟成员国及其候选成员国，甚至还包括更反动的帝国主义国家——美国。此外，目前以西方为中心的资本主义作为一种世界体系所具有的团结性，是许多国家至今所无法企及的，但日本是一个值得研究的个例。[76]

178　毫无疑问，"内战"这一概念作为衰退的象征需要进行更详细的阐述：我们偏向于将其视为西方帝国主义不言而喻的内部战争，而非西方帝国主义国家之间的各种外部战争。西方国家之间尤其是这些国家的精英阶层在经济、政治、军事和文化等方面的高度融合，为这一论点提供了更有力的支持。融合可能会采取兼并的形式，但有一点很清楚，在近现代，西方国家从没有像它们对待或至少是以前对待第三世界国家那样对待彼此。甚至是纳粹德国，这一点也相当明了：纳粹德国对西方国家的入侵绝不能与其向东方扩张时所犯下的暴行相匹敌。欧洲共同体本身就是一个以更深层次的合作为目的的产物，特别是在当前情况下，已经不可能像殖民帝国时期对第三世界领土进行分割。欧洲共同体作为一种补偿性措施，开始参与西方国家社会经济的扩张活动，尤其是政府间合作建设基础设施有助于跨国公司的扩张。尽管如此，有一点是相当清楚的：西方世界所谓的"多样化的统一"带有一定的局限性，特别是当"西方世界"这一概念延伸至东欧和俄国时更是表现明显。[77]

如果西方世界包括东欧和俄国在内，那么必须提出一种滞后的假设：西方世界缺乏统一性；东欧对第三世界贸易的依赖程度更低，由此贸易风险更小——然而，正如上文所示，东欧作为一个后来者，是罗马历史上浓墨重彩的一笔。

接下来将讨论第二个不同之处：**造成边缘地区贫困化和促使中心地区富裕化的机制存在差别**。其差别已在两种机制之间产生：简单而言，一种机制是基于领土、地缘控制，这种控制为临时抢夺和有组织的税收奠定了基础；另一机制则基于社会经济建设的中心控制。罗马帝国和西方殖民主义均利用了第一种机制，其最重要的掠夺对象是劳动力，将之作为奴隶使用。中心地的富裕，一部分是依靠从本地或其他地区获得的物质成果，另一部分是通过无人身自由的劳动力进行肮脏、沉重、无聊和低级的工作来获得。无人身自由的劳动力，包括奴隶、农奴和我们今天所称的各种"外籍工人"。通过这样分析，我们已涉及社会经济建设和劳动力分配体系。在某种程度上，罗马人的贸易水平无法与西方帝国时期的贸易相比较（但大致与西方帝国主义早期阶段相当，如地理大发现后的一段时期）。但在劳动分工上，罗马与西方帝国主义相似：罗马人将劳动力从边缘地区转移到中心地，利用他们开发意大利种植园，其中包括强迫他们牺牲自己来娱乐自由公民；同时还对边缘地区进行剥削——其方式与西方帝国将原材料从边缘国运至中心国并为其所用如出一辙。

在广度和深度上，资本主义和资本帝国主义的效率都得到了很大的提高。由于丧失对海外边缘领土的控制权，西方国家必须通过增加现阶段的资本渗透来弥补损失。（另一可供选择的方案是：国内边缘地区的领土开发）因此，罗马帝国和西方帝国的中心—边缘机制在本质和相对重点上存在着差异，否则其相似点也将失去比较的意义。从我们的角度来看，两者仍具有一些相同的基本特征，即必须通过扩建体系来解决主要问题，包括防御帝国内外无产阶级者的进攻，以及维护不断扩大的无物质生产能力的上层结构。后者只有以牺牲自然环境、帝国内外无产阶级的利益为代价，或通过提高生产率的途径。罗马只经历了前三个阶段，并没有进入第四阶段——而西方帝国在这四个阶段中都遭遇了困难。

我们同时还应该从时间的角度进行分析，这也许是当代人最感兴趣的地方。由此可以推出两种假设："迅速建国、迅速灭亡"和"缓慢建国、缓慢灭亡"。第一种假设让人想起匈奴大帝和希特勒，而且这一理论也相对简单：假如一个人想建立一个王国，他必须花费大量时间完成大量忍辱负重的工作，同时还需具备极度扩张精神及残忍的性格。一个王国的建立需要很多技巧。军队和警力应该作为后盾，而不是像罗马帝国和西方帝国一样，成为支配王国发展的主导力量。

另一种假设——"缓慢建国，缓慢灭亡"却更加棘手。应当合理地考虑由于通讯和交通革命所带来的多重影响。当然我们可以从两方面来考察这一相关性：一方面它有助于控制边缘地区：帝国内外的无产阶级发生动乱甚至是反叛的信号，能立刻被记录、分析并及时采取温和或强

179

180

制性措施对付之——其强硬程度视情况而定。在其他因素保持稳定的情况下，发展通讯和交通设施将会延长而不是缩短帝国的寿命。

然而还有其他因素需要考虑。动乱和反叛的信号同时被传送到帝国内外无产阶级的其他方面，如提高无产阶级意识、积极鼓动革命，甚至将动乱和反叛作为对抗行为的一种学习模式。其中，最重要的是使无产阶级意识到他们面对的是同一个主人、同一个统治阶级。这不仅在地理空间，同时也在社会空间产生作用：女性开始意识到自身的境遇与工业无产阶级——或更清楚地说，和封建制度下的农奴——没有什么区别。年幼者和年长者也开始认识到他们的境遇与女性无多大区别。那么，通讯和交通革命不仅会导致地理空间上的动乱，也会最终导致社会动乱，因此假如使用现代工业社会对人群划分的范畴，农民、工人、少数族群、女性，年幼者、年长者和没受过教育的人（此外还应加上残疾人、病人和精神病患者）将同时参加叛乱。虽然有人说目前还未发生，但在将来这绝对有可能发生。因此在莫斯科帝国，人们可以将分散在各个地理空间和政治空间的叛乱分子贴上"少数族群"、"农民"和"知识分子"的标签，以便于区别。

一个政体将这三大阶层很好地凝聚起来形成一个整体，并非易事。明白这一点，政府将诉诸对通讯和交通设施的控制，并提高其重要性。

通讯或交通方面的革命不仅能改变边缘地区的条件，而且还能改观中心地区，使中心地生活更清晰可见且更为便利，至少对外围者来说是如此。中心地不再具有神秘色彩，每个人都有机会通过大众媒体和近距离的旅游进行体验。

与过去卢瓦尔地区城堡富人生活相比，迈阿密沙滩酒店有钱人的生活不再遥不可及，越来越多的人可以享受之。地理上的流动几乎等于社会流动性；而在另一方面，也将进一步加剧社会动荡。普通人应当可以通过大门或甚至爬墙进入富人家的花园，而无须以仆人的身份或被当作小偷。同理，进入中心地也应当如此：更高的可视性刺激了人们前往中心生活并过上上流生活的欲望——这至少是扩张主义观点盛行所带来的结果。

那么，这一分析得到的最后结论为：通讯和交通革命也将缩短帝国的寿命。[78] 因为这加快了帝国实施控制的速度并提高了其控制技巧，同时也促进了提高无产阶级意识和积极鼓动叛乱的进程，此外还加大了中心对某地逐渐增加的盈余需求——这一"某地"最终将成为叛乱的发源地。正如帝国内外无产阶级的存在，资产阶级也出现在世界各个地方，彼此在生活方式上进行攀比，要求向上发展的平等权利而不是屈人一等。

尽管如此，我们还应再次指出西方帝国主义的实力来源于多中心结构。关于**分流**模式已有许多研究[79]，它让经济不能起飞的边缘国家沉入海底，而将其他国家放入救生圈中并由坚实的西方大船拖曳向前。这一模式也适用于中心地：让那些不能为其精英们生产足够盈余的中心国家沉入大海——因为无产阶级索要薪水过多，以致该国生产的产品在国外市场失去竞争力，该国最终破产。而西方帝国体系内的其他国家，则尽可能长久地依靠西方这只大船进行航行。在这一过程中我们能够想象到，西方帝国向外扩张的浪潮最终在原来的边缘地区形成多个中心地，而在帝国中心留下一个黑洞——正是埋葬第一波扩张浪潮形成的中心地的坟墓。[80]

那么，导致西方帝国衰亡的**原因**是什么？答案是与罗马帝国衰亡的原因类似。这一问题难以公式化。帝国衰亡的影响已在很大程度上呈现在众人面前，然而这是影响而非原因。因此，从图2中间的流程图上，很难看出任何特定关系：它们全是遵照同样的逻辑，相互交织在一起。在某一时间点上可能在这一方面存在不平衡，而在另一时间点上可能在另一方面出现不平衡，但这些都是次要的。重要的是逻辑本身，即宇宙观。宇宙观受到来自帝国内外的诸多挑战——在20世纪60年代末和70年代初嬉皮士文化蔓延至尼泊尔，从而促成了新旧文化在同一主题上历史性的邂逅。[81] 西方对新文化的补充来源于上层和中上层阶级，也来源于注定生活在中心地甚至超级中心地的年轻人。只有头脑简单的人才会对此感到吃惊：在父母眼中，他们看到了"精神的崩溃"，他们的父母已经尝尽生活艰辛，并发现那是一种物质匮乏的生活方式。[82] 为寻求一个新的起点，他们必须去第三世界国家，但不是去那些帝国主义浪潮所波及的、正努力成为一个中心的第三世界新建国家，而是那些原有

182

的第三世界国家（假如这一术语能够成立的话）。他们寻找的当然不仅是文化，还有一个完整的宇宙观——更有主见、更具向心力，甚至更具先验性的"整个社会体系"[83]。他们倾向于居住在乡村小农场，或多或少地自力更生、自给自足——从西方所定义的意义上说，他们并没有马上成功地改变自身生活方式，但我们不必对此表示惊讶。因为过程不会那么快。

于是，我们可以得出同样的一个结论：**西方帝国主义衰亡的原因就是西方帝国主义本身**，或换言之，是它们永远追求扩张或至少是永不紧缩的宇宙观所致。人们可能期望通过这种帝国主义形式来加大经济扩张和剥削，以便能获得更多的赔偿来弥补地缘政治的损失。而如果努力受挫（如由1973年的石油危机而导致的经济大萧条？），他们会感到极度悲观、失望。当然，新的社会构造的载体能够在中心地的政治中心形成——而不是在其他团体、也不是根据西方帝国主义设置的模式而建立，只需他们进入更高的社会阶层或亲历亲为。宇宙观的规则必须得到预演——用计算机语言进行表述。在人们实践这些规则并开始寻找新的"行事"方法之前，这些规则必须得到验证。民众制造叛乱；而清楚如何利用叛乱的精英实现社会转型。他们**几乎不**与民众一起进行革命，因为他们认为普遍疲乏和各种"问题"积聚到一定程度，终会导致体制崩溃，而这一过程最终由最具侵略性的社会承载者完成。这并不意味着叛乱明天或明年就会发生——毕竟，罗马帝国在垂死之时挣扎了很长时间，也许罗马帝国从未真正死去。罗马帝国和西方帝国的走向是一致的，甚至原因和方式也类似，只是时间与地点不同。[84] 同时，这也不等于资本主义和帝国主义甚至是西方模式将从世界消失——而只是西方国家不再占据统治地位。

34. 结　论

　　前文分析所展现的是，近两千年前的罗马帝国和五百年前的西方帝国主义在**本质**上是属于**同类**事物。正因如此，我们期望从它们的发展模式中找到相似点。假如一个衰亡了，那么另外一个大概也会如此，这就是它们的一个相似点。然而经常会出现这一问题：这是一种悲观态度吗？显然，答案因人而异。现在看来，原英属殖民地国家很少为"**英国治下的和平期**"的衰亡和崩溃而感到惋惜，这也适用于法兰西共同体。可预测的是，这基本上同样适用于作为一个整体的西方帝国主义。几乎没有国家会恳求它们的回归。

　　而奇怪的是，似乎很少有人会怀念过去存在于大不列颠或法国内部的帝国主义。若从无产阶级的角度来看，以下这一点也不奇怪。

　　如今无产阶级拥有的物质生活比帝国主义全盛期好得多——尽管当时帝国主义不再表现为英法式的对殖民地进行剥削，而是体现为身处英法社会中心地位的精英阶层（这些精英们得到海外某些中心地的帮助）对其他所有人的剥削。实际上，所发生的一切就是前文提到的一个例子：解放进程蔓延开来；非殖民化运动加快了向福利国家发展的步伐[85]（其直接后果是在继续进行国外社会经济扩张中，实现工人利益共享），这最终触发了西方社会内部少数族群的叛乱。

184

　　然而，中心地的中心似乎还未受到这些叛乱的影响，除了某些非常特殊的群体。毕竟在一定程度上，该中心无须再独自承担运转四分之一或五分之一的世界的重任，而只需坐收其成；但要付出代价，面对可怕的问题和麻烦[86]。因此需要说明的是，人类也许不会满足于西方的扩张主义：一直要求更高，要求得到更多，却从不满足。某些人可用此来支持"享乐主义"的观点，但事实并非如此：从长远来看，"享乐主义"不会像**工作**（有别于个人从事的具体"职位"）一样给人带来相同的满意度。[87] 我们之所以提及这些的原因是显而易见的：西方帝国主义的继任者，是建立在规模更小、自给自足的实体之上的，其宇宙观更具向心力——对西方社会精英阶层而言，这意味着相当重要的精神解放，当然这也是他们的子孙后代体验另一种生活方式的缘故。

这是否意味着我们正在进入如同中世纪的黑暗时代？那不是一种悲观看法吗？当然，问题是黑暗的中世纪是否真是那么黑暗，或者只是根据扩张主义者（其中包括历史学家）的观点而看起来那么黑暗。离心型的宇宙观不容置疑，将当时的生活定义为极度的反常、极度的不自然。人们讨论的是帝国主义的"兴衰"，而非中世纪的"兴衰"——它通常被视为事态正常发展中的一个插曲，由此产生了众多隐喻。几代人设法从不同的角度来看待问题，从而改变这一说法，开始讨论中世纪的衰落引发了文艺复兴，以及西方帝国主义没落之后人文主义的兴起。[88]

第二，"假如无物质生产能力的精英阶层没有超出临界规模，那么将无法产生文明的杰出代表"这一争论同样值得探讨。当然，这一问题

185 包含了道德上的拷问：如果其代价是对成千上万人进行剥削，使他们在田地里、矿井下、工厂车间里挥汗如雨地劳动着，那么在过去的文学、美术和音乐中，那些纪念碑似的成就又有何价值？它们是否值得这一代价的付出？[89] 或换成更好的一种方式来提问：文化产品的生产是否可以不建立在剥削的基础之上？答案自然无数，其中一个可能是：文化的生产者和消费者之间的分工程度与无物质生产能力的上层结构密切联系在一起，因为上层结构在某种程度上垄断了文化产品的生产，并把其他人转化为文化产品的消费者。简言之，还有很多融合了其他社会运作艺术的发展模式，其中不少产生自中世纪"最黑暗"的时期，与伴随西方扩张主义和劳动分工而产生的精英文明模式截然不同。

出于种种原因，悲观主义者很难想象这样的图景已呈现在自己的眼前。相反，有人也许会进行逆向思维：在西方离心型宇宙论中，某些事情对于人类社会就如同癌症对于人的身体一样，无法控制其生长。这不同于我们所说的**"西方国家 = 机遇"** [90]。正如我们所强调的，离心型宇

宙论仅是西方宇宙观的一部分[91]，而问题在于这两个部分并不能在个人或社会或某一时代内和谐共处、保持平衡。在今后一段时期，西方国家可能在世界社区中扮演一个更公正的角色——除非世界其他区域取而代之，对西方国家进行征服，正如西方曾经对它们所实施的一切。或许这正是令西方国家深感不安的地方，甚至比全面的经济危机还要使之担忧。[92]"他们会像以往我们虐待他们那样，来虐待我们吗？"

最后，就"我们是否能从历史中取教训"这一话题，进行一些思考。

本节所讨论的主要问题为"帝国主义曾经拥有属于它自己的时代"；这一点与前文所提的决定论有一定的联系。然而根据所作出的结论，我们可以提供选择余地较大的各种替代方案。[93]在此，可用有机体进行类比：如果病人年事已高、病入膏肓，我们是否能够通过植入各种"零碎组织"来延长其寿命？我们能否让他自然地衰老、祥和地死去？或许我们需要通过安乐死来加速其死亡？或者我们应该关注儿童，使他们健康茁壮地成长，变得强大、独立，既不阿谀奉承，也不欺凌弱小？我们应该选择"祥和地死去"和"关注儿童"。顺便一提，我们认为这种基于有机体的类比是非常有益的。与经济危机相伴而生的不仅是周期性的失业率和战争，还有国内市场现代竞争对手对享乐主义的追求超过了对延长寿命的追求。同时，借鉴历史意味着不仅要学习如何保存一些旧东西，还要清楚如何才能更便捷地促生新生事物——否则人类整个实践活动的价值将非常有限。[94]

186

187

后　记

至此，我们对美帝国衰落的探讨告一段落。由于罗马帝国的兴衰历经千年、西方帝国主义具有普遍性，这样的探讨何时能够终止，我们不得而知。

与本书基本论点相关的事件随时可能发生，由此每句话可能都很重要——因为本书应该在美帝国衰落之前出版——这一衰落乃人为所致。也许有读者会认为从预言到今天都属于布什时代，奥巴马将有何作为还有待观察。难道真的是这样吗？

在中东的阿富汗和巴基斯坦，奥巴马采用剥削、屠杀、控制、操作等方式一直实施帝国战略。这将会激化矛盾，加速美帝国的衰落。

在伊拉克、伊朗和俄罗斯，这一过程将转变成对话与协商，而不再是控制与操纵，美国的屠杀与恐吓政策至少会中断一段时间。但剥削仍可能继续，且超出美国精英们的意料之外。通常情况下，这将使矛盾钝化，从而表现为帝国的衰落。

无论美国推行强硬还是温和的世界政治，这一预言都将生效。

它也许会在 2020 年——这一最后期限之前成为现实，但可能也成不了现实。奥巴马或许被打上了"温和"的烙印——一个强硬的帝国主义者担任美国第 45 届总统，并利用两届政府来推迟这一不可避免的结局。卡桑德拉的悲剧预言有可取之处。

然而帝国也出现过一阵疲劳现象。金融精英们变得更为谨慎[1]，军事精英们也如此。国会里的政治精英们无法联合起来，形成反帝阵线；而在美国找不到坎特伯雷大主教式的文化精英。只有金钱和胜利具有发言权，可两者所发挥的作用毕竟十分短暂，因此需要更多的关注。或许会出现民粹主义的反帝国主义运动。波丽安娜的乐观预言有其道理。但是，大部分的压力将来自外部环境。

各区域将会继续成长和扩大，各区域间形成的世界也将初具规模。同时，美国仍将处于重要的地位，美欧大西洋体系亦如此；所谓疲倦的"西方"也不容忽视。[2]

然而，其他区域组织也将形成各自的联盟。拉丁美洲和非洲形成南太平洋体系？可否将伊斯兰会议组织、南盟和东盟形成印度洋体系？实现第三世界的团结？[3] 那将是一股相当强大的力量。[4]

基本上属于英美创造的联合国，将迫于巨大压力来适应新的现实。新的胜利属于新兴区域，而不是第二次世界大战的胜利者。新兴区域将要求取消否决票并（或）为自己争取到一席之地。如果得到的答案是否定的，那么他们可能会创建一个新的世界组织，正如他们无论如何都会为本区域的协调工作而努力。经验证明，建立一个新组织比对旧组织进行改革更为容易。俄罗斯和中国也许会效仿之，使得美国、英国和法国（指欧盟）陷入两难境地，最后也不得不加入他们。没有否决权，那么一个维护和平与安全的理事会，一个建设经济、社会和文化事业的理事会，一个为人民人权而奋斗的理事会都将如期而至。

这一构想属于悲观还是乐观？也许是忠于现实，因为这些是"十拿九稳"的事情，但也取决于我们的所作所为。如今我们正向一个激动人心而又充满挑战的时代迈进，联想到罗马帝国曾表现出来的多样性，整个世界所呈现的以西方—美国为主导的单色现象将逐渐削弱。世界将变得更加多样化，伴生着共生与和平，还将衍生出更多的和平。假如一个关键的解释因素"神授卓异主义"一去不复返，那么我们有理由保持乐观的态度，因为美帝国和以色列将会崩溃（后者为美国的连锁反应）。然而一些丑恶势力也将从世界各个角落抬头，这是让我们变得悲观的缘由。

当魔力已消失的美帝国渐行渐远，世界对美国不再形成条件反射，不再分段化，不再分裂，同时去边缘化，且更具有整体性，凸显人类共同事业——使得百花齐放、百家争鸣。这一发展过程与这些著述的题目正相吻合：《帝国的愚蠢》（"The Folly of Empire"）[5]、《摇摇欲坠的帝国》（"The Crumbling of Empires"）[6]、《必胜主义的衰落》（"The Fall of Triumphalism"）[7]、《帝国还是共和国?》（"Empire or Republic?"）[8]，逐渐过渡到《非帝国：美国的未来何在?》（"Instead of Empire: What Future for the United States"）[9]。

注　释

序　言

1　参见马克·马佐尔（Mark Mazower）的杰作《希特勒帝国：纳粹如何统治欧洲》（*Hitler's Empire: How the Nazis Ruled Europe*）。

2　参见《和平与世界结构》（*Peace and World Structure*）；《和平研究论文集》（*Essays in Peace Research*），哥本哈根：艾吉勒，1980 年，第 437—481 页。

3　《美国外交政策的天定神学论》（*United States Foreign Policy as Manifest Theology*），圣地亚哥：加利福尼亚大学，1987 年，第 22 页。

第一部分　现在：美帝国的崩溃

1. 巅峰的帝国：魔力消失

1　参见 F . 威廉·恩道尔（F. William Engdahl）：《战争与石油峰值》（"War and 'Peak Oil'"），《全球研究》（*Global Research*），2007 年 9 月 26 日；www.engdahl.oilgeopolitics.net。

2　这概括了《帝国主义的结构理论》一文的主要内容：两个中心国的同期发展是以牺牲边缘国的边缘国为代价的，而且往往是本地居民。

3　关键原因当然是教育和科技的吸引力，人们涌向中心国为的是学习它们的知识和生产。它是已过巅峰期的帝国，吸引力减小。正如 2004 年 12 月 22 日《新闻周刊》曾报道："2004 年 11 月 22 日《国际先驱论坛报》消息：根据国际教育学院的一份报告，去年是 30 多年来美国高校的外籍学生入学人数首次下降的一年"，"美国大学面临着来自国外更大的竞争"，"今年中国学生对美国研究生院的申请量下降了 45%"。

2004 年 5 月 3 日《纽约时报》报道："美国正在失去科学的主导地位"，专利的比例正在下降，科学论文的比例也在下降（据《物理评论》调查，从 1983 年的 61% 下降到 2003 年的 29%）；2006 年 4 月 23 日，参议员爱德华·肯尼迪曾告诉《与媒体见面》杂志，与美国每年毕业 72000 个工程师相比，中国和印度的毕业工程师分别达到了 65 万和 35 万。

* 卓异主义（exceptionlism）为亚历西斯·托克维里于 1831 年所杜撰之词。在历史上，该词意指美利坚合众国因具有独一无二的国家起源、文教背景、历史进展以及特出的政策与宗教体制，故世上其他发达国家皆无可比拟。——译者注

4 "维基百科"将霸权定义为"附属的顺从，不只是以纯粹的武力进行统治——和帝国这一概念紧密相关——一种可以决定其邻国政策的权力"。鲍勃·伍德沃德（Bob Woodward）在《内部战争：2006—2008 年白宫秘史》（*The War Within: A Secret White House History 2006–2008*）中讲道，布什甚至认为霸权是一个有问题的词语，富有华盛顿色彩。在众多使用这一词的主要候选人当中，罗恩·保罗（Ron Paul）是唯一指出该术语意味着"太多美帝国主义"的人（CNN，2008 年 9 月），并指出美国已无力支付驻扎在大多数国家的军事基地。对此，我们并不奇怪。在另一个场合，保罗说道："让我看看我的理解是否正确：你们出去向中国共产党借来几百万美元，然后把钱交给巴基斯坦非选举产生的独裁者，同时又以民主的名义屠杀伊拉克人民。"这一分析非常形象、精细地描述了一个将不同触角伸及不同地方进行汲食的帝国：帝国的复杂程度远远超出霸权主义。保罗还说道："令人惊讶的是，从其他候选人的脸上，你看不到任何对此表示诧异的表情。"

5 有关的分析参见戈尔·兰德斯特德（Geir Lundestad）：《1945 年后的美国和西欧——从受邀"帝国"到跨大西洋的背离》（*The United States and Western Europe since 1945–From' Empire" by Invitation to Transatlantic Drift*），牛津：牛津大学出版社，2003 年。该书清楚地谈到了当人文—政治家在提到"帝国"区域性而非全球—历史性时，是否该加引号或不加引号所遇到的难题。美帝国在亚洲的行动对帝国其他地方有着重大影响，包括引起西欧均衡态势的轻微振荡。

6 有一本关于 2000—2009 年美国研究的著作主要讨论了共和党人乔治·布什的军国主义。然而应该指出的是，两大政党都具有嗜好滥杀的特点。在此，引用民主党人克林顿的国务卿的一段话："在'60 分钟'（60 Minutes）访谈节目中，当莱斯勒·斯塔尔（Leslie Stahl）问及美国的制裁导致约 50 万伊拉克儿童死亡这一事实时，奥尔布赖特平静地说：'我们认为这个代价是值得的。'虽然她现在也承认当时的回答是一个出于政治而造成的错误，但她似乎对制裁引起的伤亡毫无怜悯之心，也没意识到制裁是美国或联合国在伊拉克甚至在萨达姆的'什叶派对手'中不受欢迎的原因。"2004 年 2 月 23 日，《国家》（*The Nation*）刊登了《贬值的生命》（"Devaluing Life"）一文。2006 年 2 月 17 日，彼得·辛格（Peter Singer）在《纳米比亚》（*The Namibian*）谈到其原因与后果："他（布什）的一贯作风就是做好了准备造成平民伤亡……，这意味着布什与其他反生命的美国领导人不太在乎无辜者的性命……，他们更关心人类的胚胎。"在美国，待在母亲的肚子里也许更安全。

1948 年乔治·凯南著名的报告也属于同一性质："我们拥有约 50%的世界财富，但只有 6.3%的世界人口……我们真正的任务……就是要保持这种差距的现状……我们不必骗自己说我们可以负担利他主义和为世界做善事这一奢侈的重任。"[引自瑞驰·帕尔斯坦（Rich Perlstein）：《中国镜像》（"Chinese Mirrors"），《国家》，2007 年 6 月 25 日]

7　参见戈尔·维达尔（Gore Vidal）：《金色时代》（*The Golden Age*），纽约：达布迭出版社，2000 年。有人说如果维达尔不做才华横溢的作家，那么他很可能会是一位举足轻重的美国历史学家。其论文更能体现他的卓识远见。威尔逊和罗斯福都希望加入战争，目的是为了建立一个他们占据主导地位的国际制度，但遭到美国舆论的反对。由此他们不得不挑衅德国（在第一次世界大战中）和日本（在第二次世界大战中），以便能达到参战目的。但悲剧性的是：美国参议院没有批准加入国际联盟，而罗斯福死后(1945 年 4 月 12 日）不久，联合国就成立了（10 月 24 日）。

8　这份文件在 1943 年秋呈交给罗斯福总统，作为全球研究的理论基地为"国际和平部队"服务，被称为"基地圣经"。文件清楚地表明了对太平洋地区的偏重：所建议的 75 个海外基地中，53 个设在太平洋、22 个设在大西洋地区。[参见海斯（Hayes）、扎斯基（Zarsky）和贝洛（Bello）：《美国湖：太平洋上的核危机》（*American Lake: Nuclear Peril in the Pacific*），企鹅图书，1986 年、1987 年] 美国这种军事思想有一个前身："第一次世界大战和第二次世界大战期间，美国制订并通过了三大战争计划，视之为政府官方政策：(a) 针对日本的橙色战争计划；(b) 针对墨西哥的绿色战争计划；(c) 针对英国的红色战争计划。此外还有针对拉丁美洲和加勒比地区的紫罗兰干涉计划；针对美国公民、镇压内部叛乱的白色战争计划，但政府没有制定或批准……针对德国的黑色战争计划，因为德国被定义为黑色……红色战争计划规模最大……与英国的战争将先始于美国干涉英联邦国家的商业贸易……英国海军占领菲律宾、关岛、夏威夷和巴拿马运河。为了弥补这些损失，美国入侵并征服了加拿大，这就是颜色偏向深红色的战争计划……而非防御性的计划。美国发动战争。尽管加拿大宣布中立，但仍然被美国侵占。"[见佛洛伊德·鲁德明（Floyd Rudmin）：《深红计划：对加拿大的战争》（"Plan Crimson: War on Canada"），《反击》（*Counter Punch*）第 13 卷第 1 期，第 1、4—6 页] 因此造就一个帝国。

9　参见"四星级外交政策"（"A Four-Star Foreign Policy"），《华盛顿邮报》，2000 年 9 月 28 日。联合作战司令部（CINCs）——包括南半球、欧洲（包括非洲）、美国和太平洋地区——美国地区总司令达娜·普里斯特（Dana Priest）和爱丽丝·克里提斯（Alice Crites）被称为"代理领事"，发挥着相当大且不断上升的影响力。关注于中东地区的中央司令部（The Central Command），也出现在参谋长联席会议备忘录之中，与其他三个司令部并列榜上。

10　尤其是 CDS，即臭名昭著的"信用违约互换"。

11 要了解成本的重要性，约瑟夫斯·蒂格利茨（Joseph Stiglitz）研究提供了基础，但问题是他的研究不靠谱。美国战争经费来源于多方面：（1）用美元购买美国产品，包括（经常叫作）军事"商品"[参见弗里达·百里根（Frida Berrigan）所写的《美国领军世界军火交易》（"U.S. leads the World in Sale of Military Goods"），载于 2005 年 9 月 12 日《沃斯堡星电讯报》（*Fort Worth Star-Telegram*）]。同时也包括独裁者购买军火，用来对付本国居民。这意味着美国在世界各地战争中获得利益，来支持自己。（2）向中国、日本、欧盟和挪威石油基金等借债，由此控制它们，防止它们自行交易[参见托德·曹恩（Todd Zaun）：《日本在海外寻找债券购买者》，《国际先驱论坛报》，2005 年 1 月 15—16 日]，或下赌注，"随着通货膨胀率上升商品产量会提高……我们应该一直就这样做下去"。（3）印制美钞，尽管明显会造成长期通胀；但提高美元通货膨胀率可能有助于减轻债务。

12 据《华盛顿邮报》报道，当众议院监督与政府改革委员会主席亨利·A.韦克斯曼（Henry A. Waxman）问："那时你发现你的世界、你的思想都是不正确的，不起作用了？"格林斯潘斩钉截铁地回答道："绝对是的，正是这样。"

13 参见迈克尔·考克斯（Michael Cox）：《9·11 事件与美国世界霸权——或 21 世纪也是美国世纪吗？》，《国际研究展望》，2002 年第 3 期，第 53—70 页。在文中，他将霸权与单极世界而非帝国进行对比，而偏向于单极世界——没有杀戮、有的是"胜利的战争"和更多的"能力"。亦参见拉尔斯·马扎斯特（Lars Mjöset）：《世纪之交：英国和美国的霸权比较》（"The Turn of Two Centuries: A Comparison of British and U.S. Hegemonies"），载于 D. P. 拉皮肯（D. P. Rapkin）（编）：《世界领导权与霸权》，博尔德、科罗拉多州和伦敦：琳恩·瑞纳出版社，1990 年。该论文着重分析经济、贸易、金融，在安全问题上则聚焦于大国联盟体系。马扎斯特得出结论说："通过加大从日本到美国的技术转让以及修正日本重新武装的立场，日本对美国的预算赤字给予财政支持"（第 46 页），——这发生的一切都没有考虑到独立的、非美国客户的中国，与之关系无足轻重。

14 纽约：诺顿出版社，2008 年。

15 法里德·扎卡里亚（Fareed Zakaria）：《后美国世界》（*The PostAmerian Word*），纽约：诺顿出版社，2008 年，第 109 页。

16 同上书，第 180 页。

17 达布迭出版社，2008 年。艾米·查研究表明，帝国成功的关键在于其包容性，如果没有包容性，帝国就会面临衰亡。根据这一点，美帝国从一开始就已处于衰落状态。因为在对待印第安人（第一批移民或被杀害，或被驱逐到保留地）、黑人（变成奴隶）、棕色人（夏威夷人，被侵占、吞并、染病、剥夺了土地和文化）、古巴黑人、菲律宾土著等问题上，美国并不宽容。美国学术界权威并没有担负起其重要使命，即为世界传送真实景象，以真相作为研究的标志。最近去世的 92 岁的哈里·马格多夫（Harry Magdoff）曾任《每月评论》（*Monthly Review*）联合编辑，撰写了《帝国主义时代》（*The Age of Imperialism*，1969 年）这一著作。他从 1969 年转变为一位马克思主义者。实际上，他的研究领域不在于此，但出色的才华让他完成了这一工作。目前，这一领域出现了更多的研究和再研究，美国从中受益匪浅。

两本重要的著作是埃马纽埃尔·托德（Emmanuel Todd）的《帝国之后》（*After the Empire*，纽约：哥伦比亚大学出版社，2002 年）和萨米尔·艾敏（Samir Amin）的《超越美国霸权?》（*Beyond US Hegemony?*，伦敦：ZED 书籍，2006 年）。这两本书值得强烈推荐，其论述相当到位。然而从内容来看，两者过于强调经济，当然这并不是说经济分析是无用的，只是说过于忽视了军事、政治和文化力量。[（参见艾敏的论文《政治文化冲突》（"The clash of political cultures"），第 17—21 页）]托德则将分析重点进一步缩小到生育问题上，致使托尼·朱迪特（Tony Judt）在《海外反美主义》（"Anti-Americans Abroad"，《纽约书评》，2003 年 5 月 1 日）一文中得出结论："他声称已经找到了生育和统治倒垮之间的关系"（第 26 页）。人们在盲目地进行努力，而不是利用四大权力制定具体政策来构筑和维护帝国，反而最终诉诸粗暴、野蛮的武装力量。假设帝国只体现在经济方面，那么改变一些政策可能会解决问题，如减少对贸易的依赖。然而，所有的权力都在运作，聚集成合力，最终变成了它的弱点：太多的裂缝、太多的薄弱环节、太多的矛盾。更全面的分析是穆扎（Muzaffar）、金瑞利（Camilleri）和帕格特（Pargeter）合作的《帝国的替代者》（"Alternatives to Empire"）一文，刊于 2007 年 5 月的《公正评论》（*Just Commentary*）。文章说道："简单地说，作为集政治、经济和军事权力于一身的、结构复杂的美帝国，面临相当多的困难。这种情形造成了经济风险，同时也带来了大量机遇。"另参见米歇尔·科伦（Michel Collon）的《美国明天的外交政策会是什么?》（"What will the US foreign policy be tomorrow?"，www.informationclearinghouse.info/article20994. html）。

18　参见迈克尔·曼德尔鲍姆（Michael Mandelbaum）：《哥利亚之死：21 世纪美国作为世界政府如何采取行动》（*The Case for Goliath: How America Acts as the World's Government in the 21st Centur*），公共事务出版社，2006 年。其中《暴行》一文指出，就伊拉克伤亡、被剥夺财产、无家可归的人数而言，不可否认，美国政府对于那些较为冷淡、排名靠前的"盟国"来说，还是有作用的，后者可以继续保持不关心的态度，可以保护自己奉行的种族主义和地区主义（如反穆斯林）而不必付出像伊拉克这样的"代价"。

　　* 这里意指在香港实行的"一国两制"。——译者注

19　详见《50 年：100 个冲突与和平案例》，超越和平大学出版社，2008 年，第 37 章，第 110—111 页。

20 在我看来，这一局面不是"犹太人游说"的结果，而是因为以色列和美国建国方式如出一辙：通过肩负神圣任务的定居者实行殖民主义，将原居民驱逐出境或驱赶到保留地或消灭之。还有一些类似这样起源的国家：加拿大、南非、澳大利亚和新西兰——原大英帝国领地，以及其他像美国一样诞生于英帝国并由英国人殖民而成的国家。

21 详见《50 年：100 个和平与冲突案例》，超越和平大学出版社，2008 年，第 16 章，第 46—55 页。

22 详见《50 年：100 个和平与冲突案例》，超越和平大学出版社，2005 年，第 49 章，第 144—155 页。

23 超越和平大学出版社，2008 年，www.transcend.org/tup。

24 伦敦：博得尔公司，普路托：范式出版社，2005 年。

25 "罗马帝国——将罗马公民权扩大到统治集团和整个帝国的非奴隶者，随之而来的是帝国为所有无形的、必不可少的道德因素提供和平与繁荣的环境，后者被称为合理性。"见瓦尔登·贝洛（Walden Bello）：《帝国经济学》（"The Economics of Empire"），《为实现公正世界的国际运动》（*International Movement for a Just World*），2004 年 5 月。

26 英国人认为自己"被上帝特别选中"，是"像古以色列人一样与上帝签订了契约的人们"，诸如此类的理念参见杰里米·帕克曼（Jeremy Paxman）：《英国人：一个民族的画像》（*The English, A Portrait of a People*，纽约：欧尔卢克出版社，2000 年）。当时清教徒在此感召下，将马萨诸塞州视为应许之地。这一段历史见皮尔斯·布朗顿（Piers Brendon）的著作《1781—1997 年英帝国的衰退和灭亡》（*The Decline and Fall of the British Empire 1781–1997*，纽约：克诺弗出版社，2008 年）；威廉·罗杰路·易斯（William Roger Lewis）的著作《挣扎在帝国、苏伊士运河及殖民解体之间》（*The Scramble for Empire, Suez and Decolonization*，塔里斯出版社，2007 年）以及 N. B. 德克斯（N. B. Dirks）的《帝国丑闻：印度与英帝国的形成》（*The Scandal of Empire: India and the Creation of Imperial Britain*，剑桥：哈佛大学出版社，2007 年）。总而言之，可借用建立罗得西亚殖民地的塞西尔·罗兹（Cecil Rhodes of Rhodesia）——罗兹学者奖创建人——的一句话："我们必须找到新的土地，从中我们可以很轻松地获得原料，同时能从殖民地的当地人中寻找廉价的奴隶劳动力。殖民地还能为工厂生产的剩余产品提供倾销地。"（www.williambowles.info/）这正符合大卫·李嘉图（Ricardo）的比较优势理论。

奇纳勋爵（Lord Kitchener）的例子对此可作为一个总结。1898 年组织恩图曼屠杀镇压马赫迪起义之后，帝国便在他的掌控之下，平息南非波尔起义，焚烧了他们的农场、将妇女和儿童关入集中营。第一次世界大战期间担任统帅，其战舰被德军击中，在奥克尼群岛附近淹死。（帝国荣耀也随之而去）

27　2009年3月2日接受CNN采访时，美国众议院军备委员会主席尼尔·阿姆斯特朗（Neil Armstrong）提到"增兵"是我们贿赂他们不杀害美国人，而不是一个军事行动。

28　旧金山：伯纳特—克勒出版社，2004年。

2. 帝国的崩溃：概念与理论

29　见苏珊·乔治（Susan George）的论文《企业乌托邦梦想》（"The Corporate Utopian Dream"），载于《世界贸易组织和全球战争系统》（*The WTO and the Global War System*），西雅图，1999年11月。他没有考虑到政治层面的影响，应该在杀戮后加上"相当程度的欺凌"或"施加压力"。

30　从这个角度能看清楚现实，参见约翰·加尔通的著作《以和平的手段实现和平》，伦敦：赛奇出版社，1996年，第2章。

2002年9月15日，《周日先驱报》（苏格兰）勾勒了一幅美国统治全球的美国新世纪蓝图，包括十大基本点：

1．无论萨达姆是否掌权，用军事力量控制海湾地区；

2．维护美国的全球主导地位，排除了大国竞争对手崛起的可能性，打造符合美国利益的原则和国际安全秩序；

3.同时打击多个主要战区战争，并取得决定性的胜利；

4.利用重要盟友如英国，当作实施美国全球领导权最有效和最有用的手段；

5.维和行动应当听从美国而非联合国的政治领导；

6.美国政府担心欧洲将美国视为对手；

7.关注中国的"政权更替"——趁机增加美国派驻东南亚的军事力量；

8.美国利用太空力量主宰太空，完全掌控网络空间，防止敌人使用网络对付美国。美国可能会考虑发展生物武器，在新的层面——空间、网络空间或微生物世界——开展战斗；

9.先进的生物战，针对特殊的基因形式；

10.将朝鲜、利比亚、叙利亚和伊朗定位为危险国家，并指出它们的存在证明了建立"世界级指挥和控制体系"的必要性。

这些要点——除了不公开的第8、第9条——都很容易在两届乔治·W.布什政府政策中找到。其中大部分被称为"美国式的间谍活动"——[这是斯宾赛·阿克曼（Spencer Ackerman）在评论四本重要著作时所说的话，参见《国家》，2008年7月14日]。而比如在外太空及来自外太空的战斗力、全球间谍网络也从事商业间谍活动，已不再是海上冰山一角，而是公开的秘密了。

当然来自外太空的战争早有所讨论，参见《进攻性战略：真正的星际战争威胁》（"Strategic offensive: the real star wars threat"），《国家》，1987年2月28日，第248—250页。

2008年9月22日《爱尔兰时报》刊登了两篇文章《美国将领正在策划资源战争》

[(作者为汤姆·科隆南（Tom Clonan)]、《2008 年军队现代化战略》。文章预言："由于我们在全球范围内争夺正在消耗殆尽的自然资源与海外市场，由此研制出来的新兴武器将对传统安全构成威胁"，这将是一场"永久的战争"。人口增长将导致"年轻人占多数"，存在暴力的趋向。同时，美国出现一个"新式的'网络化'战士——'未来部队勇士'（Future Force Warrior) ——被安插在目标人群当中，会同时运作多个远程、无人地面和空中武器系统"（《高科技恐怖主义?》）——更不用提所有这些冲突如何才能得到解决。

31 如何改变这一局面，将检验奥巴马政府的能力。

32 当然，还有许多美国人暂时或永久性地生活在美帝国的边缘国，如军事基地的人员和跨国公司分支机构的商人，但同样或更重要的是居住在美国的边缘国侨民，如日本德川政府期间大名的家人就被当作人质。如果边缘国表现好，就可以得到奖励比如获得美国公民身份进入上流社会；如果它表现差，如日本袭击珍珠港，那它们可能受到惩罚，被当作战争威胁列入被打击的阵营。

33 非常感谢凯文·贝尔斯（Kevin Bales) 2008 年 12 月 11—12 日在巴黎诺贝尔和平奖颁发会议上对新奴隶制的阐释。

34 有关新奴隶制更多内容，参见汤姆·马托可（Tom Matyók) 的著作《构建反叙事：反对全球化世界中去国家化现象的新奴隶制——航运业和 M/V 安格罗米纳斯条约》（*Constructing Counter-Narrative: A Key to Challenging Neo-Slavery in the De-nationalized World of Globalization-the Shipping Industry and the Case of the M/V Aglos Minas*)，www.transcend.org/tri，超越和平研究所网站。

35 因此，自由女神像的铭文中有些东西是很感人和颇有道理的，"……给我，你那劳瘁贫贱的流民，那拥挤于彼岸、向往自由呼吸的大众……"[摘自 1883 年艾玛·拉撒路（Emma Lazarus) 的诗篇《新巨人》]。

36 这不是一个很理想的词，因为它模糊了两种人的界限——那些既反对共和制又反对帝制（恐美者? ——似乎只是少数）的人和那些只反对其中一种的人。然而还有许多人无条件地接受两种制度（亲美者?）。应当指出，"美利坚"实际上指的是整个半球，从而所谓"反美"也是一个地理概念混乱的标志，但它却一直存在。

没人能像戈尔·维达尔那样一针见血地指出问题之所在："我必须告诉大家的是，我从托马斯·杰斐逊那儿得到的一点启示——而他又是从孟德斯鸠那儿得来的：一个国家不可能同时既是共和国又是帝国。罗马从未做到这一点。英国人只能努力达到一定程度，但随后以失败告终。威尼斯曾只是一个帝国，美国也同样如此。而在以上每一个例子中，共和国最终遭到抛弃。1864 年我们为了得到加利福尼亚对墨西哥发动战争，从此，我们一直处在严重的、赤裸裸地抢夺、抢夺、再抢夺的帝国状态。"[见马克·库伯（Marc Cooper)：《戈尔·维达尔：十月逆向思维者》（"Gore Vidal, Octocontrarian")，《国家》，2005 年 11 月 7 日］这次访谈以反对"9·11"事件阴谋论结束："不，这是无法想象的。无论'9·11'事件背后有什么阴谋，已经很明了了。像制造'9·11'事件的行为是愚蠢、疯狂的。要么阻止它发生，要么推动它的发生。"

很少有人也能像俄罗斯学者伊戈尔·帕琳教授（Igor Parin）那样作出错误的预言：美国将以共和国的形式在 2010 年 6 月或 7 月分邦离析，到时将出现大规模的移民、经济滑坡、道德退化、内战和美元崩溃。届时美国会分裂成六个部分：阿拉斯加州将重归俄罗斯；加利福尼亚州将在中国的影响下成立一个"加利福尼亚共和国"；德克萨斯州将成为墨西哥影响下的"得克萨斯共和国"；夏威夷将成为日本或中国名下的"保护国"；加拿大将攫取北部的一些州；而华盛顿特区和纽约将作为"大西洋美洲"的一部分加入欧盟。这一预言完全低估了美国的向心力和凝聚力以及对共和国的忠诚度，即使是在众所周知的经济滑坡和美元随时可能崩溃的情况下，这些力量仍然存在。［来自莫斯科安德鲁·奥斯本（Andrew Orsborn）的报道，andrew.osborn@wsj.com］

37 根据查莫斯·约翰逊（Chalmers Johnson）于 2008 年 11 月 4 日大选之前在《为国家的命运投票》（"Voting the Fate of the Nation"）一文中所说，这是截至 2008 年驻扎在 151 个国家中的第 761 个军事基地。罗恩·保罗（Ron Paul）提及此时常称这是一个庞大的数目。

38 相对于总统、政府和议会而言，真正的权力掌握在地主、军队和神职人员的手中。在伊比利亚，利用经济、军事和文化触角来维护国内统治与稳定的领导阶层，用一个家庭来作为这一三足畸胎的大脑：长子继承地产、次子继承军事、三子继承神职。假设兄弟继承的顺序可以协调，那么这一顺序可以复制出上千种，但需要一个佛朗哥来保护其最大限度地不受行业贸易、工人阶级、知识分子和各种世俗思想的威胁。也许有人会问为何不使用政治权力平息民怨？答案是："其结构就是一种政治权力。"如果你有异议，你将被剥夺工作、遭到军队杀害并被教士推向地狱。

39 正如理查德·霍夫斯塔特（Richard Hofstadter）在《美国历史上的重大事件》（*Great Issues in American History*）（纽约：古董出版社，1969 年）中所说："奴隶——被传统的美国梦（对美好生活的向往、希望进步、努力工作提高地位）拒之门外，结果造成他们脱离于美国主流生活。"他将"托马斯·培根（Thomas Bacon）对黑奴的说教"总结为，是让黑人奴隶成为被驯服的、自愿接受任何世俗负担的仆人。许多国家复制了这一模式，而美国的军事干涉维持这一现状。

40 对民主的类型及其与和平和发展的关系分析，参见约翰·加尔通、保罗·斯科特（Paul Scott）：《民主·和平·发展》（*Democracy· Peace· Development*），超越大学出版社，2008 年，第 2 章。

41 经济学家及相关人员可划分为两组：富有者与贫穷者，见本节末。属于前者当然更好。

42 或者是约瑟夫·尼尔（Joseph Nye）模式：关于经济和文化权力是软权力、反对超资本主义和军国主义的观点是毫无道理的。更为重要的是识别四大权力中的软力量部分。有关这方面的研究，参见约翰·加尔通：《以和平的手段实现和平》，伦敦：赛奇出版社，1996 年；亦见本书"序言"及表 4。

43 当然，这不仅适用于中心国与强国如政府以"法律与秩序"的名义来杀戮，而且还适用于边缘国和弱国，政府能以"自卫"的名义来杀害任何人。应当履行一个不赞成杀戮的社会内部契约，但它却常常被打破。对号召无杀戮事件的全球非杀戮中心（CGN）的研究，格伦·佩奇（Glenn Paige）作出了杰出贡献。更多信息参见 CGN。

44 麦凯恩在轰炸北越行动中执行了 23 项"任务"，直到他中弹为止。作为奇迹中的奇迹，他没有被当场处死，却被当作筹码受尽折磨。

参议员杰伊·洛克菲勒（Jay Rockefeller）在一次访谈中这样评论道："麦凯恩是一名战斗机飞行员，他会在 35000 英尺（10000 米）的高空发射激光制导导弹。等爆炸时，他早已消失。它们（导弹）到达地面发生了什么事情？他不知道。一个政治家必须关心人民的生活，而麦凯恩从来没有。"后来，洛克菲勒不得不为这些评论道歉，"这污蔑了麦凯恩的战争纪录"（《日本时报》，2008 年 4 月 10 日）。

45 战争是军队与军队之战，而平民与军队之战是小规模战斗或游击战。随着国家体制的淡出、政权的统一，战争将屈从于其他三大权力。

46 这一结论来自迈克尔·哈斯（Michael Haas）的著作《乔治·W. 布什：战争罪犯？——布什政府为 269 宗战争罪行所担负的责任》（*George W. Bush, War Criminal? The Bush Administration's Liability for 269 War Crimes*），西港、康涅狄格：普拉格出版社，2009 年，第 46 页。

47 早在 20 世纪 30 年代，美国华尔街一些企业精英们想推翻罗斯福政府来实行法西斯专政，并在 1933 年试图动员著名将领史沫特莱·巴特勒（Smedley Butler）来协助完成这项工作，但他们找错了人。巴特勒揭露了这一政变的企图，从他的讲话中可以判断：

"我大半辈子的时间——33 年零 4 个月——曾在海军陆战队服役，在大企业集团、华尔街做事，是银行家高层中的粗人……1914 年，我帮助美国在墨西哥尤其是坦皮科的石油利益不受侵害。我将海地和古巴变成国家城市银行的税收来源。为了华尔街的利益，我得罪了半打中美洲国家。1916 年我将美国的蔗糖贸易打入多米尼加共和国市场。在中国，我负责美国的标准石油生产不受干扰……当我听从上级命令时，我的心境才能平静。这是每一位军士的典型特征。"

那些阴谋背后的富翁们从未受到法律的质疑，更不用说受到指控或因叛国罪而关入监狱。参见朱尔斯·阿彻（Jules Archer）：《夺取白宫计》（*The Plot to Seize the White House*），纽约：山楂图书公司，1973 年。

48　参见《帝国的结构理论》，1971 年。

49　一个典型的例子是"李嘉图的比较优势理论"，通过否定一些关键的外在表象如接受更多难度高、挑战性的工作，为劳动力的高度剥削分工制进行辩护。

50　另一个可参考的假设是苏联帝国因内部腐化、不能解决矛盾而崩溃——该观点将在第三节进行讨论。苏联的解体发生在中心国而不是边缘国。而美国则可能与此相反。

51　从英国牺牲了 8361 名士兵开始，到挪威牺牲了 10 名士兵的时候，美国所领导的"自愿联盟"已有 29 个成员。其中 15 个成员国（超过 50%）都曾经是苏联的卫星国。这些国家的外交部对此进行的反思，也许是一个比较有趣的话题。

52　应该认识到主要困难在于：当他们中间有一方或两方被用来对付其他国家或第三方时，他们基本上被认定是邪恶的。如美苏联盟对抗纳粹、或美国和前纳粹国家共同对付苏联、或纳粹德国和苏联形成短暂联盟对付西方盟国，所有这一切都可以用"我的敌人的敌人就是我的朋友"这一句话来解释，而不用理会"朋友"在真正想什么、说什么和做什么。

德国纳粹、苏联帝国和美帝国三者之间实际上非常相似，都来源于同一理论，见约翰·加尔通的著作《希特勒主义、斯大林主义、里根主义——三大奥维尔主题变奏曲》（*Hitlerisme, stalinisme, reaganisme. Tre variasjoner over et tema av Orwell*），挪威阿吉氏（Oslo）：科尔丹托出版社，1984 年；亦见在德国、西班牙的发行本。

3. 苏联案例：6 大矛盾

53　参见托瑞·海斯泰德、艾瑞克·鲁登：《帝国的衰退和崩溃：罗马帝国和西方帝国主义之比较》，奥斯陆：奥斯陆大学（冲突与和平研究协会主办单位），第 71 页（《西方文明的发展趋势研究》，奥斯陆论文集，第 75 号）；东京：联合国大学，1979 年，第 71 页。（HSDRGPID-1/UNUP-53，联合国大学"目标、进程与指标"项目——GPID）。亦见伊曼纽尔·沃勒斯坦（编）：《评论》，纽约：纽约州立大学研究基金会，1980 年第 4 卷，第 91—154 页。缩简本参见《观察：政治文化期刊》，XLIII/XLIV（1977/1978），第 50—59 页。

54　约翰·加尔顿、达格·珀莱恩凯（Dag Poleszynski）、艾瑞克·鲁登：《20 世纪 80 年代的挪威》（*Norge foran 1980-årene*），奥斯陆：阿吉氏（Gyldendal），1980 年，第 85 页。

55　参见雷沙德雷·卡普斯肯凯（Ryszard Kapuscinski）：《帝国》（*Imperiet*）。和其他著作一样，该书主要讨论苏联帝国体系中争取自主—独立的边缘国。但存在一个重要的矛盾，即未能解释为何其他国家没有起来保卫联盟、抵制瓦解。在文中所列的各种矛盾和低落的士气来看，我们还有许多工作要做。

56 如果运用空间理论（参见《以和平手段实现和平》的第四部分"关于文明的论述"）确定矛盾的类型，我们将会得到一份更长的清单：

自然：有毒污染，将缩短人的寿命；

人类：处于普遍反常状态，规范与行为脱节；

社会：如第 2，3，4，5 条所列；

世界：如第 1 条所列；

时间：一成不变，基本变革已过时境迁；

文化：如第 6 条所列，神话与现实脱节。

这样，便能更清楚地看到美帝国与之类似的矛盾。

57 这并不意味着唯一能做的就是静待苏联帝国的崩溃。在这六点的背后，有人的具体意识、个人或集体的动员，有对抗、斗争。万可夫·哈维尔（Vaclav Havel）曾正确地指出（《日本时报》，2004 年 11 月 17 日）：人们相信市场规律和其他"看不见的手"会左右我们的生活，从而降低了个人利用道德手段来捍卫权力的可能性，同时也减少了社会对纯道德家或精英的批判。哈维尔是他们当中的一员，而发生在东德的天鹅绒革命作为具体行为，所产生的效果可能比内部批评要好得多。

4. 美国案例：15 大矛盾

58 "……周二在南佛罗里达州的投票站，国际观察员表示，表决程序在很多方面没有达到全球最佳实践的预期效果。观察员说，与哈萨克斯坦相比，美国访问调查的途径较少；与委内瑞拉相比，电子投票的安全故障相对较少；与格鲁吉亚共和国相比，美国的选票不是那么简单；世界上其他没有一个国家拥有如此复杂的全民选举制度。'说实话，几个月前在塞尔维亚监督选举还是要容易得多'，一位来自欧洲安全与合作组织的观察员表示。"[摘自托马斯·克兰普顿（Thomas Crampton）：《外国人眼中的美国选举》（"Foreign Eyes on U.S. Voting"），《国际先驱论坛报》，2004 年 11 月 4 日] 另外，对于美国在其他国家是如何"妨碍选举"的，可以参见威廉·布鲁姆：《流氓国家：成为世界唯一超级大国的指南》第 18 章，缅因州塞蒙罗：共同勇气出版社，2000 年。美国在塔图·万哈宁（Tatu Vanhanen）所做的调查"民主化指数"中排名第 23 位，详情可见《世界新书排名》（*The New Book of World Rankings*），库里安，1984 年。

59 这一矛盾列表是在国际事件发生后，通过个人观察和接触，借助媒体和网络制定的。然而，现在回想起来，产生这些矛盾的理论可能是比较有趣的，因此我也在努力深入研究这一理论。

四种常见的外交类型——"胡萝卜"、"大棒"、劝导和决策——美帝国都曾使用过。对这一体系的研究导致了对上帝的选民论、二元论和神话作为深层文化因素的关注。它们与权力相结合，产生了 12 种组合：

上帝的选民论认为是美国是经上帝的精挑细选，注定要成为世界第一经济强国、世界政治领袖、世界的唯一超级大国；

二元论则是指市场与自然、美国国家恐怖主义与恐怖主义，以及美国与邪恶、犹太教和基督教与伊斯兰等的对立；

神话是指金融经济与实体经济的统一，美国与盟国的团结，美国成为世界不可或缺的国家及美国梦等。

这 12 种组合实际包含了 15 个矛盾，表格已列出另外三个矛盾：

	优胜劣汰论	二元论	神话
经济	(1)	(3)	(2)
军事	世界唯一超级大国	(4)，(6)	(5)，(7)
政治	(8)		(9)
文化	权力神授	(10)	(11)，(12)

如果我们增加社会权力，(13) 显然是指精英国家或企业为上帝的选民；(14) 是指社会代际断层及其产生的影响；(15) 是美国梦与现实之间的矛盾，从全球范围看，实际就是美国的野心与其现实之间的矛盾。

在本书中，"权力神授"常被用来解释说明某些问题，"世界唯一超级大国"也是如此。表格中间有关政治二元论的空白单元格，实际上是表示其他所有矛盾成熟、发挥综合作用并最后终结。

60 继阿富汗战争之后，又发生了 2003 年伊拉克战争、2004 年海地战争和 2006 年索马里战争。

61 因此，选民大多对 2006 年 11 月的中期选举表示不满；大多数可能是因为伊拉克战争，与其说他们反对战争本身，不如说是反对在战争中的失败。而 2007 年春，民主党内部分歧的焦点就是战争开支问题。

62 缅因州蒙罗：共同勇气出版社，2000 年。也可以参看他的《让世界免于死亡》(*Freeing the World to Death*)（缅因州蒙罗：共同勇气出版社，2005 年）一书。在背页，他恰如其分地描述了新当选的美国总统上任后最初几天的工作流程：第一天，向"数百万美帝国主义的受害者"致歉；第二天，向全世界宣称"美国的全球军事干预行动告一段落"；第三天，"我将削减至少 90% 的军事预算，并将节省下来的资金用于赔偿受美国轰炸、入侵和制裁的受害者"；接下来是第四天，"我会被暗杀"。

63 参见艾哈迈德·摩萨德·纳非兹（Ahmed Mossadegh Nafeez）。

64 参见詹姆斯·瑞恩（James Risen）：《中情局秘史：揭密美国在巴列维国王政变中的作用》("CIA's Secret History: Files Reveal U.S. Role in Coup for the Shah")，《纽约

时报》,2000 年 4 月 16 日和 6 月 18 日。亦见斯蒂芬·金策(Stephen Kinzer):《王的臣民：一个美国人的政变和中东恐怖主义的根源》(*All the Shah's Men: An American Coup and the Roots of the Middle East Terror*，纽约：威利出版社，2007 年)。道歉是非常有用的。

65 很多例子浮现在脑海中，我们只挑选其中五例：

- 干涉摩萨德，却没有干涉巴列维国王的独裁统治；
- 努力推翻卡斯特罗，而不是巴蒂斯塔；
- 曾努力推翻桑地诺，而不是索摩查；
- 正在努力推翻查韦斯，而不是希门尼斯；
- 杀害卢蒙巴，而不是蒙博托。

美国采取干预措施的基本标准似乎是"自由贸易"，而不是民主 / 独裁。

66 这是沙特阿拉伯国教——瓦哈比派——的主要宗旨之一，而沙特是 18 世纪伊斯兰逊尼派的改革者。

67 这天恰好也是我 90 岁生日。让我们看看那时谁将活到最后，是美帝国、联合国还是我。

68 2007 年 3 月 28 日，第 A11 页。

69 吉姆·霍格兰 (Jim Hoagland)：《布什的皇家烦恼》("Bush's Royal Trouble")，《华盛顿邮报》，2007 年 3 月 28 日。

70 参见 2007 年 3 月 25—31 日《华盛顿邮报》评论，"书评"版第 2 页。

71 或者比如 2008 年 8 月 7—8 日的夜间，格鲁吉亚、美国、以色列和乌克兰对南奥塞梯首府进行联合攻击，详见伯特兰·罗素基金会 (The Bertrand Russell Foundation Ltd.) 对这一事件的分析，网址：www.russfund.org。

72 《华盛顿邮报》，2007 年 3 月 27 日，第 D1 页。

73 用谷歌搜索"保罗·沃尔福威茨情妇"("Paul Wolfowitz mistress")，便会出现沙哈·丽扎 (Shaha Riza)。这当然表明是"我"，而不是"我们"，也许有人会发现有利于保罗·沃尔福威茨的论据。

74 其他迹象表现在众多的反抗歌曲中，由品克（Pink）、尼尔·杨（Neil Young）、埃迪·温德(Eddie Vedder)、南方小鸡乐队(the Dixie Band Dixie Chicks) 的迪克西等演唱。

75 威廉·帕福（William Pfaff）在《布什失去了与现实的最后联系》("Bush loses last link to reality")（《日本时报》，2004 年 11 月 1 日）中说："布什政府对战前伊拉克的现实毫无兴趣，因为他只是打算在伊拉克建立自己的现实存在。"

76 这和尼古拉·齐奥塞斯库 (Nicolae Ceausescu) 的妻子埃琳娜 (Elena) 有一定的相似性，埃琳娜负责一个巨大的工程，即把罗马尼亚农产品当作原材料，加工成化学和制药工业产品。这一工程储存了大量的食品材料，但产品却迟迟没有问世。她的结论是：也许一年、两年、三年以后就会实现。

77　该论文在此提出，在其任期的大部分时间内，布什是一个病人。他生活在虚拟现实的泡沫中，并不断地制造新的泡沫。他或许应该因为"压力"而暂缓工作去休假，或者因为"不称职"而遭到弹劾。毫无疑问，有些上层人物曾考虑过这样做。如果换了切尼上台，布什可以在这些恐怖事件变得更恐怖之前摆脱出来。

5. 经济矛盾

78　参见罗伯特·布伦纳（Robert Brenner）的《繁荣和泡沫：美国在世界经济中的地位》(*The Boom and the Bubble: The US in the World Economy*)，2002年，"封底"；华登·贝罗（Walden Bello）的评论，《国家》，2002年10月21日。生产过剩导致常态品和奢侈品的大部分生产能力闲置，同时经济实惠的生活必需品却减产。

79　参见鲍勃·赫伯特（Bob Herbert）：《数百万人被忽略》("The Millions Left Out")，《纽约时报》，2007年5月12日。从20世纪70年代初开始，经济增长快速发展，但穷人并未从中受益——如果他们能够得到他们应得的份额，那么贫困将在20世纪90年代中期消失。

20世纪80年代中期，撒切尔—里根革命的结果是"在发达国家中，美国儿童的生活水平并不是最低的，与美国关系第二密切的英国与之相同"[《国家》，2007年3月12日，摘自联合国儿童基金会的报告《透视儿童贫困：富裕国家中儿童福利现状概述》(*Child Poverty in Perspective: An Overview of Child Well-Being in Rich Countries*)]。因此，"科罗拉多州的儿童贫困率已上升到73%"（《国际先驱论坛报》，2008年6月12日），类似这样的新闻标题频频出现。

另一个指数是无医疗保险的美国人的百分比，平均值为15.5%，其中白人14.6%、黑人19.8%，平均值在这两者间浮动；而印第安人和因纽特人差不多是平均值的两倍，为29%；西裔美国人则高于平均值的两倍，为32.6%。（《明镜周刊》，2005年第37期，第128页）

这显然是"美国式的社会主义"的后果：利润私有化和损失社会化——用纳税人的钱来填补企业亏损的财政赤字。

80　1995年，美国家庭债务占家庭消费的16%，占家庭收入的14%；而到了2002年，这一数字分别是24%和22%，且不断增长。

81　欧元的稳步升值不仅表现在其交换价值的增长超过50%，还表现在，自2006年年底欧元在流通领域的价值就已超过美元。欧盟是名副其实的世界第一大经济体，但美国评论所关注的"欧元区"国家还不到其实际总数的一半。

82　P/E即价格/收益率，是股市的一个常用指标，通常在16上下。这一指标曾在1929年经济危机前一度急剧上升到32.6，在2000年3月经济崩溃（2008年9月经济大崩溃的导火索）前飙升至44.9。见罗伯特·J. 希勒（Robert J. Shiller）：《非理性繁荣》

（*Irrational Exuberance*），普林斯顿：普林斯顿大学出版社，2000 年。

在目前的经济危机中，道琼斯指数从 12000 点暴跌至 6000 点，由此笔者认为，一个健康的经济体应随着现实的变化而作出自觉地调整。但是，大多数观察家却在庆祝道琼斯指数的再度攀升。

83 许多评论文章证实了笔者关于经济危机导致帝国终结的判断，杰出的预言家威廉·格雷德（William Greider）在《国家》（2002 年 9 月 23 日）发表的《帝国的终结》（"The End of Empire"）一文，便是例证（"国债急剧增长：他们早晚会戛然停止"）。和他完全不同的是，弗朗西斯·福山（Francis Fukuyama）的《美国的崩溃》（"The Fall of America, Inc."，《新闻周刊》，2008 年 10 月 13 日），认为政治预示了历史的结束终将到来，迈克尔·楚苏多夫斯基（Michael Chossudovsky）在他的《全球金融崩溃》（"Global Financial Meltdown"，《当前关注》，2008 年第 9/10 期）一文中，指出了以下关键原因："战争和经济危机"、"投机冲锋"、"对冲基金"、"卖空"、"原油市场"、"全球经济结构调整"、"1999 年金融服务现代化法案（2004 年废除了罗斯福 1933 年制定的格拉斯—斯蒂格尔法案）和合并狂潮"。所有这些说明了我们期望从超资本主义中获得巨利。于是我们将面对更多的问题：因为美钞的大量印发（具体数量保密）和沉重的债务负担，参见《美元统治时代即将结束》（"The Dollar's Reign Coming to an End"）[钱德拉·穆扎（Chandra Muzaffar）的优秀论文，《评论》，第 8 卷第 7 期]。由此，美国可能不是简单的经济衰退，而是经济大萧条。这意味着美国经济需要采取大量的外源性措施，这不啻于一场世界大战。

84 这绝不是美国仅有的一次退出，或对协议、条约、公约——和平赖以存在的法律基础——提出反对。

2001 年 12 月退出 1972 年制定的反弹道导弹条约；2001 年退出生物和毒素武器公约；2001 年是唯一反对联合国关于遏制非法小武器的国际流通的决议的国家；2001 年 12 月，实际上从国际刑事法院条约中退出；2001 年明确表示不会加入人员杀伤性地雷条约；后来，同在 2001 年拒绝签订京都协定；2001 年 5 月拒绝与欧洲国家讨论梯队计划；2001 年拒绝参加经济合作与发展组织有关离岸、税收和洗钱的讨论；2001 年从南非德班的种族主义大会上退出；2001 年是唯一反对八国首脑高峰会议制定的、旨在发展清洁能源的国际行动计划的国家；在以色列和马绍尔群岛问题上，美国已是第十年反对联合国关于呼吁美国结束针对古巴禁运令的决议；1999 年拒绝签署联合国全面禁止核试验条约；1986 年拒绝承认国际法庭对它在尼加拉瓜"非法使用武力"罪名的指控；1984 年退出联合国教科文组织，并停止对世界新闻和传播秩序（这一机构设立的初衷就是减少对"四大"电报机构的依赖）的拨款；1989 年拒绝签署关于公民权利和政治权利的任择议定书（其宗旨在于废除死刑以及废除对未满 18 岁的青少年的刑罚）；1979 年没有签署联合国关于消除妇女歧视的公约；

1989 年拒绝批准联合国关于经济、社会和文化权利的公约；1988 年最终签署了联合国关于防止及惩治种族灭绝罪行的公约（很多国家对此公约持有异议而拒绝签署），但从占国内生产总值的百分比来看，美国（和英国）是三个最吝啬的援助国之一。

以上这些决定被人们否定的数量之多，可以衡量奥巴马的执政能力。

85　这里有一个传统。美国海军设计师 A.T. 马汉（A.T. Mahan）的《海军力量对 1660—1783 年历史的影响》（*The Influence of Sea Power upon History 1660–1783*，波士顿：小布朗出版社，1890 年）认为地缘政治的宗旨就是"捍卫本国人民在本区域内不相称的利益份额……无论是通过和平的合法垄断手段……还是，当其他一切努力都以失败告终时，直接使用暴力"（第 1 页）。阿富汗战争就是一个例子：塔利班决定支持阿根廷布利达公司而不是美国的优尼科公司（卡尔扎伊是顾问），因为布利达公司仅要求净利润 22% 的分成，而优尼科公司却要求 43%。控制可能比金钱更为重要。据报道，美国曾在 2001 年 8 月（"9·11"事件前）作出如下表示：我们给你们提供了遍地的黄金，却遭到了你们的拒绝，因此你们将会得到遍地的炸弹（10 月 7 日轰炸开始了）。

86　2004 年 2 月 22 日，马克·汤森（Mark Townsend）和弗兰克·哈里斯（Frank Harris）在《观察者》上披露了一份来自白宫的秘密报告：

- "数百万人将在战争和自然灾害中遇难"；
- "欧洲主要城市将沉入逐渐上升的大海中"；
- "2020 年前，英国将骤变为'西伯利亚'气候"；
- "核冲突、特大干旱、饥荒和普遍的骚乱将在全世界蔓延"；
- 各个国家（将）发展核武器以保卫日益减少的食物、水和能源的供应"。

这听起来好像是美国已经做好准备应对气候变化，加入反毒品和反恐等的战争中。但是经济对此的最大贡献是什么呢？当然，世界第一大经济体目前正在萎缩。也许这对所有问题的解决都将有好处。

6. 军事矛盾

87　2006 年 4 月 23 日《华盛顿邮报》发表了题为《战区之外可预见的反恐战争新计划》（"New Plans Foresee Fighting Terrorism Beyond War Zones"）的报道，显然反恐战争仍异常活跃。但在 2007 年 3 月 25 日，又刊登了一篇这样的文章：《"反恐战争"的恐吓：三字咒语如何侵蚀美国》（"Terrorized By 'War on Terror'：How a Three-Word Mantra has Undermined America"）。

88　具有讽刺意味的是，对美帝国规划者（如果这些人存在的话）来说，他们的噩梦恰恰是 2008 年 9 月 15 日美国金融中心华尔街爆发的金融危机，而不是对孟山都（Monsanto）的攻击、对可口可乐的抵制甚至"9·11"事件本身。

89　2004 年 9 月 16 日，战争已进行了一年半，联合国秘书长安南接受了英国广播公司的采访：

——你认为伊拉克战争不具有法律效力？

——我曾公开明确表示，这场战争没有得到联合国安全理事会的授权，不符合联合国宪章的宗旨。

——战争是非法的？

——是的，正如你所想。

——它是非法的？

——是的，我已表明它不符合联合国宪章的宗旨，无论从我们的角度还是从联合国宪章的角度来看，它都是非法的。

而采访结束后，继而发生了安南的儿子科乔（Kojo）卷入联合国"石油换粮食"计划的丑闻。在美国否定布特罗斯·加利的连任后，科菲·安南又承受了来自华盛顿的巨大压力。[参见佩里·安德森（Perry Anderson）：《美国制造》（"Made in USA"），《国家》，2007年4月2日] 该文对反对安南的众多著作进行了评论。

90 参见《每日邮报》，2009年1月21日，第9页。2005年6月，伊拉克问题国际特别法庭在伊斯坦布尔开庭，英国首相布莱尔与美国总统布什被指控犯有以下罪状：对伊拉克平民和基础设施滥用杀伤性武器和化学武器，如集束炸弹、燃烧弹、贫化铀等；对伊拉克俘房和平民施予酷刑，并使之遭受惨无人道、有辱人格的非人道主义待遇；洗劫博物馆和历史遗址、在历史文化遗产丰富的地区建立军事基地，没有尽到保护人类丰富的考古遗址和文化遗产的义务。参见《实现一个正义世界的国际运动》（*International Movement for a Just World*），2008年7月22日。

91 "据说，直到最后一刻，伊拉克都在努力避免战争。"（《纽约时报》，2003年11月6日）这一消息来源于伊拉克情报局海外事务的一位负责人和美国一名黎巴嫩裔商人。

92 《日本时报》，2008年3月22日。

93 《明镜周刊》，2008年第14期。

94 《曼谷邮报》，2005年11月19—20日："为什么布什如此害怕把美国移交给国际刑事法院？"——"具有讽刺意味的是，曾坚决支持纽伦堡审判的美国，现在却激烈反对国际刑事法院，认为它侵犯了美国的主权和独立。"当然，如果有人正谋划战争，并一向将自己凌驾于法律之上，那么美国的激烈反对是合乎逻辑的。更多内容可参考迈克尔·哈斯（Michael Haas）所著的《乔治·W. 布什：战争罪犯？——布什政府为269宗战争罪行所担负的责任》（*George W. Bush, War Criminal? The Bush Administration's Liability for 269 War Crimes*，西港，康涅狄格：普拉格出版社，2009年）。亨利·基辛格对美帝国的看法也有助于我们了解情况，如"基辛格反对美国仅关注自身权力：有资料显示他对此的愤慨超过了他作为美国大使对智利的不满"（《国际先驱论坛报》，2004年

10 月 1 日），或 "据机密文件披露，基辛格和洛克菲勒承认在阿根廷约有 15000 人失踪、受刑或被暗杀" [马丁·E. 安德森和约翰·丁格斯（Martin E. Andersen and John Dinges），nizkoreng@derechos.org，2002 年 1 月 5 日]。"2002 年 7 月，美国对国际刑事法院的攻击引发了外交危机；而在此不久前，据说意大利法官安东尼奥·卡塞塞（Antonio Cassese）曾暗示道，即使美国要面对无法豁免的国际审判，它也会凭借其强大的军事实力，对高一级的政治或军事领导人无所畏惧。"见罗德里克·皮蒂（Roderick Pitty）：《对国际刑事法院的政治约束》（"Political Constraints upon the International Criminal Court"），rpitty@cyllene.uwa.edu.au，引自《世界报》，2002 年 7 月 2 日。

95　例如 2003 年 10 月 23 日《雅加达邮报》：在布什与印度尼西亚领导人会晤时，"印度尼西亚领导人指责美国的外交政策"。法比奥拉·丹士尼·尤尼珈珈（Fabiola Desy Unidjadja）写道："我们告诉他，如果美国想要得到国际社会的尊重、保障自身的安全，那么美国应该寻求一种新的外交模式。"

请读者允许我讲述一件个人逸事。"9·11"事件后不久，我曾在加拿大外交部的一次对话中提出自己观点，即"9·11"事件是对两栋建筑物的非法斩首，起因是美国对伊斯兰教尤其是沙特阿拉伯的践踏和蹂躏（1945 年签订石油条约和运用国家力量攻击阿拉伯国家便是明证）；之后我要去佩斯大学演讲，于是飞抵世贸遗址附近的纽约拉瓜迪亚机场。途经世贸遗址时，一位美国黑人出租车司机问我对"那件事"的看法。我说："这件事骇人听闻，但美国必须完全改变其外交政策。"他停下车，转过头来微笑着对我说："上帝保佑你，宝贝儿。"我还从未听到这样的话。分手时，我们拥抱了彼此。

96　参见《唐宁街秘密备忘录》（"The Secret Downing Street Memo"，《纽约书评》，2005 年 6 月 9 日，第 71 页）。这本备忘录以伊拉克战争前 9 个月即 2002 年 7 月 23 日的会议为依据："布什希望以恐怖主义和大规模杀伤性武器为由，通过军事行动铲除萨达姆。需要公布的情报和事实便依此政策而确定。"换句话说，政策定下来了，剩下的一切必须围绕它进行。

当然，这在美国战争史上并非罕见。米歇尔·柯林（Michel Collon）在他的《10 场战争——10 家媒体的谎言》（michel.collon@skynet.be）中列出：

1. 越南，1964 年 8 月 2—3 日：从未有美国军舰在北部湾遭遇袭击。

2. 格林纳达，1983 年：苏联从未在此设立军事基地。

3. 巴拿马，1989 年：毒品交易是要求结束巴拿马运河租赁权的真正原因。

4. 伊拉克，1991 年：伟达公关公司撒谎说，伊拉克人盗取了孵化器。

5. 索马里，1993 年：因为饥饿，索马里将其石油资源总量的四分之一卖给了四家美国公司。

6. 波斯尼亚，1992—1995 年：塞尔维亚人的"灭绝营"是为用于交换的战俘而设立。

7. 南斯拉夫，1999 年：北约发言人杰米·谢伊（Jamie Shea）捏造了对科索沃地区艾博年人实行种族灭绝的谎言。

8. 阿富汗，2001 年："9·11"事件由阿富汗基地组织策划，这一说法一直未得到证实。

9. 伊拉克，2003 年：白宫捏造大规模杀伤性武器的谎言——刘易斯·利比案件。

10. 委内瑞拉—厄瓜多尔，2008 年：散布有关查韦斯（Chávez）的各种谣言，但还没找到开战的最终借口。

消极一点说，媒体水平的高低可以通过他们散布谣言的数量来衡量。

美国智囊团公共诚信中心（CPI）对自 2001 年"9·11"事件到 2003 年伊拉克战争这一时期内出现的 935 个（并非包括所有）谎言进行了一次研究，调查过程充满了艰辛，但最后发现其中 244 个谎言出自布什总统。

97 关于 1979—1989 年苏联在阿富汗的战争有很多数据可供参考；约有 100 万阿富汗人被杀、500 万人流离失所、15000 名苏联士兵丧生，这些数字与实际出入不大。前两个数字接近美国在伊拉克战争中的数字，但 15000 则大大高于美国官方所公布的4000 这一数字——也许如果统计更加实事求是的话，美军的损失应该与苏联的实际损失相近。2008 年年初，英国大使谢拉德·考珀·科尔斯爵士曾在一份法国报纸上发表声明说"美国的战略是注定要失败的"，这句话是对现实情况的概括。奥巴马的战略有过而无不及之，但迄今为止，巴基斯坦—印度—克什米尔的纠葛使情况变得更加复杂；奥巴马没有获胜的机会。

98 因此，本·拉登在解释"9·11"事件时，表达了他对美国的诸多不满：美国介入阿拉伯半岛、支持以色列、支持镇压穆斯林的国家（中国、印度、俄罗斯）、在伊斯兰国家开采石油、支持阿拉伯国家的独裁制度，等等。随着美国对穆斯林—阿拉伯世界大量渗透，穆斯林当中有人又会认为他们的安全有赖于纽约和华盛顿的保护。

99 在《民意调查显示美国的孤立》（"Poll shows U.S. Isolation"，《国际先驱论坛报》，2003 年 6 月 4 日）一文中，皮尤研究中心（Pew Research Center）发现，"北约国家中很多人都希望和美国保持一种更加松散的伙伴关系，希望有更大的自主权来处理国家安全和外交事务，这一比例分别是：法国 76%，西班牙 62%，土耳其 62%，意大利61%，德国 45%，英国 45%（希望保持密切关系的占 51%）。另一项民意测验表明，"在大多数被调查国家中，中国的国际声誉要比美国好得多"。（在中国，对中国印象良好的占 88%，对美国印象良好的占 43%；相比之下，在美国对美国印象良好的占 83%，而对中国印象良好的占 43%。除波兰（对中国印象良好的占 36%，对美国印象良好的占62%）和印度（对中国印象良好的占 56%，对美国印象良好的占 71%）外，其他所有国家对中国的印象都比对美国好。

100　然而，在加拿大和新西兰，盎格鲁—撒克逊人虽然也占主导地位，但这两个国家没有推行相同的模式，因为他们更偏向多元化，所以加拿大也有非盎格鲁人，如讲法语的第一批加拿大人，那么新西兰的非盎格鲁人也可以指毛利人。显然，昔日庞大的盎格鲁—撒克逊集团正在土崩瓦解。

101　"上海合作组织宣言"，见 www.sectsco.org/home.asp?languageID=2。

102　参见李欧·廷德曼斯（Leo Tindemans）（比利时前首相）对欧盟的建议，但该报告具有不确定性。

7. 政治矛盾

103　入侵伊拉克后，美国仍继续发泄余恨："'最近美国又提出新的要求，呼吁安理会通过决议对伊拉克派遣多国安全部队，而这一要求至今毫无进展'，某位官员如是说。到星期四美国很可能会放弃。"[鲍勃·赫伯特（Bob Herber）：《联合国不会提供的一块遮羞布》（"A Fig Leaf the United Nations will not provide"），《国际先驱论坛报》，2003 年 11 月 12 日，第 11—12 页]

但美英联军肯定不会罢休：马丁·布莱特在《英国间谍组织破坏和平运动》（"British Spy Op Wrecked Peace Move"，《观察者》，2004 年 2 月 15 日）一文中，写道："英美联合间谍活动毁掉了联合国试图避免伊拉克战争的最后一搏。""上周，来自墨西哥和智利的联合国高级外交官提供了新证据，证实英美的间谍行为直接违反了国际法。"……2003 年 3 月，在伊拉克战争开战前几天，美国官员插手阻止了一次秘密谈判，这一谈判试图让武器调查人员有更多的时间完成工作，以达成妥协。""这一消息来自智利前驻联合国大使胡安·巴尔德斯（Juan Valdes），他声称发现了 2003 年 3 月在纽约时，其任务被窃听的确凿证据"。

104　"……美国想要维护北约作为西方防御阵营中第一道防线的作用"，约翰·托尔·劳伯格（John-Thor Dahlburg）在《欧盟的进攻力量令华盛顿忧心忡忡》（"EU Strike Force has Washington Worried"，《日本时报》，1999 年 12 月 7 日）一文中说道。《美国警告欧洲不要破坏北约》（"United States warns Europe against endangering NATO"）（《日本时报》，2000 年 12 月 7 日来自布鲁塞尔的报道）一文指出："美国国防部长说道：'北约组织内将不会有欧盟核心成员。'"

威廉·百福（William Pfaff）在《美国为何害怕欧洲》（"Why the U.S. fears Europe"，《国际先驱论坛报》，2003 年 2 月 11 日）一文中，曾提到战前施罗德强烈反对伊拉克战争，因为"在中欧和东欧大部分地区，传统的大西洋沿岸国家如英国和丹麦支持美国、反对德国和法国；因此布莱尔、贝卢斯科尼、阿斯纳尔支持伊拉克战争，但他们统治下的人民却不予以支持。人民可以选出新的总理，而总理却无法选出新的人民"。这些话非常具有远见，与百福所见略同。

8. 文化矛盾

105 美国为何如此大力支持以色列，原因在于上文所提的文化一致性，这比"犹太人的游说"更为重要。

106 "被列入上帝选民名单之中是一个神学概念，与价值无关，而是一种超自然的判断，是上帝变化莫测的决定，一个人被选中是因为他很优秀、不同于常人。"米兰·昆德拉说道。见《身份》(*Identity*)，伦敦，费伯出版社，1996 年。

事实上，"是上帝赋予我的使命。上帝对我说：'乔治，去打击阿富汗的恐怖分子'。我照做了。后来，上帝又对我说：'乔治，去结束伊拉克的暴政……'我也照做了。现在我再次接到上帝的命令：'去取得巴勒斯坦人的国家、保护以色列人的安全、实现中东地区的和平'，我仍将遵循上帝的旨意去做。"沙阿斯（巴勒斯坦外长，2003 年 6 月和阿巴斯主席一起与布什会晤）回忆布什的话说道："布什说，上帝命他入侵伊拉克。"（英国广播公司报道）见《日本时报》，2003 年 10 月 8 日。

两天后，《日本时报》又报道了白宫的反对意见，"坚决否认布什的说法。更准确的说法应该是'上帝启发我去攻打基地组织，所以我这么做了'"。然而，无论是"上帝告诉我"还是"上帝启发我"，"上帝都被界定为唯信仰论：他被重新塑造并超越法律。"[R.G. 赛瑟林（R. G. Saisselin）的《书信》("Letters")，《新闻周刊》，2005 年 1 月 10 日]服从的是神的命令，而不是人类国内或国际的法律。

关键问题也许不在于某个特别的人，而在于无论公平与否，他竟然当选为总统，而且成功连任。

107 例如玻利维亚总统莫拉·莱斯（Evo Morales），他提出了有名的十条反帝国方案，其中第 6、第 9 条至关重要：

1. 摒弃资本主义模式，北方国家为其生态破坏还债；

2. 终止战争，将节省的资金维护地球；

3. 摒弃帝国—殖民主义，促进平等对话、实现和平共处；

4. 水是人类的共享资料，绝不能私有化；

5. 发展清洁能源，杜绝浪费、禁止使用农业燃料；

6. 尊重我们的母亲——地球，向土著人学习；

7. 保证人人享有基本服务的权利如教育、卫生、能源、交通和通讯，禁止私有化；

8. 促进当地的生产，杜绝过度消费、浪费和奢侈的行为；

9. 促进文化、经济及种族的多样性；

10. 建立与地球母亲和谐相处的共产社会主义。

9. 社会矛盾

108 2004 年 3 月 24 日《国家》报道：2 月 27 日，"大劳工"（Big Labor）第一次

正式反对现任总统的战争政策，创造了历史性的时刻。通过一致表决，代表美国 1300 万工会工人的劳工联合会—产业工会联合会执行委员会批准了一项决议，指出："关于此时对伊拉克采取军事行动的必要性，总统并没有向美国人民和世界人民作出令人信服、合乎逻辑的解释，而这原本是总统的职责。"

109　关于此，可参见霍华德·莱茵（Howard Rheingold）的《时髦的大众》（*Smart Mobs*），珀尔修斯出版社，2003 年；也可参见罗伯特·D．胡福（Robert D. Hof）在《商业周刊》（2002 年 11 月 18 日）上的评论。因此，移动电话用于组织大规模示威游行，来推翻菲律宾总统约瑟夫·埃斯特拉达的统治。日本甚至出现一个特别称谓——"拇指族"，当然，年轻人是其主要代表。据笔者个人观察，世界社会论坛也出现了这种情况，但安·凯萨琳·施耐德（Ann Kathrin Schneider）在《处于十字路口的世界社会论坛》（"World Social Forum at a Crossroads"）（《发展与合作》，2003 年 3 月）中写道："……世界社会论坛规模越大，就越能引起外部世界的关注，它的影响力也就越流于表面……"

110　《改造美国：少数人群体将在 2042 年前成为多数人群体》（"Transforming America: Minorities will be in Majority by 2042"），《国际先驱论坛报》，2008 年 8 月 15 日。美国人口分为两部分："非西班牙裔白人"和"其他"。据人口普查局预测，2010—2050 年，前者人口规模约为 2 亿，而后者人口却一直增长，从 2008 年的 34% 上升至 2050 年的 54%（30% 西班牙裔人 +13% 黑人 +8% 亚裔人 +3% 其他），并在 2042 年首次突破 50%。

这一趋势并非为最新发现：1980—2000 年，白人比重从 79.8% 下降到 69.1%；黑人增长缓慢，其人口比例从 11.5% 增至 12.1%；亚裔人从 1.6% 增至 3.7%；印第安人变化不大，从 0.6% 上升至 0.7%；而拉美裔人比例则从 6.4% 骤升至 12.5%；（比勒菲尔德交叉学科研究中心发布，2003 年第 2 期，第 7 页）西班牙裔人口增加一倍，而亚裔人数增加两倍。

这些"非西班牙裔白人"群体是否也抱有相同观念，如不可或缺的民族概念、世界的领导者地位、权力神授、短期卓异主义？很难相信他们也有这类想法。美国也许有一天将回归正常轨道。

111　根据《爱国者法案》规定，即使在没有掌握任何违法证据的情况下，窃听电话、阅读电子邮件、获取个人医疗和经济信息等行为是合法的；内政部长有权逮捕、拘留外国疑犯；限制监督权；内政部长和国务卿如有证据证明某外国集团为恐怖组织，有权限制其入境。这些也同样适用于进行政治抗议的人们。

每年 3 月，中国国务院新闻办公室都会针对上一年度美国的人权报告，发表《美国人权纪录》（2005 年、2006 年、2007 年、2008 年），这是对美国人权现状最好的概述，填补了美国国务院一年一度的《国别人权报告》的空白，因为《国别人权报告》"对世界上 190 多个国家和地区包括中国在内的人权状况进行歪曲指责，却对自身糟糕的人权状况熟视无睹"，其资料来源仅限于美国。然而，美国对法治的侵犯却远远超过了它在人权领域的局限。

据《波士顿环球报》2006年5月1日《民主的现状》（"Democracy Now"）报道："自布什总统上任以来，他曾私下声称有权不服从750多个现行法律的规定……（并主张）当国会通过的法律与他对宪法的解释发生冲突时，他有权否决这项法律。"

奥巴马是否能扭转这一趋势并改正这些错误呢？

10. 美帝国的崩溃：轰然倒塌还是呜咽消亡？

112 乔纳森·谢尔（Jonathan Schell）在《另一个世界超级大国》（"The World's Other Superpower"，《国家》，2004年4月14日）一文中，对14个国家的和平运动——不仅是年轻人组织的和平运动——进行了分析，表明2003年2月15日在世界各地（600个地区）举行的游行示威反对即将爆发的战争，这是"真正的新闻。呈现在世人面前的是全世界范围内对战争的抵抗"。这也许是对世界未来民主形势的预测。

113 当然，已出台了一些重要决议，如"美国落选联合国人权事务委员会"、"美国失去联合国麻醉品管制委员会的席位"（《日本时报》，2001年5月5日、5月9日），然而，对美国和以色列大量违反联合国决议的行为，却没有通过决议取消其成员国资格。

114 "布什在任期间，所增长的近10亿美元公共持有债务中，92%来自国外借贷者融资。国债的外国所有权比例是1983年里根赤字高峰时的三倍。"（《国际先驱论坛报》，2004年11月15日）

115 如今，作为美国外交政策工具的北约，可能将萎缩至销声匿迹或随着美帝国的崩溃而解散。然而，北约也可以在新的领导者权下继续存在，候选人可能是萨科齐领导的法国——在缺席40年后，现（2009年3月）已重新进入军事指挥核心。

116 尤其是北欧联盟、欧盟和东盟等共同体—联盟—协会组织内部的改变。

117 一个典型案例为：美国的毒品交易，不能只归咎于拉丁美洲的供应源，而应该同样或更多地归咎于美国国内的需求。这是一个由供需关系产生的市场，无论供应还是需求均能推动其发展。

118 在美国，人们常认为一个中华帝国将取而代之。这一思维模式符合原盎格鲁—撒克逊传统，即常将第一号大国和第二号大国之间关系视为零和规则。英国曾宣称"没有永远的朋友，也没有永远的敌人，只有永远的利益"，这也同样适用于法国。1870—1871年，普法战争爆发，法国战败，德国显示了其强大的工业实力，从此德国变成法国的宿敌。第一次世界大战中德国战败，屈服于苏联。他们视中国为敌人，尽管中国在几千年漫长历史中从未将帝国体制扩展到国界之外，超出喜马拉雅山、戈壁、冻土地带和死海。中国的发展和现代化进程都是以自我为中心的，并仍倾向于将边界外的世界称为南蛮、北侉、东夷、西戎。

119　在乔治·F. 科恩(George F. Kohn) 的《战争词典》(*Dictionary of Wars*)（花园城，新泽西州：安克雷奇出版社，1987 年）中，有一份文件令人印象深刻，它曾被用来计算参战指数即 WPI，其计算方法是：以该国的参战总数为基础，在该书出版的年份（1987年）和第一次参战的年份间取一个中间数，用参战总数除以这个中间数得出的即是该国的参战指数。

美国当仁不让位居榜首，以色列屈居第二。各国参战指数的前十名和后十名分别是：

参战指数前十名		参战指数后十名	
1. 美国	0.3040	59. 保加利亚	0.0154
2. 以色列（1947—1985 年）	0.1842	60. 挪威	0.0127
3. 奥斯曼帝国和土耳其	0.1552	61. 巴拿马	0.0126
4. 英格兰和大不列颠	0.1277	62. 埃及	0.0125
5. 南非	0.1165	63. 阿拉伯	0.0121
6. 中美洲	0.1132	64. 阿富汗	0.0112
7. 俄罗斯和苏联	0.0983	65. 阿尔巴尼亚	0.0111
8. 法国	0.0915	66. 爱尔兰	0.0107
9. 埃塞俄比亚	0.0847	67. 以色列 / 巴勒斯坦	0.0090
10. 西班牙	0.0835	68. 韩国	0.0073

美国的领先地位非常牢固，在后期几乎不需要做任何修改。这和 1945 年后伊什特万·肯德（István Kende）的调查结果（前四强：美国、以色列、英国和法国）相吻合。

名单上的前 5 名——由亚伯拉罕诸教形成的国家——都认为自己是耶和华 / 上帝 / 阿拉的选民。在基托布即托拉《旧约》、《古兰经》中都能找到相通的内容。《圣经》中的《申命记》明确指出了一个上帝的选民在战争中应该怎样做，如第 20 章第 16—20 条所述：

16．但这些国民的城，耶和华你上帝既赐你为业，其中凡有气息的，一个不可存留；

17．但是你要完全摧毁他们……

19．你若许久围困、攻打所要取的一座城，就不可举斧子砍坏树木；因为你可以吃那树上的果子，不可砍伐。田间的树木岂是人，叫你糟蹋吗？

20．唯独你所知道不是结果子的树木可以毁坏、砍伐，用以修筑营垒，攻击那与你打仗的城，直到攻塌了。

这不仅是一本作战指南，而且还可以适用于整场战争。

120　2009 年 3 月 14 日《日报》(*LaJornada*，墨西哥) 刊登了诺姆·乔姆斯基(Noam Chomsky) 的《拉丁美洲的挑战》("El desasfío de América Latina") 一文。文中作者强调了南美国家联盟的作用，这一联盟效仿欧盟，其目标是促使南美议会（设立于玻利维亚科恰班巴）成功应对 2000 年人口增长与水资源私有化的挑战。总之，拉丁美洲正独立处理内部事务，无须美国的参与。

121 一个典型的例子是利用对麦道夫的惩罚将之视为"邪恶的资本家"，来挽救"善良的资本家"、资本主义制度本身，以及作为帝国主义组成部分的超资本主义的命运。

122 读者会发现，我在《50年：100个和平与冲突的个案研究》（超越和平大学出版社，2008年；www/transcend.org/tup）一书中，对所有这些矛盾都以"诊断—预后—治疗"的模式进行了论述。这一问题的研究没有定论。

第二部分　未来：走向何方？

A　全球范围：继任者、区域化或全球化？

11. 衰退国家体制的继任者

1　例如，参见《现代化的社会成本：社会解体和无结构性，失范和社会发展》（"On the Social Cost of Modernization: Social Disintegration, Atomie, Anomie and Social Development"），摘自苏海尔·依纳亚图拉（Sohail Inayatullah）（编）：《因果关系分层分析（CLA）解读》（*The Causal Layered Analysis（CLA）Reader*），（台北）淡江大学出版社，2004年，第84—118页。

2　这是赫尔穆特·欧拿尔（Helmut Ornauer）、哈坎·韦伯（Håkan Wiberg）、安杰·迈克尔（Andrzej Sicinski）和约翰·加尔通等人在他们的《2000年世界影像：十大民族比较研究》（*Images of the World in the Year 2000: A Comparative Ten Nation Study*）中的重大发现（新泽西阿特兰蒂克海兰茨：人文出版社，海牙：穆顿，1976年，第729页）。另外，还可参见加尔通、韦伯等人的后续著作《民主运作：人民，专家和未来》（*Democracy Works: People, Experts and the Future*，《未来》特刊，第35卷第2号，2003年3月）。

3　作为一个例子可参见彼得·芬（Peter Finn）的《俄罗斯感到冷战在升温》（"Russians Sense the Heat of Cold War"，《华盛顿邮报》，2006年4月3日）："俄罗斯人普遍认为，美国有关促进乌克兰、格鲁吉亚和白俄罗斯民主进程的方案，实质是特洛伊木马，旨在使俄罗斯边缘化并进一步扩大北约。""美国外交政策的弥赛亚主义是一件值得注意的事情"，一位议员如是说。斯蒂芬·科恩（Stephen Cohen）也在《国家》（*The Nation*）多次撰文，并给出大量且非常专业的警告，例如在《美国新冷战》（"The New American Cold Wan"，2006年6月10日）一文中。

4　作为一个例子，可参见雷金纳德·利特（Reginald Little）的《千年儒道》（*A Confucian-Daoist Millennium*，巴兰，维多利亚，澳大利亚：考恩卡特出版社，2006年），这和他所指的三个西方神话——耶路撒冷的信仰、雅典的理想主义和罗马的公正司法——形成了鲜明对比。奥维尔·斯科勒（Orville Schel）的《中国对道德权威的探求》

("Chinese Quest for Moral Authority"，《国家》，2008 年 10 月 20 日)，则侧重于儒家和法家对中国文明的贡献，佛教的贡献也不应被忽视。同时，印度教对未来千年或几百年或几十年的贡献也不应被忽视。

5　西方世界以外，第一个清醒地意识到西方现代化发展方式的是日本。此后，日本投入大量精力调解其现代发展项目与古代项目的矛盾，这和京都学派的哲学家中最有名的西田喜多郎 (Nishida Kitaro) 有关。然而，这一项目却被视为是日本军国主义思想的体现但非精神指导，因而被取缔。详见笔者的《大国主导下的太平洋地区的和平》第 5 章，伦敦：普罗托出版社，2005 年。

6　挪威每年的人均碳排放量为 11，而美国是 20，中国是 4。然而，如果把从化石中提取的燃料及运输中所产生的排放量（碳排放量严重的产品比如药物，其生产商和经销商至少应该对消费者负责）计算在内，这一数值将高达 130。[笔者感谢润·赫斯维克 (Rune Hersvik) 提供了这一信息]

7　然而，这个世界排名第二或第三的庞大基金，是以美元而非欧元结算，而且是投资股票而不是债券和黄金；2008 年 9 月 15 日（黑色星期一），雷曼兄弟的破产引发了经济危机，而现在看来，这个庞大的基金自此已损失约 40%，并直奔 50%。产生这种情况的主要原因是：美国的政治捆绑；对股票带来的巨额利润贪得无厌，而对债券的薄利不屑一顾。

8　参见《以赛亚书》第 2 章第 3 段到 4 段："……他必在列国中施行审判，为许多国民断定是非。他们要将刀打成犁头，把枪打成镰刀。这国不举刀攻击那国，他们也不再学习战事。"然而，话又说回来，有关美化犹太人的话可参见《以赛亚书》第 42 章第 6 段（"我耶和华凭公义召你，必搀扶你的手，保守你，使你作众民的中保，作外邦人的光"）和《申命记》第 16 章第 20 段（"你要追求至公至义，好叫你存活，承受耶和华神所赐你的地"）。

9　嘉文·孟席斯 (Gavin Menzies) 有本专著（纽约：哈珀出版社，2008 年）值得关注。在书中他指出，早在 1421 年，中国的 160 艘巨轮就开始了它们的环游世界之旅（比哥伦布等人达到加勒比地区还要早 70 年），在全世界留下 21 个殖民地，但既没有声称"发现"，也没有宣布中国对这些殖民地的所有权。

12. 区域化：七大区域出路何在？

10　主要原因是使自身摆脱摇摇欲坠的美元体系，另外，是为了刺激区域内的经济交流，参见威廉·A. M. 巴克勒 (William A. M.Buckler)：《私掠者》(The Privateer)（澳大利亚），第 589 页，2007 年 10 月底。欧元摆脱美元的控制如今已是既成事实，拉丁美洲的流通货币苏克雷摆脱美元控制的工作正在推进中。那么非洲联盟用什么作为流通手段？伊斯兰会议组织国家的流通货币主要是第纳尔或迪拉姆，但上海合作组织和南亚区域合作联盟的流通手段是什么？卢布或元—卢布？如果至少要选择一种货币作为共同货币，那么为了最大程度上实现"统一化系统"（CIS），俄罗斯可能会选择卢布。而对东盟来说，这一问题比较麻烦，因为其大部分成员国同时又是伊斯兰会议组织的成员国。

11 以及新西兰。

12 加拿大，换言之即北美，与西班牙殖民地接壤。在这一广袤的地区，法语和英语是通用语言。对他们来说，更希望得到的是公平而不是自由贸易。随着美国经济危机的加剧，越来越多的美国人将在墨西哥寻求避难，而继续追求逐步黯淡的美国梦的墨西哥人可能会越来越少。

13 但不会出现东亚共同体，因为日本似乎仍死抱住美帝国的残余不放，并且部分由于自身原因，日本无法调和与中国及三种韩国人即北朝鲜、南韩和在日本的朝鲜人（zainichi）的矛盾。"在日本的朝鲜人"指太平洋战争期间输入日本的韩国奴隶劳工的后裔。

14 亚太经合组织使美国的和平主义在美国大西洋沿岸与欧洲并存，东盟也倡议建立由东盟10+3（中国、日本和韩国）组成的东亚经济共同体，它和亚太经合组织一样，可能使这些突出的地区共存，因为它们被认为是更具有凝聚力，而较少虚伪性。但是东盟10+3内部的贸易比率仅为60%，不敌欧盟的70%，参见《发展与合作（D+C）》[*Development and Cooperation（D+C）*]，2007年，第1章。

15 1857年印度兵起义标志着"兼容伊斯兰教和基督教的莫卧儿王朝332年统治的结束，莫卧尔王朝的皇帝们曾尽最大努力兼容所有宗教和艺术，并鼓励它们百花齐放"。转引自布赖恩·厄克特（Brian Urquhart）对威廉·达尔林普（William Dalrymple）的评论，见《最后的莫卧尔王朝：1857年新德里王朝的覆灭》（*The Last Mughal: The Fall of a Dynasty Delhi 1857*）（纽约：克诺夫出版社，2007年）。

被执行绞刑的罪犯数不胜数，绞刑架周围尸体满布。达尔林普在书中写道："……绞刑执行时间有长有短，用绳索勒住罪犯咽喉使其窒息而亡，行刑时间长，死亡过程也更加漫长而痛苦；砍头则能马上结束罪犯的生命……旁观者兴高采烈地表示，用绳索勒死罪犯是经过深思熟虑的策略，这样能够延长罪犯的死亡，增加其痛苦。有消息人士透露，英国绅士们挤在绞刑架周围一边抽着雪茄、一边欣赏行刑过程，他们甚至会贿赂刽子手延长罪犯的行刑时间……因为他们喜欢看到罪犯因痛苦而手足抽搐的样子……"

莫卧尔王朝和英国已经衰落，而印度却在崛起。1995年，英语仍然是世界上使用人口第二多的语言，仅排在汉语之后；而据预测，到2050年，世界使用人数居第二位的语言将是印地语/乌尔都语。届时，中印将在语言上称霸世界。（《科学》，2004年2月27日）但英语仍将在科学、商业和政治等领域占据主导地位。

16 在对14个国家焦虑程度（如创伤后应激障碍）的比较研究中，我们发现，由极端情绪（如双极性）、冲动控制（如注意力缺陷）和物质力量（如滥用酒精或药物）

造成的紊乱，对美国影响最大，其次是乌克兰（实际上，物质力量是它的最大障碍）。导致美国人焦虑的第二大原因与哥伦比亚相当。焦虑程度最低的是中国上海、尼日利亚、意大利和日本。参见《12月世界精神卫生复合性国际诊断访谈》（"Twelve Month Prevalence of World Mental Health Composite International diagnostic Interview"），《美国医学协会杂志》，2004年6月2日。

这种普遍焦虑既可看作是国际国内暴力行为（包括使用兵器、手持武器甚至动用军队等）的起因，也可看作是其后果。"……自1968年罗伯特·肯尼迪和马丁·路德谋杀案以来，一百万多美国人死于国内：枪杀案。这一数字甚至超过美国历史上所有战斗中的死亡人数"，摘自鲍勃·赫伯特（Bob Herbert）：《美国瘾》（"An American Addiction"），《国际先驱论坛报》，2007年4月27日。

另外，与此相关的是，《美国囚犯人数在世界遥遥领先》（"In numbers behind bars, U.S. leads the world"，《国际先驱论坛报》，2008年4月24日）：美国囚犯几乎占世界犯人总数（不到世界总人口的5%）的四分之一。在绝对数量上，中国囚犯总数排在"第二位"，但与第一位相去甚远。而在每十万人口中囚犯所占的比例上，俄罗斯排名世界第二（每十万人口中，俄罗斯的囚犯数量为627名，而美国是751名）。

13. 全球化：自上而下同时自下而上

17　消费者通常以购买其产品的方式作为对优秀企业的奖励。参见杰克·圣·巴巴拉（Jack Santa Barbara）、弗雷德·杜比（Fred Dubee）、约翰·加尔通：《和平商业：在市场和资本之上的人与自然》（*Peace Business: Humans and Nature Over Markets and Capital*），超越和平大学出版社，www.transcend.org/tup，2008年第5卷。

14. 全球化：历史与社会学分析

18　同样，一向简称为"国际关系"的规章制度，更恰当的说法应该是"洲际关系"。

19　这是安德烈·贡德·弗兰克（Andre Gunder Frank）经常提起的一点，尤其是在他的《重新调整》（*ReORIENT*）（伯克利：加州大学出版社，1998年）一书。

20　在欧盟，这实际上意味着"欧盟＋欧洲自由贸易联盟＝欧洲经济空间（EES）"。

21　与格雷姆·麦奎因（Graeme MacQueen）合作创作（超越和平大学出版社，2008年），见www.transcend.org/tup。

22　参见扫弗瑞德·莫兰（Solfrid Molland）相同标题的草案，www.transcend nordic.org。

23　"马赛曲"就是一个很好的例子，它不仅像别的歌曲那样美化自我，而且诋毁其他民族，将之比喻为奶牛，撕破他们的喉咙，用他们生锈的血液去浇灌土地。

15. 全球公民权

24　欲探究此主题，请见笔者的《真实的世界》（*The True World*，纽约：自由出版—

麦克米伦出版社,1980年）第8章"世界组织"（"World Organization"），特别是第8.1节"世界中心权威"，第341—352页。

25 摘自"前言"，载于《通过和平的手段获得和平》（纽约、新德里、伦敦，1996年），第1—8页。

16. 全球人权

26 这些主题在笔者的《另一关键领域的人权》（*Human Rights in Another Key*）（剑桥大学：政体出版社，1994年）一书中得到相当详尽的阐述。

27 尤其是"世界宣言"第28条款提出了一个值得敬佩的规划："每一个人被赋予权利享有一个社会和国际秩序"，其中该宣言所宣称的权利和自由将完全得到实现。

28 1986年3月瑞士曾申请加入联合国，但遭到拒绝。1990年被接纳为会员国。1994年秋，欧盟当初的12个成员国中，只有3个国家（丹麦、法国、爱尔兰）进行全民公决，决定一些重要的事情，如是否加入《马斯特里赫特条约》。

17. 全球民主

29 见笔者著作《联合国、联合人民》（*United Nations, United Peoples*），弗斯坎明出版社。

30 再一次让我们回到和平商业的问题。参见杰克·圣达·巴巴拉（Jack Santa Barbara）、佛瑞德·杜比（Fred Dubee）、约翰·加尔通：《和平商业：人与自然高于市场与资本》（*Peace Business: Humans and Nature Above Markets and Capital,*），超越和平大学出版社，2009年；www.transcend.org/tup。

31 在实际操作中，如果政府同意用选举取代推选、任命或派遣代表，这可能需要10年、20年的过渡期。

32 比如俄罗斯东正教—斯拉夫联盟、白俄罗斯、乌克兰（东）、哈萨克斯坦（北）、土耳其穆斯林—土耳其人联盟和五个讲土耳其语的苏联穆斯林共和国（不包括塔吉克斯坦在内）。应当指出的是，欧盟主要由天主教/新教—罗马/日耳曼国家组成。

18. 全球经济、军事、政治与文化权力

33 在此，我的意思是当今道德观相当盛行，如夏威夷白人基督徒将自己的信仰强加于土著人，而不是指19世纪以来对夏威夷土著的文化灭绝和种族屠杀。

34 超越和平大学出版社，2008年，www.transcend.org/tup。该书第五部分（第138—233页），讲述了社会学、经济学、历史、国际研究、传媒学、发展研究、环境研究、宗教研究和未来研究等内容。"结语"部分，对一个社会科学的范例进行了分析。

19. 全球通讯与身份认同：瑞士模式

35 《国际先驱报》，1995年10月10日。

36 因此，大众媒体公开进行商业宣传，这公然违抗前两大标准。产品的正面信息

在很少或根本没有任何证据的前提下就被大肆宣传，而产品的负面信息却鲜有提及，因此实际结论是明白无误的：买！

然而，要想彻底治愈这种语言暴力是非常艰巨的，其治疗方法就是贯穿本书的建议：对话！每个公共宣传行为都应该致力于寻找其反对点，其实这非常容易做到，只要邀请产品的一些主要用户投入相应的时间对产品进行评价即可。在民主国家，这是宣扬政治立场的标准做法，而不是为了经济立场。这就是对通讯的嘲弄。

37　汉普顿（Hampto），新泽西州，2003 年；作者为约翰·加尔通和理查德·文森特（Richard Vincent）。

B　国内情境：美国法西斯主义或美国全盛期？

21.悲观预言：美国法西斯主义

　　*　卡珊德拉是古希腊神话中的一个悲剧人物。她拥有成功率百分之百的预言能力，但她所说出的全是不吉利的预言——背叛、过失、人的死亡、国家的陷落，所以人们不但不相信她，还嘲笑并憎恨她。卡珊德拉的预言能力成为她一生无尽痛苦的根源。为了行文方便，译者在后文中将 Cassandra 一词译为“悲观预言”。——译者注

38　如托克利·卡麦可（Stokely Carmichael）所言。

39　事实上，布什提出的是重言式：“谁不站在我们这一边，谁就是反对我们。”而不是希拉里的更严重的提法：“谁不站在我们这一边，谁就是和恐怖分子一派。”他们两人都没有考虑人们可能不支持任何一方。实际上人们最初的立场并非如此，而是对两者都支持，如同买主卖主两头兼顾的军火商，或大规模媒体暴力的制造者，同时也是消费者，而无视谁是杀人犯、谁是被害者。然而严重的分化现象促使法西斯主义能够更容易地大规模使用暴力来实现政治目的。劳伦斯·布瑞特（Lawrence Britt）对法西斯统治总结出 14 个共同点（见 salmonvalley@att.net）：民族主义，蔑视人权，寻求统一的借口，军事至上，性别歧视严重，大众媒体受到管制，沉溺于国家安全问题，政教不分，公司权力受到庇护，劳动者的权利受到迫害，知识分子和艺术创作受到钳制，犯罪和惩罚层出不穷，任人唯亲和腐败现象泛滥，选举具有欺骗性。劳米·沃尔夫（Naomi Wolf）在《10 步轻松滑向法西斯美国》（"Fascist America in 10 easy steps"，《卫报》，2007 年 3 月 24 日）一文中提到 10 点：一个令人害怕的国内外敌人，建立古拉格集中营，发展暴徒社团（如黑水私人护卫公司），建立国内监督体系，侵袭公民团体，任意拘捕和释放人员，监视关键人物，操控媒体，将异议者等同为叛国贼，暂时实施法律条规（如《爱国法》的争论已达十年之久）。这一共为 24 点，奥巴马政府应该避免实施之。相比布瑞特的 14 点，沃尔夫的 10 点更容易避免。与之相关的历史资料见菲利普·若斯（Philip Roth）：《反对美国的阴谋》（*The Plot Against America*），威廷格国际出版社，2007 年。

40 如迈克尔·摩尔（Michael Moore）的《华氏"9·11"》（*Fahrenheit 9/11*）。相关评论见戈弗雷·奥博瑞（Geoffrey O'Brien）：《这一切只是一场梦吗?》（"Is It All Just a Dream"），《纽约评论书集》，2004 年 8 月 12 日；斯图亚特·克拉万斯(Stuart Klawans)：《以欺诈的方式》（"By Way of Deception"），《国家》，2004 年 7 月 12 日。如果诺贝尔奖设有电影奖（事实上也值得设立），那么这一奖项应该颁给迈克尔·摩尔的原创影片，而不是副总统阿诺·戈尔非原创的演说。

* 在英语字典里，波丽安娜是乐观的代名词。它起源于一本风靡美国整整一个世纪的童话书《波丽安娜》。主人公波丽安娜是一个乐观向上的女孩，她的快乐不仅自己享用，而且不忘与他人分享。在小说中，她改变了一个小镇的人们，乃至其他国家的男女老少。为了行文方便，译者在后文将 Polyanna 一词译为"乐观预言"。——译者注

25. 经济重组：基本需求、平等与环境

41 有一个与此相反的观点，参见杰克·圣·巴巴拉—弗雷德·杜比、约翰·加尔通：《和平事业：人类和自然应重于市场和资本》（*Peace Business: Humans and Nature Above Markets and Capital*），超越和平大学出版社，2009 年（www.transcend.org/ TUP）。

26. 军事重组：解决冲突、防御性国防

42 以法律教育获取和平基金会，2002 年。

43 参见约翰·加尔通：《公民防卫和冷战：和平研究论文集》（*Transarmament and the Cold War: Essays in Peace Research*），6 卷本，哥本哈根：伊杰斯出版社，1988 年。该书前四章都是专门论述公民防卫的。

27. 政治重组：倾听民意

44 参见史蒂芬·沙福曼：《和平、积极的革命——保障美国人的经济安全》，极光公司：卷须出版社，2008 年。亦见约翰·加尔通的《公民防卫和冷战：和平研究论文集》，6 卷本，哥本哈根：伊杰斯，1988 年；该书前四章专门论述公民防卫。

45 换言之，针对美国的主要困境，瑞士的解决方案是："两党"间形成过多的共识，可能会造成政治远离人民。

28. 文化重构：通过对话实现新启蒙运动

46 2004 年 1 月 3 日《芝加哥论坛报》与《读卖新闻》的合作调查。此外，伊恩·汉克(Ian Hacking)的《根与枝》（"Root and Branch"，《国家》，2007 年 10 月 8 日）中也提道："根据今年进行的'今日美国／盖洛普民意测验'，超过半数的美国人相信，在距今不到10000 年以前，上帝创造了第一个人。"

30. 奥巴马现象：第一个十天

47 比如，罗杰·科恩（Roger Cohen）的一篇重要文章中就说道："2009 年，我们在哪些领域是领先一步的呢？经济危机、战争与恐怖活动，以及一个给人以希望的领导

人的出现。美国将重起、大放异彩。"见《国际先驱论坛报》，2008 年 12 月 1 日。

48　作为第一个非裔美国总统，有关"忽略他的种族"的讨论已数不胜数。然而，现实更为复杂。为了更好地理解白色人种的歧视，我曾对 1958—1960 年弗吉尼亚州的夏洛茨维尔的种族和种族隔离政策进行研究。当一个白人夫人说"因为他们的血液受到梅毒的污染而呈现黑色肤色"时，这显然是一种种族主义。种族主义的另一个版本是："他们是如此的丑陋。"种族歧视的另一个原因与政治有关："他们是共产党人，他们都充满了愤怒，会改变我们的制度。"对种族隔离主义者来说，这是单独接受教育的很好理由。

然而，这也传达了积极的信息：英俊的黑人对此不生气，人们可以接受可靠的保守派或非激进分子的种族主义者出任市长、最高法院法官、参谋长联席会议的首席负责人、领导国家安全委员会的国务秘书等。现在，担任总统也能被人们接受。但是奥巴马需要与他以前的牧师莱特保持距离，因为显而易见的事实是，"种下恐怖主义的种子，就必将收获恐怖主义"。他是过于生气了。而经历了 20 世纪 60 年代越南战争的马丁·路德·金则越来越激进，并最终被杀害。奥巴马的主流顾问和内阁成员都是他自己言行举止高水平的托辞。

49　《国家报》，2009 年 1 月 26 日。

第三部分　帝国的衰亡：罗马帝国与西方帝国主义之比较

31. 引　言

1　正如赫伯特·巴特菲尔德（Herbert Butterfield）所说的那样："有时候，当人类经历过某一剧烈动荡时期后，后人往往会对这一场灾难表示震惊，痴迷于对它的记忆……"（《纽约书评》，1978 年 4 月第 20 期）关于最近的评论，参见爱德华·吉本以及论文《糟糕的变革》（"awful revolution"），小林恩·怀特（Lynn White Jr.）编：《罗马世界的转型：两百年后再看吉本的问题》（*The Transformation of the Roman World: Gibbon's Problem after Two Centuries*）（洛杉矶伯克利大学出版社，1966 年）；F.W. 沃尔班克（F.W. Wallbank）：《糟糕的变革：西方罗马帝国的衰落》（*The Awful Revolution: The Decline of the Roman Empire in the West*）（利物浦出版社，1969 年）；迈克尔·格兰特（Michael Grant）：《罗马帝国的衰亡：一次笔谈》（*The Fall of the Roman Empire: A Reappraisal*）（宾夕法尼亚州拉德纳出版社，1976 年）；格伦·鲍索克（Glen Bowersock）等：《爱德华·吉本与罗马帝国的衰亡》（*Edward Gibbon and the Decline and Fall of the Roman Empire*）（马萨诸塞州剑桥出版社，1977 年）。

2　许多政策实施者也许注意到了这些相似之处。一个最著名的例子是美国前总统理查德·M. 尼克松 1971 年 7 月 6 日在堪萨斯城（Kansas City）发表演讲，本节开篇引文就是从中选取的［见《每周总统文件汇编》（*Weekly Compilation of Presidential Documents*），1971 年 7 月 12 日，第 1039 页］，它包含了一种独特的远见和洞察力——也许是不自觉的。两年后发生了水门事件。

3 爱德华·戈德史密斯（Edward Goldsmith）的文章。[《罗马帝国的衰落》（"The Fall of the Roman Empire"），《生态学家》1975 年 7 月，第 196—206 页]，极大地鼓舞了我们之后，L. 斯塔夫里阿诺斯（L. Stavrianos）的《即将来临的黑暗时代的希望》（*The Promise of the Coming Dark Age*，圣弗朗西斯科出版社，1976 年），又给了我们很多灵感。但是把罗马帝国应用到启发式教学方面的大师仍然是吉本——即使其著作过分注重原因，有点像自圆其说的预言。

4 参见吉本在《毫无节制的庞大》（"immoderate greatness"）一文中的评论："一个城市如果发展壮大成了一个帝国，作为一个非凡的奇迹，它应该是一种哲学思想的反映。但是罗马衰亡是'毫无节制的庞大'自然的、不可避免的结果。繁盛催熟了腐败；扩张加剧了破坏；一旦失去外力的支持，庞大的构造就会被自身的重量压垮。罗马衰亡的故事简单且明了；也许我们更应该对它能维持这么长时间而感到惊讶，而不是一直探寻它为什么会毁灭。"[《罗马帝国衰亡史》（*A History of the Decline and Fall of the Roman Empire*），埃德·J. 伯里编（Ed. J. Bury），第 4 卷，伦敦，1901 年，第 161 页]

5 毫无限制是罗马的特性，这一点与蒙古帝国和日本帝国不同，而它们也经常被援引为罗马的反例。关于蒙古帝国，参见哈康·斯唐（Håkon Stang）：《成吉思汗与传说的作用：中亚统治世界的理念之兴起》，（"Cinggis Han and the Role of a Legend: Rise of the Central Asian Idea of World Domination"），奥斯陆大学冲突与和平研究所，1979 年论文集。至于日本帝国，从一开始他们就有所节制，参见乔治·B. 桑塞姆（George B. Sansom）：《西方世界与日本》（*The Western World and Japan*），伦敦，1950 年；《日本史：1615—1687 年》（*A History of Japan,1615–1867*），伦敦，1964 年。但近期日本却一直不能同时做到这两点：它在世界范围内进行扩张，但仅限于经济领域；它试图推行"日本化"，但只是在东亚地区。

把异族结构强加于被征服地区的典例，就是对阿尔卑斯山北部的"罗马化"：在阿尔卑斯山北部，罗马人不惜花费巨大代价坚持食用自己的传统食物。在北部地区，主要开垦那些与地中海国家条件相似但干旱（且贫瘠的）土地，因而他们也不必制造大型农具，如大型耕犁。参见小林恩·怀特（Lynn White, Jr.）：《结语：再访丘比特神庙》（"Conclusion: The Temple of Jupiter Revisited"），小林恩·怀特：《罗马世界的转型》（伯克利、洛杉矶，1966 年）；R.G. 科林伍德（R.G. Collingwood）：《罗马化大不列颠》（"Roman Britain"），见弗兰克·泰尼（Frank Tenney）主编：《古罗马经济简史》（*An Economic Survey of Ancient Rome*），巴尔的摩，1933 年，第 3 卷；R.G. 科林伍德、迈尔斯·C.S. 史蒂文斯（Myers C.S. Stevens）：《罗马化大不列颠与英吉利人的定居》（*Roman Britain and the English Settlemen*），牛津英语历史（牛津，1937 年），第 1 卷；C.S. 史蒂文斯：《罗马帝国后期的农业与乡村生活》（"Agriculture and Rural Life in the Later Roman Empire"），见 M. M. 波斯坦（M.M. Postan）、E.E. 里奇（E.E. Rich）主编：《剑桥欧洲经济史》第 1 卷（1952 年），第 89—117 页。

正如乔治·杜比（George Duby）所说："如果我们认为人类社会依靠它周围最适合生产的土地来生存，那我们就错了。社会受缚于代代相传的实践，而且很难转变。因此，为了获得习俗与惯例所需要的食物，它会不惜一切代价去努力克服土地与气候的局限性"[《早期欧洲经济发展》（*The Early Growth of the European Economy*），H.B. 克拉克（H.B. Clark）译，纽约伊萨卡出版社，1974 年第 1 版，第 17 页]。根据杜比的观点，历史上罗马—日耳曼的相遇是"两种完全不同的饮食传统的碰撞"。西罗马帝国综合了这两种传统，最后崩溃了。同时参考爱德华·海姆斯（Edward Hyams）的一个简单结论："罗马帝国逐渐瓦解，这对土地来说是十分幸运的"[《土地与文明》（*Soil and Civilization*），伦敦，1952 年，第 248 页]。他主要论述罗马在北欧实行的不恰当农业生产方式（第 244—249 页）。当今，以"绿色革命"为形式的第三世界西方化就是一个类似的例子。

罗马语言也渗入欧洲各地方言。不仅是那些消失了的语言，那些存留下来的语言也是很好的例证。如威尔士，如果不是一些地方仍在使用盖尔特语，它会被认为是罗马帝国的残存。参见杰弗里 B. 拉塞尔（Jeffrey B. Russell）：《盖尔特人与日耳曼人》（"Celt and Teuton"），载于小林恩·怀特主编：《罗马世界的转型：两百年后再看吉本的问题》，伯克利与洛杉矶，1966 年，第 232—265 页。

32. 罗马帝国的兴衰

6 "政治结构的规模似乎从来没有得到历史学家和社会生态学家应有的重视"[马克·埃尔文（Mark Elvin）：《古代中国的社会类型》（*The Pattern of the Chinese Past*），伦敦，1973 年，第 17 页]。对这个问题最好的解释，也许是利奥波德·科尔（Leopold Kohr）不太出名的著作《国家的崩溃》（*The Breakdown of Nations*，伦敦，1975 年）。从经济学视角，参见 E.A.G. 罗宾逊（E.A.G. Robinson）：《国家规模的经济影响》（*Economic Consequences of the Size of Nations*，伦敦，1960 年）。H.A. 伊尼斯（H.A. Innis）的《交流中的偏见》（*The Bias of Communication*，多伦多，1951 年）与《帝国与通讯》（*Empire and Communication*，牛津，1950 年），也讨论了罗马帝国的问题。

7 关于罗马帝国财政状况的问题，参见 A.H.H. 琼斯（A.H.H. Jones）：《罗马帝国后期》（*The Later Roman Empire*，牛津，1964 年），第 466 页；A. 伯纳德（A. Bernardi）：《罗马衰落时期的经济问题》（"The Economic Problems of the Roman Empire at the Time of Its Decline"），载于 C. 希波拉（C. Cipolla）主编：《帝国经济的衰落》（*The Economic Decline of Empires*），伦敦，1970 年，第 16—83 页。财政收入可以通过内、外两种渠道获得。内部通过税收或贸易税，外部主要通过征服获得战利品。事实上，获得经济来源

的途径受到了诸多限制。不仅帝国内部的经济条件限制了税收及贸易金额；社会条件也是限制税收的一个原因。于是只剩下了传统却灵活的解决办法即征服，但征服本身就包括某些脆弱的平衡关系。一方面，征服花费巨大且会造成更多的防御开支；另一方面，通过征服能够获得战利品并能通过各种形式进行剥削。

"……弹性市场、传统技术方法与农业组织形式阻碍了一切生产率的大幅度提高，即国内生产总值的增长，因此也阻碍了间接税的稳定增长。无论出于什么原因，当对食物、公共财富及财富贡献的要求……大大超出公共资源可承受的程度时，罗马只有两种可能的应对措施：一是通过输出人口减少人口数量；二是以战利品和贡品的形式从外部获得财富。这两种措施，我已说过，都只是权宜之计而不是解决办法。"[芬利 (Finley)：《古代经济史》(*The Ancient Economy*)，伦敦，1973 年，第 175 页] 反过来，被征服地区也需要帝国的防卫。而资源就主要被分配到这些防卫上。到这里，这些权宜之计也就不得不停止了："从公元 3 世纪中期开始，罗马统治者注意到抵抗日耳曼与波斯越来越频繁的入侵的军队面临数量不足。但他们却无能为力：不管是人力、粮食还是运输都担负不起戴克里先 (Diocletian) 皇帝的决策，他把军队力量增加了一倍，至少在文件上是这样……但人们却没有办法去提高整个帝国的生产效率，因为这需要整个帝国结构的彻底转变。"(《古代经济史》，第 148—149 页)

8 关于保护的逻辑是一个有趣的话题。它就像《教父》中黑帮社会的逻辑，要么交钱接受保护，要么就会受到本应是你的保护者的攻击。在更加精密的保护市场，强者会根据以下原则进行合作："我攻击那些拒绝接受你保护的人，条件是当我遇到类似事情时你也应该这么做。"

9 斯塔夫里阿诺斯 (Stavrianos) 写道："罗马通过公开掠夺被征服地的金银与艺术品来进行剥削，运走原料与粮食，大范围地奴役当地人民，并把他们卖到意大利的种植园。西塞罗 (Cicero) 曾经就各省的分化问题警告过他的同胞，那些话在今天听起来让人很不舒服却又很熟悉：'这是不能用语言来形容的，你们不知道其他帮国有多么痛恨我们，因为我们派去统治他们的人恣意妄为，其行径令人无法容忍……他们寻找繁华富有的城市，然后找借口对其发动战争来满足他们进行掠夺的私欲……'"[《即将来临的黑暗时代的希望》(*the promise of the Coming Park Age*)，第 7—8 页] 马克斯·韦伯 (Max Weber) 写道："一直备受赞誉的商路并不是用来进行与现代类似的贸易，也不是为罗马的邮政系统服务……靠近罗马商路是不幸而绝非有益的事情，因为它带来的只是临时军营与寄生虫。简言之：罗马商路是用来为军队而不是商业服务的。"[《古代文明的农业社会学》(*The Agrarian Sociology of Ancient Civilizations*)，伦敦：新左派书籍，第 392 页。"古代文明衰落的社会原因"一章（第 389—411 页）很有教益] ——我们的评论就是：并用来运输掠夺来的物资。

通过这些机制积累的财富大部分被用到了上层机构中数量占优势的一部分，当然就是军队——包括戴克里先皇帝之后的海军在内有 65 万人，占罗马边缘地区总人口的 1%（见本书第 240 页注释 13）。关于上层建筑规模的更多信息，见 A.H.M. 琼斯：《罗马帝国后期》第 12、15、16、17、22、25 章，及他的另一本书《奥古斯都》（*Augustus*，伦敦，1970 年）。琼斯在他的著述中曾就上层建筑的规模做过评价："雅典人民主的经济基础"，见《过去与现在（第一部）》（*Past and Present I*, 1952 年），第 13—31 页；亦见琼斯的《雅典人的民主》（*Athenian Democracy*，牛津，1964 年），第 3—20 页，以及《雅典的狄摩西尼》（The Athens of Demosthenes），第 23—38 页。"因此军队的需求与开销成为罗马皇帝永远且最主要关心的问题，他们能够榨取的税收、强制劳动与强制运输的最高限度决定了军事行动的最大限度……"[莫斯·I. 芬利（Moses I. Finley）：《古代经济学》（*The Ancient Economy*），伦敦，1973 年，第 90—91 页] 这些财富的另一个接受者就是"不断增长"的官僚机构："官僚机构需求不断增长的原因可归结为第一个例子中官僚机构铁一般的律法，它不仅仅在数量上增长，生活方式的花费也在与日俱增。自帝国法院以下，随着时间的推移，越来越多的人要依赖于公共财政的支持，而且他们的生活也越来越奢侈。"（《古代经济学》，第 90 页）

需要考察一下罗马帝国获得的盈余的性质。尽管罗马体制在古代社会中是独一无二的，但这并不是说罗马的经济状况与一般城市的经济状况毫无相通之处。至于盈余的来源，则需要强调一下它的非商业性来源。芬利说过："结论就是，古代城市支付其食物、金属、奴隶及其他必需品费用的形式主要有四种：当地生产的农产品数量，即该城市农村地区的农业产出量；有无特殊资源，尤其是银矿，但也包括其他金属、有特别需求的酒类或炼油厂；无形商品的出口及旅游业收入；第四种收入则来自土地所有权、租金、税赋、战利品、委托人与臣服者赠送的礼物。工业生产的贡献可以忽略掉，它只是一个虚假的模式，只会让历史学家去寻找那些未经证实且根本不存在的东西。"（《古代经济学》，第 139 页）

10　用中心—边缘模式来分析罗马帝国，并从批判的角度对这种模式进行评价，参见帕特里克·布鲁恩（Patrick Bruun）：《征服和控制边缘的中心：罗马帝国》（"Erövring och kontroll av periferi från centrum: Det romerske imperiet"），载于《十种研究历史的方法：中心与边缘历史》（*metode 10, Periferi og sentrum i historien*，奥斯陆，1975 年）。有关概论，参见约翰·加尔顿：《帝国主义的结构理论》，《和平研究杂志》第 8 卷，1971 年，第 81—117 页。

11　用 A.H.M. 琼斯的话来说就是："罗马帝国最根本的经济弱点在于少数生产者要供养太多的闲人。"（《罗马帝国后期》，第 1045 页）而原始的运输与生产方式又加重了这种负担。芬利在对罗马时期的社会—经济发展总结中写道："……罗马征服与庞大的罗马帝国的建立……在第一个例子中是一个根本性的转变。在财政方面……大部分负担从富人转嫁给了穷人，造成对穷人的剥削越来越严重。我们不能只在几十年内考察这一进程，而在公元 3 世纪就已经出现了。与此同时，进一步寻求外部解决办法的可能性，即继续征服然后殖民的方式也告一段落：已没有更多的可利用资源了，如果需要证实的话，现在正像图拉真王朝（Trajan）的帕提亚古国（Parthian）所面临的灾难。"（芬利：《古代经济学》，第 175—176 页）

12 "城市中的自由劳动力与非自由劳动力共同合作；为城市市场生产用于流通的商品的劳动力出现了自由划分，非自由劳动力则被组织起来为乡村庄园生产商品，就像中世纪一样。"［马克斯·韦伯：《古代文明的农业社会学》，第 392—393 页］应该注意到奴力劳动是没有报酬的：大多数史学家认为这就是为什么罗马历史上技术一直不发达的原因。但奴隶制也为社会带来了一项明显的或至少是潜在的成果：因为一部分人免除了物质性生产，他们就有可能进行非物质性生产，即从事艺术、手工业、科学和宗教等活动。

奴隶的数量无法确定，因为我们所获得的两种信息——税收与兵役——都与奴隶没有多大关系。三分之一到四分之一的区域都有大量的奴隶人口，如繁盛时期的雅典、科林斯和帕加马。奴隶制作为一种生产方式从小亚细亚扩展到了意大利和北非。奴隶在庞大的帝国中所占的比重不可能太高。除了派去的监督者，农业生产中的奴隶制在意大利才是最重要的。在广大的东部省份中，奴隶从来不会被雇佣。奴隶是从事国内服务行业的主体；他们在行政与管理中也占主导地位，在一定范围内他们会被雇佣去从事一些手工业或贸易。但是，奴隶制在经济中的作用和它作为一种社会现象的重要性是不能仅仅通过他们在总人口中所占的比例来衡量的，在罗马帝国如此，在 19 世纪 50 年代的美国更是如此。关于奴隶制，参见 A.H.H. 琼斯：《古代社会的奴隶制》［载于 M.I. 芬利（M.I. Finley）主编：《古典时期的奴隶制》（*Slavery in Classical Antiquity*，纽约，1968 年]，以及《古典时期的奴隶制》一书中的其他文章。

奴隶制所耗费的机遇成本一定相当巨大。除了奴隶制在经济上带来"社会耻辱"，它还把工资降低到仅能维持生存的水平，破坏了一部分加工产品的市场（碰巧加大了军队在经济中的重要性），也许还因此使小规模工业生产获利更多。［参见 F.W. 沃尔班克（F.W. Wallbank）：《糟糕的变革：西罗马帝国的衰落》（*The Awful Revolution: The Decline of the Roman Empire in the West*），利物浦，1969 年］从技术层面来看，罗马帝国的衰落也许有一种解放生产力的功效。关于中世纪早期相对迅速的技术发展，参见罗伯特－亨利·巴蒂尔（Robert-Henri Bautier）：《中世纪欧洲的经济发展状况》（*The Economic Development in Medieval Europe*），伦敦，1971 年。

13 关于罗马帝国人口规模的研究，参见约西亚·C. 拉塞尔（Josiah C. Russell）：

《古代社会后期与中世纪的人口》（"Late Ancient and Medieval Population"），载于《美国哲学社会的交易》（*Transactions from the American Philosophical Society*），费城，1958 年；K.J. 布洛赫（K.J. Beloch）：《希腊—罗马时期的人口发展》（*Bevölkerungsgeschichte der griechisch-römischen Welt*），莱比锡，1886 年。拉塞尔与布洛赫都比较谨慎，估计都较为保守；在其他史学家的书中这个数字更大。

14　"定期从国外进口谷物是罗马帝国的生命线，没有它罗马帝国就不能生存。"见 F.W. 沃尔班克：《西方罗马帝国后期的贸易与工业》（"Trade and Industry under the Later Roman Empire in the West"）；M.M. 波斯坦（M.M. Postan）、E.E. 里奇（E.E. Rich）主编：《剑桥欧洲经济史》第 2 卷，第 2 章"中世纪贸易与工业"，第 33—85 页。所提供的进口量数据是 1700 万蒲式耳（约 40 万吨），这足够一百万人口食用。亦见 A.H.M. 琼斯（A.H.M. Jones）：《社会政策》（"Social Policy"），《奥古斯都》（*Augustus*），伦敦，1970 年，第 131 页；琼斯（Jones）：《罗马帝国后期》，牛津，1964 年，第 1045 页。在奥古斯都统治时期，有 24 万人可以享受免费面包。康斯坦丁在君士坦丁堡把这一数字设定为 8 万人。另外，在安提俄克、亚历山大、迦太基也有与此相等的人数。

15　几乎半数的罗马人可以在马戏场与剧院享受免费食宿，参见路易斯·芒福德（Lewis Mumford）：《历史中的城市》（*The City in History*），哈芒斯沃斯，1961 年，第 271 页；亦见 J. 卡科皮诺（J. Carcopino）：《古罗马的日常生活》（*Daily Life in Ancient Rome*），伦敦，1941 年。我们可以将之与现代电影院的密集度相比较。只有电视在如此大的范围内产生了类似的效果。

16　对此的讨论，参见克里茨托夫·波尼亚（Krzyztof Pornian）：《文明的生态限制》（"Les limites écologiques des civilisations"），《社会科学信息》（*Social Science Information*），第 15 卷第 1 期，1976 年。

17　参见爱德华·哥德史密斯（Edward Goldsmith）：《罗马帝国的衰落》（"The Fall of the Roman Empire"），第 202—203 页，"土地的恶化"。

18　当戴克里先以"四倍增长"的方式扩大军队与行政管理规模时，他又极大地加重了这一负担。显然，A.H.M. 琼斯的《罗马帝国后期》与这一评论类似。尽管士兵实际工资不断减少，但这一负担与公元 1 世纪相比还是增加了一倍。在贾斯廷统治时期，罗马帝国把三分之一的国民生产总值作为财政收入，另外的收入则来自地方土地所有者及出售种子的收入。芬利对此进程总结道："在公元 2 世纪末之前，外部压力开始出现，而这是不能被永久抵挡的。军队规模不能无限制地扩大，因为土地已不能再承受更多的劳动力消耗；土地状况日益恶化，因为税赋与礼仪的费用太高昂，而造成负担加重的原因主要是军队需求一直在增长。严重的恶性循环已形成。古罗马世界的社会与政治结构及其内嵌式的、制度化的价值体系加速了其衰亡，加强了对其生产力的控制与剥削。如果你想知道的话，这就是古罗马衰亡的经济原因。"见莫斯 I. 芬利（Moses I. Finley）:《古代经济》（*The Ancient Economy*），伦敦，1973 年，第 176 页。

19 不仅是政治联系遭到了扰乱，经济联系也遭到了削弱。这里出现了一种趋势，即减少省际贸易，建立大的自给自足的贸易区域，前提是能在这一区域内进行大规模贸易。在帝国早期，各地区可以自我生产，与之相对的则是意大利的衰落。当原有的需求已得到满足，新的需求却还没出现。经济流通中的一个主要环节是将大量产品运送到边疆以满足军队需求。而随着边疆省份生产产品以供应驻扎军队需求，这条商路逐渐衰落了。参见 F.W. 沃尔班克:《西罗马帝国后期的贸易与工业》第 2 章，见 M.M. 波斯坦和 E.E. 里奇主编:《剑桥欧洲经济史》第 2 卷，《中世纪的贸易与工业》，第 33—85 页；乔治·科林伍德:《罗马化大不列颠》，见弗兰克·泰尼主编:《古罗马经济简史》第 3 卷，巴尔的摩，1936 年。

20 对于罗马帝国衰亡的战略性研究，参见 E.N. 卢特瓦克（E.N. Luttwak）:《罗马帝国的伟大战略》（*The Grand Strategy of the Roman Empire*）（美国约翰·霍普金斯大学出版社，1977 年）；P.A. 布伦特（P.A. Brunt）在《泰晤士报文学副刊》的评论（1978 年 2 月 10 日，第 154—155 页）中写道:"卢特瓦克评论说是牺牲地方防卫来保全整个帝国"，而且"把地方不能接收该体制作为失败的借口"。

21 人们发动暴乱并与蛮族联合起来。显然，人们的不满已开始大规模散播。关于巴考底帮（the Bacaudae）起义的研究，参见 E.A. 汤普森（E.A. Thompson）:"罗马高卢与西班牙后期的农民起义"（"Peasants Revolts in Late Roman Gaul and Spain"），载于 M.I. 芬利主编:《古代社会研究》，伦敦与波士顿，1974 年，第 301 页。除了人们广泛的不满外，鼠疫灾害与蛮族的进攻也加剧了自公元 1 世纪 80 年代以来人民起义的情势。乡村地区的奴隶与农奴加入到抵抗当中，社会底层被抛弃的人与无法维持生存的农民也加入进来。公元 2 世纪初巴考底帮起义兴起，在 2 世纪 60—80 年代社会大危机时期蓬勃壮大。通过有效地孤立、分化高卢各派，罗马平息了叛乱。但在公元 3 世纪 60—70 年代，起义重新兴起。公元 407 年日耳曼入侵以后，巴考底帮变得十分活跃，并因为他们在地势较低的卢瓦尔省的根据地打下了一个建立邦国的基础。关于他们与阿提拉（Attila）的关系，参见 J.F.C. 福勒（J.F.C. Fuller）:《西方世界的重要战役》（*The Decisive Battles of the Western World*），约翰·凯泽尔（John Terraine）（编），伦敦，1970 年，第 I 卷，第 204 页。

22 如同金属，经济也可以一样进行压缩，参见奥雷利奥·贝尔纳迪《罗马衰落时期的经济问题》一文，尤其是结尾部分:"巨大的帝国破产了，与此同时，享有特权的一小部分人却逃避税赋、聚积财富，并在自己的庄园周围建立起完全脱离中央权威的经济和社会小宇宙。这就是罗马的末日。这就是中世纪的开端。"（第 82—83 页）

23　罗马帝国的经济状况根本算不上"殷实"。主要问题在于，如果不是资源与来自外部／内部挑战之间的关系，那么至少是政府掌握的用来进行防御的资源与这些挑战的关系。在某些时期，主要是安东尼厄斯·皮尤（Antoninus Pius）统治时期与4世纪后期的拜占庭时期，政府也储存了一些金银，而一旦发生战争这些金银很快被挥霍一空。[参见 A. H. M. 琼斯：《罗马帝国后期》，第1章] 不断贬值的货币会定期补充财政收入。尽管其他目的可以归因为早期的"调整适应"，这确是对事实的客观评价。货币贬值的后果也许被夸大了。作为具有金属价值而不是货币符号的古钱币保住了自己的价值。只有那些被强制接受低价值钱币来出售产品的人受到了损失。[参见 F.W. 沃尔班克：《西方罗马帝国后期的贸易与工业》第2章，见 M.M. 波斯坦、E.E. 里奇主编：《剑桥欧洲经济史》第2卷，《中世纪的贸易与工业》，第33—85页] 同时士兵实际工资的减少极大地影响了需求，他们只能维持日常饮食、减少对工业产品的需求，但他们的人数却在增加。[参见莫蒂默·钱伯斯（Mortimer Chambers）：《第三世纪的危机》（"Crisis of the Third Century"），载于小林恩·怀特主编：《罗马世界的转型》，伯克利与洛杉矶，1966年，第30—58页] 除了失去安全保障外，因自给程度提高而衰败的贸易与"城市精神"的没落也造成了市场衰颓，进而导致了生产与城镇衰落。

24　参见 J. 加尔通：《美国的公开性》；《关于维持帝国结构的机制》（"On Mechanisms for Maintaining Imperial Constructions"）。

25　关于"公众游戏"，参见 E. 哥德史密斯（E. Goldsmith）：《罗马帝国的衰落》，第200—201页。旁观别人行事比自己亲历亲为感觉更加真实，因为别人策划与掌控得更好，融入了更深的感情等。但在此需要指出的一个基本点是，这种真实感能到达怎样的程度。关于这种旁观行为，参见迈克尔·格兰特：《统治者与旁观者的态度》（"The Attitudes of Rulers and Spectators"），《角斗士》（The Gladiators），哈芒斯沃斯，1971年，第102—108页。据路易斯·芒福德观察，"罗马生活尽管宣称和平，却越来越专注于强制推行毁灭政策。为了追求足够刺激的轰动来暂时掩盖自己寄生生活的空虚与无意义，罗马人举行马车赛跑……海军战斗……在剧院观看哑剧，而脱衣舞与各种粗野下流的动作都在这进行公共表演……在角斗士表演中，这种行径达到了顶峰。组织者用各种败坏道德的新花招来折磨、摧残表演者"。见《历史中的城市》，哈芒斯沃斯，1961年，第266页。

26　鉴于基督教与大部分民众的恶劣关系，收服教徒对前君士坦丁教会是否能够生存极为重要。公元2世纪50年代的宗教迫害之后，尽管君士坦丁教在乡村地区广纳信徒，以城镇为基础的教会在乡村地区的势力却变得越来越薄弱。事实上，基督教成了少数几个重要省份的乡村宗教。[W.H.C. 弗罗因德（W.H.C. Freund）：《罗马帝国宗教迫害运动的失败》（"The Failure of Persecution in the Roman Empire"），见《过去与现在》

(*Past and Present*) 第 16 节 (1959)，M.I. 芬利主编：《古代社会研究》，伦敦与波士顿，1974 年，第 263 页] 关于基督教魅力的分析，参见 E.R. 多兹 (E.R. Dodds)：《焦虑时代的无宗教信仰者与基督教》(*Pagan and Christian in an Age of Anxiety*)，剑桥，1965 年，第 132—138 页。

27 即使是基督正教也带有一些反政府的特征，如反对军事服役。公元 313 年阿莱斯会议 (the Council of Arles) 决定从社团中驱逐政治家。最重要的是要有共同的信仰导向，并在超越罗马政权的前提下对其忠诚，将之视为首位。罗马帝国的政治需求转移了公众的注意力。因此，"建立在希罗多德、修西底斯、里维与塔西图的政治实践之上的基督教历史没有流传到中世纪"。见 A. 莫米利诺亚 (A. Momigliano) 主编：《4 世纪异教主义与基督教义的冲突》(*The Conflict between Paganism and Christianity in the Fourth Century*)，牛津，1963 年，第 89 页。

28 这与追求简单的趋势相一致，相比修道院生活它对社会生活产生了更多的影响："……公元 4 世纪的基督教会也许是罗马帝国衰落的另一个原因，因为它鼓励小人物要生活在自己的小世界里，这也许比少数几个大人物抛弃了世界更具危险性。"见彼得·布朗 (Peter Brown)：《圣奥古斯丁时期的宗教与社会》(*Religion and Society in the Age of Saint Augustine*)，伦敦，1972 年，第 148 页。

29 与基督教相左的无神论被认为是对神明的冒犯。在政府的第一次宗教迫害（公元 249—260 年）之后，公元 260—303 年基督教成了社会根基的一部分。该时期的苦难使人们蔑视他们旧有的神明；异教主义在以城市贵族为主的众多省份中生存了下来。在这些社会变化中出现的矛盾，导致了宗派主义活动与世界末日运动。参见 VI.H.C. 弗罗因德：《罗马帝国宗教迫害运动的失败》，见《过去与现在》，第 263 页。

30 有关案例："当汪尔达人 (the Vandals) 进攻时，在露天圆形剧场的迦太基人 (Carthage) 感到十分震惊。当蛮族兵临城下时，科隆 (Cologne) 贵族还在举行宴会。"见卡洛·M. 希波拉（编）：《帝国经济的衰落》，伦敦，1970 年，第 12 页。

31 "入侵者的目的并不是摧毁罗马帝国，而是占有并享受罗马帝国的一切。他们保留下来有关罗马的东西远远多于他们破坏或是带来的新东西。"见亨利·皮雷纳 (Henri Pirenne)：《中世纪城市》(*Medieval Cities*)，普林斯顿，1952 年，第 8 页。这可从以下情形看出来："到公元 4 世纪，多瑙河周边的边疆省份与其他省份一样已成了罗马尼亚（即罗马帝国）的一部分，而唯一的'蛮族'就是越过军事边界的那些人。他们第一次直面这样的社会，一个具有高水平且排斥自己的生活方式，并在公元三四世纪随着一切发展而不断提高。蛮族心怀'羡慕'而非毫无目的地来到这片充满诱惑的土地——宏伟的城堡、在莱茵兰和潘诺尼亚的皇家住所——不断诱人前往。"见彼得·布朗 (Peter Brown)：《圣奥古斯丁时期的宗教与社会》，第 60—61 页。

32　参见所罗门·卡茨（Solomon Katz）：《罗马帝国的衰落与中世纪欧洲的崛起》（*The Decline of Rome and the Rise of Medieval Europe*），伊萨卡，1955 年。"转型中的欧洲"这一章尤为出色（第 85—137 页）。与中国的鲜明对比，参见 P. 安德森（P. Anderson）：《从中古到封建主义的历程》（*Passages from Antiquity to Feudalism*），伦敦，1974 年，第 225 页注释 235。

33　参见所罗门·卡茨：《罗马帝国的衰落与中世纪欧洲的崛起》，第 101—103 页。

34　参见约瑟夫·沃格特（Joseph Vogt）：《古代奴隶制与人类理想》（*Ancient Slavery and the Ideal of Man*），牛津，1974 年，第 3 章"古代奴隶战争的结构"（"The Structure of Ancient Slave wars"）。至于斯巴达克起义之后政府的报复："6000 名囚徒沿着亚壁古道（Appian Way）——从罗马艾尔道（al J the way）到卡普阿（Capua）即起义爆发的地方——一路被钉死在十字架上。"见 M. 格伦特：《角斗士》，哈芒斯沃斯，1971 年，第 24 页。

35　所罗门·卡茨（Solomon Katz）对"蛮族的起源及蛮族社会"（"Origins and Society of the Barbarians"）进行了描述（《罗马帝国的衰落与中世纪欧洲的崛起》，第 98—101 页），该描述建立在塔西佗著名的《日耳曼人》中"高挑的、红头发蓝眼睛的日耳曼人"的基础之上。

36　大不列颠的鼎盛期为公元 3 世纪，这种繁盛是建立在庄园的基础上——先行者为中世纪的毛纺业。配有熔炉、铸造厂、冶铜设备、生产搪瓷、马具、皮革与陶器的设施，毛纺业在帝国西部与多瑙河上游地区发展蔓延，却没有发展到南巴尔干岛南部。参见诺曼 J.G. 庞德（Norman J.G. Pounds）：《欧洲历史上的地理：公元前 450—后 1330 年》，剑桥，1973 年；F.W. 沃尔班克：《西方罗马帝国后期贸易与工业》，第 33—85 页。

37　所罗门·卡茨（Solomon Katz）对此表述道："罗马后期在半自由的殖民地修建的大庄园或城堡一直保存到了中世纪，并经过罗马与日耳曼元素的融合已演变成当时的庄园体制。"（《罗马帝国的衰落与中世纪欧洲的崛起》，第 144 页）同时，入侵者接受了通过殖民获得的贵族大庄园体制，并取代罗马贵族成为土地所有者。（《罗马帝国的衰落与中世纪欧洲的崛起》，第 107 页）一方面，奴隶被释放了；另一方面，农村人口以农奴为主体，即帝国后期的"隶农制"。[参见 A.H.M. 琼斯：《罗马的隶农制》，见《过去与现在》，第 13 节（1985）。亦见 M. I. 芬利主编：《古代社会研究》，第 288 页] 该过程产生了一种农业工人与蛮族农奴相兼容的体制。大庄园构成了农业地区的主体，殖民地生产成为占主导地位的但并不排外的生产方式，尤其是在帝国西部。为了更好地控制殖民地人口，尤其是把他们束缚在土地上，政府与土地所有者联合起来加剧了他们的苦难。作为一项财政措施，它与戴克里先皇帝的税收改革结合起来，该项体制迎合了土地所有者在劳动力普遍短缺时期控制农业人口的需求。

贵族隐退到城堡之中，戴克里克皇帝的税收改革措施"不仅极大地加重了社会底层阶级的负担，而且削弱了位处政界与社会精英之下的富裕阶层的经济潜力……社会精英最后只能退守到能最大程度自给自足的庄园中去，并从城市工业生产中撤掉了他们的税赋，而这又加剧了原有的政府造成的破坏"。参见芬利：《古代经济史》，伦敦，1973年，第160—161页。

38 例如，古代国家对边界以外的事物的兴趣与中世纪第一次出征中对异族的漠视的比较，见约瑟夫 R. 列文森（Joseph R. Levenson）："前言"，莱文森（Levenson）主编：《欧洲的扩张与作为反例的亚洲：1300—1600年》（*European Expansion and the Counter-Example of Asia,1300–1600*），恩格尔伍德·克利夫（Englewood Cliffs），新泽西州，1967年。

39 生态系统崩溃的一个方面就是疾病的流行。流行病从外部进入罗马，正如每种文明都只能经受住"自己的"独有"人口"所患的疾病一样。同时，在人体内可以繁衍生息的微生物，有的可以在动物的身体与自然界中生存。因此，生态系统的改变也许会诱使原来不能在人体内生存的微生物能够部分或全部在人体中存活，疟疾就是一个例子。其他的生态变化也许会改变微生物的结构，从而产生变异。参见威廉·麦克尼尔（William McNeill）：《鼠疫与人类》（*Plagues and Peoples*），纽约，1976年。

因此，罗马后期的疾病发展史也是寄生虫与环境变化相互作用的结果："卫戍部队散布在各个战略地以防卫漫长的帝国边界；像蜘蛛网细丝一样连接着的边疆据点、通向亚洲和埃及的海上路线、由军团开辟的笔直的驿道——所有这些直接通到罗马。

"于是埋下了灾难的伏笔。广袤的内陆地区隐藏着不为人知的秘密，包括从国外传来的微生物疾病。攻入内陆的军队遭到当地居民反击；病菌随着来往船只、道路快速传播开来。大量人口聚居在帝国中心，过着高度文明的生活却缺乏最基本的抵抗传染的能力。综合这些情况来看，罗马帝国的最后几百年一直在与鼠疫作斗争就不足为奇了。"见弗雷德里克·卡特赖特（Frederick Cartwright）：《疾病与历史》（*Disease and History*），伦敦，1972年，第11页。

罗马文明在后期受到的疾病影响似乎大于前期。参见威廉·麦克尼尔：《鼠疫与人类》，纽约，1976年。在公元65年流行病大爆发之后，公元79年又发生了新的灾难：疟疾、炭疽及在牛—人之间传播的疾病。一旦生态系统发生改变，那些在牛身上出现的疾病也会发生人类身上。公元125年以后，严重的流行病多爆发在163年到189年之间，即天花——又一种与牛有关的疾病。天花肆虐之后，一种新的疾病重重打击了罗马帝国，并在266年又爆发了一次。这些灾难爆发的时间恰好与罗马历史上各大危机发生的时间相吻合。在公元455年、467年与480年的流行病之后，又出现了与公元165年和251年相似的流行病，并爆发数次。它被确认为黑死病。公元543年传播到君士坦丁堡，在接下来的几十年间不断爆发。参见约西亚·考克斯·罗素（Josiah Cox Russell）：《古罗马后期与中世纪的人口》（"Late Ancient and Medieval Population"），载于《美国哲学社会的交易》，费城，1958 年。

　　从那以后情况出现明显好转："在接下来的几个世纪中，中世纪没有受到鼠疫等流行病的困扰。这很令人惊讶，因为同期近东地区一直在不断爆发流行病。"参见亨利·F.西格里斯特（Henry F. Sigerist）：《文明与疾病》（*Civilization and Disease*）第 3 部分，伊萨卡·纽约，1945 年，第 115 页。

　　40　在蛮族入侵之前，帝国与蛮族之间通常是技术流通，大体了解蛮族，输送蛮族人到帝国去做士兵、殖民者及军队长官。在罗马帝国衰亡之前，其对蛮族的同化不可避免。用布罗代尔（Braudel）的话来说便是："蛮族需要进攻十次。"或如吉本所言："欧洲能够避免任何蛮族的腐蚀，因为在后者征服欧洲之前，他们已被迫变成了文明人"，引自 A.D. 莫米利亚诺（A.D. Momigliano）：《吉本对历史研究方法的贡献》，载于《历史编纂学研究》（*Studies in Historiography*），伦敦，1969 年，第 40—55 页、第 50 页"引文"。

　　中国古代也面临着相同的挑战，一些学者提出了"技术的扩散"。随着时间推移，这些技术传播到蛮族之中，改变他们的喜好，进而给帝国的防御带来难以承受的压力。[参见马克·埃尔文：《中国古代的社会结构形式》，伦敦，1973 年]显然，罗马也在类似的情况下运转，参见托尔·黑斯泰德（Tore Heiestad）：《欧亚游牧民迁移史》（"Nomad Migration in Eurasian History"）（编号 45），奥斯陆大学冲突与和平研究所主持的《西方文明的发展趋势项目》（*Trends in Western Civilization Project*）（编号 13），1977 年。

　　41　城市的发展为物质上的扩张/收缩进程提供了很好的例子。在哈德良时期，波河河谷地区（the Po valley）的每座新城市被批准拥有 1500 平方公里的面积；在平原地区，每座城市的面积达到 1000 平方公里；在西班牙南部的巴埃提卡（Baetica）———个相当"城市化"的地区，每座城市的面积达 600 平方公里，在瓜达尔基维尔河谷地区（the Guadalquivir Valley），城市的面积为 300 平方公里。拥有约 2000 名居民的小城镇占绝大多数。[参见诺曼·G.庞德（Norman G. Pounds）：《欧洲历史上的地理：公元前 450—后 1330 年》，剑桥，1973 年，第 11 页]后来，城市缩小面积，达到如下规模，例如：

	欧坦(Autun)	尼姆(Nimes)	波尔多(Bordeaux)(面积单位为:10公顷)
公元 200 年	2000	2200	1500
公元 400 年	100—110	80	320

参见基尔斯滕·科尔曼·巴赫兹（Kirsten Köllmann Buchholz）：《世界人口与土地》（*Raum und Bevölkerung in der Weltgeschichte*），维尔茨堡，1968 年；庞德：《欧洲历史上的地理：公元前 450—后 1330 年》，第 166 页。

　　42　如 A.H.M. 琼斯（A.H.M. Jones）所言："罗马后期最令人失望的特征是公共精

神的缺失。"(《罗马帝国后期》,第 1058 页)"公共精神缺失的另一确凿证据是,国内人们的惰性,只是随着蛮族的入侵而时高时低。然而,上层阶级对帝国的忠诚也是十分被动、消极的。"(《罗马帝国后期》,第 1059 页)"更常见的是,他们会逃到安全的地方",而不是抵抗。

43 在这一方面,基督正教并没有形成一个更现实的宇宙观。最初,遭受迫害的基督教徒运动及其世界末日的预言,使得罗马衰亡并成为新千年的先导成为一个中心议题。由于教会最初对罗马帝国的敌意与骚乱运动,它被指控为事实上造成了罗马的衰亡。而在被认可之后,教会教义实现了全新的转变。由于罗马帝国早就出现了衰退迹象,基督教的目的变成了维护帝国的存在。"当罗马衰落时,世界也随之衰落。"公元400 年前后,罗马人的乐观心态是极其可怕的,没有人把帝国的"衰落"放在心上:在俄利根(Origen)的眼中,阿拉里克(Alaric)对罗马三天的占领就如 800 年前高卢人对罗马的六个月占领——微不足道! 参见 F.W. 沃尔班克:《糟糕的变革:西罗马帝国的衰落》,利物浦,1969 年,第 11—12 页。

44 这同样适用于建筑:"罗马体制缺少的就是一种内在的自我控制,中心与地方新的殖民城镇均是如此。……在一个个文明接连重蹈覆辙的衰落中,当它已获得权力、实现中央集权后,人们也许会发现无法用有机的办法解决这些大量存在的问题。"见路易斯·芒福德:《历史中的城市》,哈芒斯沃斯,1961 年,第 277 页。

45 关于东罗马帝国的生存,参见小斯班诺斯·瑞尼斯(Speros Vryonis, Jr.):《海拉斯复活》(Hellas Resurgent),载于小林恩·怀特:《罗马世界的转型》,第 92—118 页;米瑞姆·里森(Miriam Lichtheim):《基督教东部的自治与统一》("Autonomy versus Unity in the Christian East")。亦见小林恩·怀特:《罗马世界的转型》,第 119—146 页;诺曼 H. 贝恩斯(Norman H. Baynes):《拜占庭帝国》(*The Byzantine Empire*),伦敦,1958 年。

33. 西方帝国的兴衰

46 卡洛·M. 希波拉指出:"1494—1538 年骑士启示录的预言突然降临意大利。这个国家变成了国际冲突的战场,西班牙、法国和我们今天所说的德国卷入到了这场战争中。伴随战争而来的是饥荒、疫病、被劫掠破坏的资本和中断的贸易。"见《工业革命:1000—1700 年欧洲社会与经济》(*the Industrial Revolution: European Society and Economy, 1000–1700*),伦敦:梅休因出版社,1976 年,第 236 页。

47 参见希波拉《工业革命:1000—1700 年欧洲社会与经济》,第 224—273 页,"北方低地国家的崛起"("The Rise of the Northern Low Countries")和"英格兰的崛起"(The Economic Decline of Empires)两章的分析。

48 参见希波拉在《西班牙的衰落》("The Decline of Spain")中所作的分析(第233—236 页)——能够让今天第三世界国家的领导人读后受益匪浅,把财力花费在制成品的进口上，而不是提高生产这一产品的能力。西班牙的富裕依靠的是纯金而非生产力。建立国家纺织工业的方案遭到梅斯塔（Mesta）的否定。作为一个主要的出口项目——粮食（殖民者不可缺少的东西），生产的非弹性将外国人引入市场。工业加工品主要由外国人完成，西班牙赚取中间商的利润。西班牙购买力而非生产力吸引或迫使工人到第三产业工作。参见皮埃尔·维拉（Pierre Vilar）：《堂吉诃德的时代》（"The Age of Don Quixote"），载于彼得·厄尔（编）：《欧洲经济史论文集：1500—1800 年》（*Essays in European Economic History,1500-1800*），牛津大学出版社，1976 年，第 100—112 页；J.H. 艾略特的《西班牙帝国：1469—1716 年》（*Imperial Spain,1469-1716*），哈蒙兹沃思出版社，1976 年，第 308—320、291—300 页；杰米·比森斯·维维斯（Jaime Vicens Vives）：《17 世纪西班牙的衰落》（"The Decline of Spain in the Seventeenth Century"），载于卡洛·希波拉：《帝国经济的衰落》，伦敦，1970 年，第 121—167 页。

49　关于未来学的一个成功案例：丹尼斯·德·鲁日蒙（Denis de Rougemont）[参见《欧洲概念》（*The Idea of Europe*），伦敦和纽约，1966 年，第 258 页] 认为，美国和俄罗斯在全球的崛起是因为拿破仑和其他人所做的预测，包括约翰内斯·凡·米勒（Johannes von Müller, 1797）、阿贝·德·普拉特（Abbe de Pradt, 1823）、托克维尔（Tocqueville, 1835）、圣佩韦（Sainte-Beuve, 1847）、C. 卡塔内奥（C. Cattaneo, 1848）、F. 凡·拉斯科（F. von Lasaux, 1856）、J.R. 西利（J.R. Seeley, 1883）、亨利·亚当斯（Henry Adams, 1900）。这些作者普遍阐述了介于美国"大众民主"的优势和俄罗斯霸权"奴役"状态之间的欧洲窘境。

50　美国和苏维的一个基本不同点在于苏联"前线"仍在很大程度上对殖民和投资开放，参见维尔莉特·康诺利（Violet Conolly）：《西伯利亚的今天和明天：一项对经济资源的问题与成就研究》（*Siberia Today and Tomorrow: A Study of Economic Resources, Problems and Achievements*），伦敦，1974 年。关于以边境为视角透视西方历史的文献评论，参见艾瑞克·鲁登：《西方历史模式：多样性的统一》，奥斯陆大学冲突与和平研究所"西方文明计划趋势研究项目"（编号 8），1975 年，第 54—56 页。

51　只需提及传统帝国类型如罗马与资本主义的一个根本的区别："……资本主义的秘密是在世界经济范围而不是帝国框架内建立起劳动分工的体系……"见沃勒斯坦：《现代世界体系》（*The Modern World-System*），纽约出版社，1974 年，第 127、348 页。

52　关于伊特鲁里亚人和罗马人的相互关系，参见 R.M. 奥格尔维（R.M. Ogilvie）：《早期的罗马和伊特鲁里亚人》（*Early Rome and the Etruscans*），伦敦出版社，1975 年。

53　对此的分析，参见约翰·加尔通：《欧共体：形成中的超级大国》，伦敦：艾伦和乌温出版社，1973 年。

54　当然，还有更多即将涌现：西方尤其是美国前"附属帝国"支持者，如巴西、尼日利亚、伊朗、沙特阿拉伯，也许还有印度，这些国家都逐渐发展出独立的政策体系。

55 这是中国对苏联的观点。我们尚有疑虑，但有些时候疑虑是真实存在的。经济增长的成果尚未变为过度发展的痛苦——但也离其不远了，因为同时内在矛盾正在增大。

56 为了做到这一点，东欧很可能不得不改组自己的模式。这种模式在经济、政治和军事上不会过于集中和过多地依赖莫斯科。

57 对官僚进程的一般阐述，参见亨利·雅各布（Henry Jacob）：《全球官僚主义》（*Die Bürokratisierung der Welt*），诺伊韦德和柏林，1969年。东印度公司在欧洲几大国家间建立起了早期国家或私营企业的联系。K.N.乔德里（K.N.Chanduri）的《英国东印度公司：1600—1640年早期股份公司的研究》（*The English East India Company: The Study of an Early Joint-Stock Company,1600-1640*）伦敦出版社，1965年；提供了一个有趣的案例研究，亦见迈克尔·霍华德（Michael Howard）：《欧洲历史上的战争》（*War in European History*），伦敦出版社，1976年，第51—52页。

58 关于政府是"现代资本主义发展的主要成分"这一角色的出色讨论，参见沃尔斯坦：《现代世界体系》，纽约出版社，1974年，第133—162页。亦见迈克尔·霍华德：《欧洲历史上的战争》，第49、58、64—65、68—69、81页。

59 对一个更有预见性的世界的寻求，及知识分子的特殊作用成为西方发展的重心所在。关于禁欲主义逻辑和罗马法的传统，参见约瑟夫·C.史密斯（Joseph C. Smith）：《西方合同法的理论构建》（"The Theoretical Constructs of Western Contractual Law"），载于诺斯罗普（Northrop）、利文斯顿（Livingston）（编）：《跨文化的理解：人类学认识论》（*Cross-Cultural Understanding: Epistemology in Anthropology*），纽约出版社，1964年。例如，"西方合同法科学……是以未来为导向的，是关于对未来事件的法律关系和预测进行创造、转移和消亡的法律"（第259页）。

马克斯·韦伯对西方文明的分析正包括了这些相互关联的西方法律的主题——理性、可预见性、规划、投资、官僚主义、知识分子。参见G.亚伯拉罕沃斯基（G. Abrahamowski）：《马克斯·韦伯的历史图册：西方国家理性化进程通史指南》，斯图加特出版社，1966年。

60 参见约翰·加尔通：《发展和阶级意识的局限性》（"Limits to Growth and Class Consciousness"），《和平研究期刊》第10卷，1973年，第101—114页。

61 见约翰·加尔通：《帝国主义的结构理论》，《和平研究期刊》第3卷，1971年，第81—117页。此文介绍了由帝国主义结构组成的不同团体间和谐与不和谐的关系。基本的和谐关系存在于中心地与边缘地中心之间，后者效仿前者并保持一段距离。基本的不和谐关系体现在这三者之间及帝国体系的末端，即根据模型可知的边缘地区的边缘地。

62 参见1978年2月4日《经济学家》关于跨国企业项目比较的调查报告（第78—79页，哈佛商学院和日内瓦国际管理教育中心）。主要研究由187个美国跨国公司和 199 个非美国跨国公司（指英国、欧洲大陆和日本）每年设立和取得的国外子公司的数量。20 世纪 50 年代中期，两条曲线处于最低点的 100 个，之后发展极其迅猛，到 60 年代末超过了 500 个。随着非美国跨国公司继续增长，美国跨国公司跌落，由于多种原因非美国跨国公司可能越来越受欢迎，因为帝国主义色彩较少。

63　万斯·帕卡德（Vance Packard）的《垃圾制造者》（*The Waste Makers*）（纽约出版社，1960 年）对这些发展进行了阐述。

64　关于美国对越战后的战略思考，参见当代国际关系专家爱德华·N. 卢特瓦克（Edward N. Luttwak）备受赞誉的《罗马帝国的重大战略》（*The Grand Strategy of the Roman Empire*）（巴尔的摩，1977 年）。在该书的"序言"中，卢特瓦克表达了他对克劳塞维茨首次进攻作战的不满，因为这意味着"和平国家和战争国家之间的巨大差别"。卢特瓦克说道："我们像罗马人一样，面对的不是一场决定性的战争，而是持久的国家战争，尽管是有限的。我们必须像罗马人一样积极保护一个先进的社会，抵御各种威胁，而不是在战斗中集中力量摧毁敌人。"这意味着避免直接使用军事力量、建立各种威胁和"灵活应变的反应机制"，以及模糊军队和公民之间、"常规"武器和核武器之间的界线。当然，这样的逻辑思维是使社会规划服从于军事战略和战略家。跨国公司的现代巨头最后是否与他们的罗马前辈们一样阻挡这一伟大战略，还未见分晓。

65　详见约翰·加尔通：《军事形态和社会形态：基于结构上的分析》（"Military Formations and Social Formations: A Structural Analysis"），奥斯陆大学冲突与和平研究所，1978 年，第 66 页。现代军事政权是贝尔哈德（Burckhardt）名言的最佳例证，其名言为"新的暴政出于自称共和政体的军事突击队之手"（引自 R. 尼斯比特（R. Nisbet）：《权威的没落》（*Twilight of Authority*），纽约出版社，1975 年，第 7 页）。

66　关于在第三世界国家增设基础设施、使之西方化并提高消费水平的研究，参见卡尔·P. 索范特（Karl P. Sauvant）：《跨国企业和文化的传承：国际广告服务供应和商业教育》（"Multinational Enterprises and the Transmission of Culture: The International Supply of Advertising Services and Business Education"），《和平研究期刊》第 13 卷，1976 年，第 49—65 页。

67　关于现代世界体系中劳动力流动的意义，参见弗尔克·福罗布尔（Folker Frobel）、尤根·海恩涅殊斯（Jürgen Heinrichs）、奥托·瑞耶(Otto Kreye)：《新国际分工体系》（*Die neue internationale Arbeitsteilung*），汉堡，1977 年。

68　据斯德哥尔摩国际和平研究所年鉴所示，军备竞赛以指数比率增长及军火向第三世界国家的转移极有可能为大规模战争铺设了道路。在这一方面，当今各强权政治形成的全球体系和当年罗马帝国所面临的情况大不相同。但最后的结果可能相似，即西方国家（包括苏维埃）军事技术的完善、两次世界大战后西方自我毁灭的第三阶段。有关讨论详见 C.F. 凡·冯魏茨泽克（C.F. von Weizsäcker）：《危险历程》（*Wege in der Gefahr*），慕尼黑，1976 年。

69 参见 M.L. 韦斯特（M.L. West）：《希腊早期哲学与东方诸国》（*Early Greek Philosophy and the Orient*），牛津大学出版社，1971 年；D. 西纳（D.Sinar）：《东方主义和历史》（*Orientalism and History*），剑桥出版社，1954 年。

70 东方宗教和神秘主义、心理玄学和占星学、西方水下神秘传统等受到人们的追捧，并不是随意堆砌在一起的现象，它们被视为反对主流宇宙观和生活方式的各种反应。这些新式的亚文化已遍及西方社会，但这一程度整体上被低估，准确地说是因为它们通常属于"私生活"。人们转向灵魂的研究主要体现在对死亡的全新关注，即所谓的"死亡—意识运动"。自 1964 年始，以死亡为主题的出版物数量从 400 本飙升至 4000 多本。美国有 1000 多所院校开设了关于死亡和临终的课程（参见罗伯特·努尔顿（Robert Rulton）的文章，《新闻周刊》，1978 年 5 月 1 日）。在我们看来，对死亡的广泛关注和死因学的兴起只是加强对灵魂"意义"的探索。可借用弗朗茨·波肯努斯（Franz Borkenaus）的观点："对死亡的看法普遍出现转变标志着开创了历史进程中的新时代。"[见《死亡的概念》（"The Concept of Death"），罗伯特·努尔顿（编）：《死亡和身份》（*Death and Identity*），纽约出版社，1965 年，第 42 页] 有关西方现代死亡概念的有趣评论，参见简·齐格勒（Jean Ziegler）：《生命和死亡》（*Les vivants et la mort*），巴黎，1975 年。

71 负责解决社会分裂问题的官僚机构效率低下，因此不能任其无限期地发展下去，参见埃尔金（Elgin）、R.A. 布什内尔（R.A. Bushnell）：《复杂性的限制：官僚政治变得难管理了吗?》，《未来主义者》第 11 卷（编号 6），1977 年。在官僚政治功能紊乱的情况下，拥有超凡魅力的独裁统治者通过推行解决方案就能很轻易地彰显自我。西方国家（及其他国家）军队和警力以指数比率增长，只是与最军事化社会——罗马帝国——越来越相似。美国一次民意测验结果显示，军事部门比其他阶层和部门拥有更高的公众信任度。见罗伯特·尼斯比特在《社会上军事主义的秘诀基本是在公众范围内权威走向没落》（"the recipe for militarism in a society is basically twilight of authority in the civil sphere"）一文中的分析，载《权威的没落》，第 146 页；亦见《战争和西方价值观》（"War and Western Values"）和《西方的古罗马化》（"The Romanization of the West"）的重要章节。

72 在当代，异化的一个显而易见的方面是政府和政治家们信心的缺失。对美国民意测验的分析，参见西赛拉·博克（Sissela Sok）：《说谎：在公共和私人生活中的道德选择》（*Lying: Moral Choice in Public and Private Life*），纽约出版社，1978 年。罗伯特·尼斯比特将政府内习惯性说谎增多的现象视为官僚化扩张的一个简单作用："……更多令人尴尬的错误随时都会发生……将额外费用放在隐秘处……"议会民主对公众义务的强调"比政府其他形式更具有欺骗性……"（《权威的没落》，纽约出版社，1975 年，第 17 页）

罗马晚期异化的特征不仅表现为富人向乡村撤退，而且还体现为介入他们的财产和私生活。参见迈克尔·格兰特（Michael Grant）：《罗马帝国的衰亡：重新评价》（*The Fall of the Roman Empire: A Reappraisal*），拉德诺出版社，1976 年，第 126—130 页。西多尼乌斯·阿波利纳里斯（Sidonius Apollinaris）悲叹道："常常待在乡村，不要给高贵抹黑！"这一说法戏剧性地与 R. 森尼特（R. Sennett）的《公众人物的倒台》（剑桥出版社，1977 年）和 A. 布丽坦（A. Brittan）的《私有化的世界》（*The Privatised World*）的观点不谋而合。参议员阿德莱·史蒂文森三世（Adlai Stevenson III）最近发出质疑：美国参议院和众议院的机构是否"满足 20 世纪末的政府要求……现在让任何一人去竞选比以往任何时候都难。"（《时报》，1978 年 5 月 8 日）

73　对政治经济的变化的分析很容易忽略心态的因素。有关年鉴学派史学家的简短陈述，参见雅克·勒·高夫（Jacques Le Goff）：《心态：历史学家的一个新领域》（"Mentalities: A New Field for Historians"），《社会科学信息》第 13 卷，1974 年，第 81—97 页。从比较的角度，克波·傅勒（Kib Fowles）试着预言基于广告模式的心态变化，参见《作为社会预言的大众广告：未来研究方法》（*Mass Advertising as Social Forecast: A Method for Future Research*），康涅狄格州：韦斯特波特出版社，1976 年。

74　显然，我们不再认同布莱斯爵士（Lord Bryce）的著名论断："历史主要的实际作用是使我们摆脱貌似可信的历史类比。"类比不能冒充事件或结构的真实再现。然而，类比可以就某一事件作出解释，这些解释通常具有一定复杂性与力量。因此，对罗马困境关键原因的探讨缺乏相关的类比分析。阿米亚诺斯（Ammianus）、奥索尼乌斯（Ausonius）、西玛库斯（Symmachus）、克劳狄（Claudian）等人持有的虚无乐观主义中隐含着一个错误类比："从慵懒、迟钝的反应到当前的发展，吉本对后者饱加赞扬、认为相当重要。"见迈克尔·格兰特：《罗马帝国的衰亡：重新评价》，拉德诺出版社，1976 年，第 288 页。

75　参见约翰·加尔通：《社会帝国主义和次帝国主义：帝国主义结构理论的连续性》（"Social Imperialism and Sub-Imperialism: Continuities in the Structural Theory of Imperialism"），第 22 号论文，奥斯陆大学冲突与和平研究所，1975 年。

76　参见约翰·加尔通：《日本与未来世界政治》（"Japan and Future World Politics"），《和平研究期刊》第 10 月卷，第 81—117 页。文章试图指出日本帝国主义的一些特性及与此相关的资本主义。然而，日本案例表明，资本主义同样适应于其他文化和结构，也许不是所有的，但至少适应于其中一些。

77　在"西方文明"这一概念中，俄国和东欧国家的定位一直模棱两可，东欧人和西欧人对此也难以辨明。关于东西欧在历史和结构上巨大的差异，参见佩里·安德森：《专制国家的家谱》（*Lineages of the Absolutist State*，伦敦，1974 年）。有关东西欧之间的实际联系，参见奥·哈莱基（O. Halecki）的《欧洲历史的界限与分裂》（*The Limits and Divisions of European History*，伦敦，1951 年）和 G. 巴勒克拉夫（G. Barrac lough）编的《中世纪的东欧与西欧》（*Eastern and Western Europe in the Middle Ages*，伦敦，1970

年）。关于欧洲不同自我形象的历史，参见丹尼斯·德·鲁日蒙：《欧洲概念》（纽约、伦敦，1966年）。与"传统西方自我形象的现实写照"相关的文献和问题，参见艾瑞克·鲁登：《西方历史模式：多样性的统一》，奥斯陆大学冲突与和平研究所"西方文明计划趋势研究项目"（编号8），1975年。

78　参考本书第247页注释40。超级大国形成的全球体系（与第三世界国家的联盟和影响构成竞争），通过跨国公司武器出售达成的先进技术纯粹商业化只会加快通讯和运输的发展进程。

79　对分类模型的批判性考察，参见苏珊·乔治（Susan George）：《另一半如何死去》（*How the Other Half Dies*），伦敦，1977年。

80　需指出的是，这一体系如此运作，将首先造成工人失业，尤其是妇女、老人和年轻人失业；行政人员、资本家和知识分子可能难以找到新工作，却很少会失去已有的工作。但这并不意味着他们可以万无一失：国家或公司可能破产，发薪水的日子将越来越没有规律且间隔时间越来越长等。

81　"嬉皮之路"亦被称为亚洲高速公路，从伊斯坦布尔出发、途经德黑兰与喀布尔，到达印度与恒河平原。

82　例如，恐怖分子的社会背景已广为人知。他们对西方社会的挑战（只要是反对）全部指向"上层中产阶级"。

83　吉尔伯特·穆雷爵士（Sir Gilbert Murray）在《希腊宗教的五大阶段》（*Five Stages of Greek Religion*，伦敦，1935年）一书中描述了道德秩序的崩溃，并指出了"内在生活"的价值。他认为，希腊时代晚期是一个"各方面的失败都得到认识的时期"。不仅包括奥林匹亚神学的失败、自由城邦的失败……还逐渐认识到其他两种失败——人们政府的失败，即使受到罗马政权和埃及财富的支持，目的在于实现人类的美好生活；最后是希腊精神的失败………这种失败感表现为对世界、理性的规划和人们的共同努力逐步丧失信心，使得后来的希腊脱离了自己的灵魂和对个人崇高的追求，不再关注于情感、神学和启示以及这一短暂、不完善的世界……（第3—4页）

84　这一论题在"结构疲乏理论"（"A theory of structural fatigue"）一节中有进一步的阐述，见加尔通、黑斯泰德、鲁登：《西方2500年的历史》（"On the Last 2500 Years of Western History"），《新剑桥现代史》一书中的姐妹篇，第13章，待出版。

34. 结　论

85　1978年大选前，《费加罗报》（1978年3月6日，第2版）公布了一项1960—1977年法国生活水平提高方式的调查结果。

86　其中一个例子是英国失去"帝国的王冠"印度之后所采取的相关救济措施。这次救济早在1925年以前就已准备就绪，当时E.M.佛斯特（E.M. Forster）的《印度之旅》（*A Passage to India*）大量展示了"双重视角中的没落"景象。当甲壳虫乐队将"统治，大不列颠！大不列颠，驾驭海洋！"改为"你所需要的就是爱"时，同样起到了一种类似的、疗伤式的作用。关于英国政府在 20 世纪 70 年代的有趣分析，参见汤姆·奈恩（Tom Nairn）：《英国的崩裂：危机和新民族主义》（*The Break-Up of Britain: Crisis and Neo-Nationalism*），伦敦出版社，1977 年，尤其是第一章"英国政府的黄昏时刻"。

87　关于职位与工作的区别，参见加尔通：《在富国的另一种生活方式》（"Alternative Lifestyles in Rich Countries"），《发展对话》第 1 卷，1976 年，第 83—98 页。现代享乐主义不同于那些"休闲的祝福——这对西方人来说是毫无概念的，因为他们要么工作，要么闲着"。后者在《印度之旅》中有所阐释。

88　这一信息在 L. 斯塔夫里亚诺斯（L. Stavrianos）的《即将到来的黑暗时代》（旧金山出版社，1976 年）一书书名中体现了出来。根据斯塔夫里亚诺斯，"10 世纪西欧农奴的生活水准高于罗马帝国奥古斯都时期的无产者的生活水平"。斯塔夫里亚诺斯教授的著作对于罗史托夫柴夫（Rostovtzeff）的悲观论著来说，可以作为一种反向阅读。罗史托夫柴夫认为隐藏在衰落进程背后的主要现象是民众逐渐吸收受教育的阶层，以及随之而来的政治、社会、经济功能和知识分子生活的简单化——我们称之为古代世界的野蛮化。参见 M. 罗史托夫柴夫：《罗马帝国的社会和经济史》（*Social and Economic History of the Roman Empire*），牛津出版社，1926 年，第 486 页。

89　中国人在所有重要的纪念馆（如明十三陵）附近都组建了非常具有教育意义的展览，这恰好证明什么是机会成本：有这些材料和劳动力，很多房子就能建起来……

90　见罗杰·加罗蒂（Roger Garaudy）的《文明间的对话》（*Pour un dialogue des civilisations*，巴黎，1977 年）中第二章的标题；亦见该书的副标题："西方国家是一个意外"（L'Occident est un accident）。

91　关于这一论题，详见加尔通、黑斯泰德、鲁登：《西方 2500 年的历史》（"on the Last 2500 Years of Western History"）。

92　对此很难形成一个坚定的看法。最终保护西方的可能不是他们的军事力量——西方既不可能、也不想维持它——但对那些想复制西方的人而言，这正是西方神圣的地方。吉本认为（《罗马帝国衰亡史》，第 164—167 页）："全球的野蛮国家是文明社会的共同敌人"，"欧洲现在没有任何蛮族深度侵入的危险；因为在他们能够征服西方之前，他们已经不再是野蛮人"。对此，我们可以加上一点：在第三世界能够征服西方之前，他们必须成为一般意义上的西方人，尤其是资本主义者，那么对西方就更不会产生威胁了。将要出现的是中心地发生位移——移至圣保罗、拉各斯、德黑兰、新加坡、香港、台北、汉城还有东京，原来的西方变成了受人尊敬的边缘区，成为一件博物馆珍品，就像值得尊敬和崇拜的卢瓦尔宫。

93 伊夫·卢伦（Yves Laulan）曾经为企业家提出了一个经典的替代方案："看来，我们最好的办法是希望 20 世纪 80 年代一系列的发现将会像前两次工业革命改变了欧洲和美国一样改变世界……时间紧迫。19 世纪 50 年我们已经依赖于同样的技术资源继续推动了经济增长……"参见《机器和人》（"Of Machines and Men"），《新闻周刊》，1978 年 5 月 8 日。

94 现在急需一种历史经验，即社会实验、文化选择和面对危机的社区生活重组。当西方尤其美国的城市似乎出现戏剧性的衰败时，恢复真正的社区生活这一工作也需要从历史的角度进行规划。然而这一研究很难产生实际成果，因为正如罗伯特·尼斯比特曾正确地指出："当代最惨痛的损失之一是真正的乌托邦心态……"见《权威的没落》，第 234 页。

后　记

1 因此，有一些猜测认为，2008 年 9 月飞往中东伊朗执行某项"使命"的飞机在美国滞留，事实上是高水平的空军破坏。至于美国中央情报局著名的"第二大发现"，即伊朗已在 2003 年取消了核武器生产又说明什么问题呢？摘自《华盛顿地震》（"Das Beben von Washington"），《明镜周刊》50/2207。

2 关于这类国家制度可能玩的游戏，参见帕拉格·卡纳（Parag Khanna）在《纽约时报杂志》（2008 年 1 月 27 日）刊登的《对美国霸权说再见》["Waving Goodbye to (US) Hegemony"] 一文，有很多深刻见地。

3 也许古巴人是正确的，他们在 1959 年革命之后就开始组建亚非拉人民团结组织（OSPAALA）。《古巴革命战争回忆录》（*Reminiscences of the Cuban Revolutionary War*，伦敦：哈伯出版社，2009 年）一书中对切·格瓦拉（Che Guevara）进行了高度赞扬："1956 年，埃内斯托·切·格瓦拉——这位年轻的阿根廷医生和他的两位革命兄弟菲德尔·卡斯特罗（Fidel Castro）与劳尔（Raúl Castro），怀揣着他们的梦想，组建了一支小规模的游击队，他们的目的是推翻古巴残酷的傀儡政权。

当然他们做到了，并开创了历史。"

4 假如上海合作组织和可能形成的俄罗斯地区都倾向向这一方向发展，那么这种团结将会更强大。中国与拉美和非洲一直保持着友好的关系，但俄罗斯还需努力。西方正对这两个国家展开人权方面的讨伐。

5 见约翰·B. 朱迪斯（ohn B. Judis）。

6 见威廉普·法夫（William Pfaff），《日本时代》（*Japan Times*），2000 年 8 月 19 日。

7 见迈克尔·克莱尔（Michael Klare），《国家》，2008 年 12 月 15 日。

8 《国家》社论，2008 年 6 月 30 日。

9 见莎拉露丝·范·戈尔德（Sarah Ruth van Gelder），《是的！积极财富期刊》（*YES! A Journal of Positive Futures*），2003 年冬季刊。

相关文献的实例分析

迈克尔·库尔·索伦森（Michael Kuur Sörensen）从大量有关美国广义外交政策的文献资料中筛选出几本书籍，并进行了总结。

安德鲁·J. 巴塞维奇（Bacevich, Andrew J.）：《美帝国》（*American Empire*），伦敦剑桥麻省理工大学：哈佛大学出版社，2002 年。

巴塞维奇的基本论断是，通过"开放"的外交政策，美国正在建立一个全球性的帝国。这一帝国的"目的是在任何可行的和有利于美国利益的地区，维护和扩大美国的统治权。全球性开放是此战略的核心"，而所谓全球性开放是消除所有抑制货物、资金、观念和人民自由流通的障碍。其终极目标是创造一个开放的、完整的、以民主资本主义原则为基础的国际新秩序，同时美国要成为这一新秩序的最终担保人和规范的执行者。（第 3 页）

美国一直试图把这种开放学说强加给世界其他国家，如果某国抗拒美国自由主义和民主的政策，那么美国将会抵制和威胁这个国家，如曾试图对中国实施制裁。（第 92—93 页）此外，在 20 世纪 90 年代，美国还推动建立了各种自由贸易协定如北美自由贸易区，并通过世贸组织实现了世界范围内自由贸易的制度化。美国政府曾自豪地宣称，它已与各国政府签署了 200 多个贸易协定。（第 96—97 页）托马斯·弗里德曼（Thomas Friedman）说："我们希望我们的价值观和我们的必胜客同时扩大……我们希望世界在我们的领导下变得完全民主化和资本主义化，这表现在每个地点的网站、每张嘴都能喝到的百事可乐以及每个人每台计算机上出现的微软窗口，使得每个地方都能嗅到自己的气息。"（第 114 页）

帝国的政治：巴塞维奇认为，每个拒绝接受美国正在世界范围内推行的开放政策的国家或个人，都将遭到美帝国的压制。巴塞维奇写道："拆除壁垒、放松对人民运动的限制，实现资本和商品的自由流通，这将使美国更容易受到那些尚未相信要按照美国人的意志重塑世界的必然性的人们的攻击。"（第 118 页）而那些反对美国开放政策的人则

218　被称为原教旨主义者或恐怖分子。每个反对帝国的人都将遭到美帝国的暴力压制。巴塞维奇认为，这正是 1999 年塞尔维亚轰炸事件发生的原因："盟军行动的目的是，给任何一个幻想自己已不受后冷战时代规则束缚的欧洲国家一个教训。"（第 105 页）美国当局认为，在美国之外，有人对美国人所热衷的开放政策恨之入骨，除此之外，他们没有任何其他追求。因此，"9·11"袭击事件后，美国总统乔治·W.布什曾带修辞效果地问道："他们为什么憎恨我们？……他们憎恨我们的自由，包括我们的宗教信仰自由、我们的言论自由、我们的选举和集会自由，以及我们保持不同意见的自由。"（第 229 页）他坚持认为，美国是与恐怖主义而不是与激进的伊斯兰教反目，这掩盖了反抗产生的政治根源。

唐纳德·L.巴特利特（Bartlett, Donald L.）　詹姆斯·R.斯蒂尔（James R. Steele）：《美国：什么地方出错了？》（*America, What Went Wrong?*），堪萨斯州：安德鲁麦克米尔出版公司，1992 年。

巴特利特和斯蒂尔认为，自 20 世纪 80 年代以来，美国贫困地区的生活条件日趋下降："如果你和大多数工人一样，你将失去很多社会保障，这意味着你将承担所有的医疗费用。如果你是少数幸运儿之一，你将能享受种类繁多的社会保障并因此能恢复元气——即使不是你的健康至少也是你曾失去的金钱。"（第 127 页）全球经济正对各国包括美国在内的经济施加压力，"……现在这种做法已经风靡全球，即各公司和金融家挑拨各国关系，然后坐取渔翁之利，例如利用一国的税收制度来削减另一国税收制度对其财产的压力"（第 89 页）。

由于美国经济放松管制，已减少了 20 万个就业机会。但这并不是已经陷入的唯一灾难——中产阶级的工资正在下降，同时诸多不安全因素不断增加。首先，医疗保健费用已经压在个人头上："随着美国经济逐步将医疗保健费用的负担转嫁到工人身上，为员工缴纳全额医疗保险的公司数量正逐步减少。"（第 124 页）受挤压最大的是中产阶级："他们还未贫穷到有获得州政府或联邦政府医疗援助方案的资格，但他们也没有富裕到能够完全负担得起个人医疗保健的费用。所以他们什么都没有——最终只能列入约 4000 万没有医疗保险的美国人的行列。这一数字尚未包括更多的数以百万计的享有不完全保险的人。"（第 125 页）

219　作者采访了一些曾经历过 1980—1989 年工资下降的人。例如，克里斯蒂娜夫人（Mrs. Christina）就曾对作者说："你不可能依靠工作所支付的薪金来生活。"（第 210 页）

养老保险制度的实施情况也是每况愈下。这是因为"根据联邦法律规定，如果公司能提供证据证明有足够的财力来支付员工养老保险，那么公司就有权力挪用其养老保险基金"（第 162 页）。此外，美国的工人阶层由越来越多的兼职人员组成，他们根本不能领取退休金或医疗保险。"由于兼职人员很少能获得全额的附加福利，如健康保险和养老保险等，因此他们的人数正迅猛增长。公司也喜欢雇佣兼职人员，因为这样能够降低公司经营成本。沃尔玛——现在全国最大的零售商，其中40%的工人都是兼职。而在凯马特公司，兼职人员数量已占工人总数的47%。在西尔斯罗巴克公司，这一比例是55%。"（第127页）

所有这一切都成为可能，因为强而有力的游说能有效地使政客无视全球化人群所关注的焦点问题："在华盛顿有多达11000个组织正在游说国会，正如一句老话：成功的游说是通过他们所阻止的法律而不是获得通过的法律来测量的。"（第190页）

乔姆斯基·诺姆（Chomsky, Noam）：《霸权或者生存：美国谋求的全球主导地位》（*Hegemony or Survival: America's Quest For Global Dominance*），纽约：国际都市图书公司，2003年。

乔姆斯基认为，"9·11"事件后，美国开始实施通过武力威胁和使用武力来维持其世界霸主地位的政策。由于现在的军事力量是美国至高无上统治权的一个方面，美国甚至可以绕过国际法来规范国与国之间的行为。"帝国的伟大战略确保了美国有权随心所欲发动所谓'预防性战争'。"在乔姆斯基看来，此类所谓预防性的攻击实际上是战争犯罪。（第12页）

预防性战争的目标必须有一定的特点："它必须是针对几乎毫无防备的国家"，"它必须是非常重要的，足以与所遇到的麻烦相媲美"，并且"采用一定的方法将之描绘为极端的罪恶和对人类生存的内在威胁"。（第17页）伊拉克完全具备以上三个特点。1991年，华盛顿认为，伊拉克军队在沙特阿拉伯边境沿线聚集。虽然这一假设没有得到来自华盛顿任何证据的支持，但仍成为1991年海湾战争的主要理由。2002年，美帝国发动了主要针对萨达姆·侯赛因的宣传攻势，将之与国际恐怖主义联系起来。此外，他们还争辩说，因为大规模杀伤性武器的存在，萨达姆对周边国家包括美国在内都构成了威胁。大规模宣传攻势开始才几周之后，约60%的美国人认为萨达姆·侯赛因是"美国的直接威胁"。（第18页）

乔姆斯基认为，伊拉克战争是为了确立美国在国际社会新规范的战略地位："随着这一伟大战略的正式宣布及实施，预防性战争的新规范需要找到它的最佳位置。美国现在发现它有可能面临更加困难的局面。有许多诱人的可能性，比如伊朗、叙利亚、安第斯地区以及其他一些地区等。"（第21—22页）乔姆斯基指出，由于美国奉行以赤裸裸的暴力为基础的战略，很多国家也不得不作出结论：他们也需要大规模杀伤性武器以遏制美国的进攻。（第37页）

展望未来，乔姆斯基认为，中国对军事化空间的拓展使美国极为震惊："1998年，

220

中国坚持以和平手段维护自身的军事防御空间，而华盛顿却坚决反对。从此，联合国裁军谈判会议陷入僵局，这使华盛顿疏远了很多盟国，并为他们的对抗创造了条件。"（第221页）为了有效打击敌人，布什宣布准备使用核武器作为打击手段。这样看来，未来前景并不乐观。但乔姆斯基认为，在民间社会仍有一些可能的发展以保护人权革命的果实："人们可以分辨出当下历史的两个发展轨迹：一个旨在对抗霸权主义，在一种疯狂学说的理论框架之下合理行事，因为霸权主义已经威胁到其生存；另一个则虔诚地相信'另一个世界的存在是可能的'，从而赋予世界社会论坛生命活力，挑战占统治地位的意识形态，并寻求具有建设性的思想、行动和机构的可选择性方案。"（第236页）

恩格尔哈特·汤姆（Engelhardt, Tom）：《**胜利文化的终结**》（*The End of Victory Culture*），纽约：基础图书出版公司，1995年。

221 　　恩格尔哈特认为，第二次世界大战期间，几乎每一个美国公民都理所当然地认为，美国的胜利是命中注定的。当1941年12月日本突袭美国珍珠港时，所有新闻媒体都加入了这样一场合唱：预见日本将在这场战争中失败，而且不仅仅是战争的失败，是一种彻头彻尾的失败。

　　"必胜的信念是美国人民的精神食粮。数百年来，必胜信念一直在美国文化中酝酿发展，并被随时调用解释类似事件，上至总统下到普通市民，对这一文化的呼唤似乎已成为仅次于本能的反应。"（第4页）

　　据恩格尔哈特看来，随着冷战的出现，这场以胜利为导向的战争文化开始发生改变，因为实际情况已不符合拓疆者驱赶印第安人的故事。在20世纪50年代长大的小孩是受美国必胜信念哺育的最后一代。"关于伏击和屠杀的情景、关于敌人的野蛮和我们的文明、关于他们的欺骗和我们的报复，这些叙述对我们所宣扬的胜利文化至关重要，它们一直是20世纪50年代儿童童年生活的基础。"（第9页）

　　然而，恩格尔哈特注意到，男孩子们通常没有考虑过有关美国和苏联之间的暴力场景，却从过去占主导地位的战争文化中寻找例证。（第9页）在冷战的时代背景下，美国主导的战争存在一个悖论，即如果通过核武器来一决胜负，那么这场战争将没有赢家："不存在全面胜利的可能性，没有作为铺路石的战争故事，'自由'也将失去其稳定性与可靠性。"（第9页）这是"对必胜感到绝望"的时期。

　　因此，恩格尔哈特在书中断言，冷战结束了美国战争的神话，即美国人根深蒂固的必胜信念，并得出结论："1945—1975年间，胜利文化将在美国终结。"

　　这本书还将胜利文化的分解追踪到造成一代人的损失和社会理想幻灭的越南战争，这是大家有目共睹的胜利文化的墓地。（第10页）美国英雄的所有美德都被扭曲："在这里，有关战争神话中的各种编码错综复杂，角色也已重新分配，必然性也已被消解，而

且已开辟的新的潜在空间也最终证明是恐吓，而非解放。"（第 15 页）

恩格尔哈特认为，他并不确定没有敌人的美国这一想法是否切合实际："是否存在一个想象中的'美国'，它没有敌人，没有关于屠杀和胜利的故事？美国人是否会告诉他们自己，告诉整个世界这样一个新故事：他们只是做到一名公民或自己应尽的本分？然而，直到目前为止，有关民族、性别、宗教和种族的战争碎片，已上升至填补胜利文化的空白。"（第 15 页）

约翰逊·查默斯（Johnson, Chalmers）：《帝国的烦恼》（*The Sorrows of Empire*），**纽约：亨利霍尔特出版社，2004 年。**

冷战后，美国外交关系经历了一场变革，外交政策的实施已经稳步且确定无疑地从平民手中转移至军队："在这一时期的开始阶段，外交政策的实施很大程度上仍是由平民操作的，由涉足外交领域的男男女女具体执行，并且习惯于以国家法的名义捍卫美国行为的正当性。"一般来说，外交政策要想保持平衡，就需要赞成对武装部队及其使用权进行恰当的宪法限制。直到 2002 年，这一切才发生了变化。美国不再有"外交政策"；相反，它开始拥有一个"军事帝国"。（第 22 页）在属于苏联势力范围的中亚，美帝国选择了通过建设"永久性的海军基地、军用机场、军队驻军和间谍监听站，以及在全球每块大陆建设战略飞地"的方式，实现帝国主义的全面扩张。（第 23 页）美帝国主要由大量的军事基地组成，这些军事基地与五角大楼关系密切却不受任何平民因素的干扰。（第 23 页）

帝国的任务：（1）保持军事优势，包括对世界各地的大规模监控。拓展基本体系，并充当国际警察的角色；（2）试图控制石油资源；（3）当美军士兵在海外征战时，确保其家人生活无虞；（4）为军事工业综合体提供工作场地。（第 151—152、167 页）

结论："正如我已表明的那样，多年以来，美国正一直缓慢走向帝国主义和军国主义。我们的领袖一直在掩饰他们正在迈向的方向，通过'唯一的超级大国'、'不可或缺的国家'、'不情愿的治安警长'、'人道主义的干预措施'以及'全球化'等类似的委婉说法来掩盖其外交政策的实质。"（第 283—284 页）当乔治·W. 布什就任美国总统以后，美国的一些政策让人想起了罗马帝国。"对美国来说，主要吸取的教训应该是罗马共和国是如何演变成罗马帝国的。在这一过程中，罗马共和国因为两个执政官（行政首长）而摧毁其选举制度，罗马参议院的无能也显露无遗，同时也永远结束了有共和国生命的心脏之称的、偶尔流行的集会和合法的公民议会，并最终迎来了永久性的军事独裁统治。"（第 15 页）

此外，如果按照目前的趋势继续发展下去，那么极有可能发生以下四种情况：（1）作为帝国战争反应的恐怖主义发生的几率将增加。为了遏制美国的攻击，一些小国将寻求获得核武器。(2) 美国民主和人权的丧失:"总统将完全掩盖国会的权限,国会本身也从政府的'行政机关'逐步演变成类似'五角大楼化的总统'。(3) 真相将被日益强大的宣传攻势取而代之,并受到操纵和误导。它们将努力使美国人民相信被美化了的战争及其'军团'的强大力量。(4) 由于军队的经济压力,经济破产在所难免。这将损害美国的医疗、安全和教育体系。"(第 285 页)

查尔斯·A. 库普钱(Kupchan, Charles A.):《美国时代的结束》(*The End of the American Era*),纽约:古典书局,**2002 年。**

库普钱的著作着重分析世界体系从单极向多极发展的过渡期,以及作为区域和世界强权的欧盟现象:"根据此书所描绘的世界地图,全球体系中具有决定性意义的因素在于权力的分配,而不是民主、文化与全球化。"(第 28 页)作者认为现实主义理论为单极世界稳定性的原因提供了一种有效解释,但在 20 世纪 90 年代,美国缺乏一种宏伟战略,从而错过了制定国际社会新秩序的最佳时机。而美国在 2001 年以后采取的宏伟战略也只能使事情变得更为糟糕:"从柏林墙的倒塌直到 2001 年 9 月 11 日,美国没有任何宏伟战略或规划来指导国家的发展。而自'9·11'事件后,美国开始制定自己'以卓越权威和优先购买权为基础'的宏伟战略,但这一战略主要在世界偏远地区和对美国妥协退让并与美国保持伙伴关系的国家取得了成功。可以说,这是一种通过反常行为而得到证实的权力大漂泊。"(第 12 页)"宏伟战略可以确定地缘政治的断层线,并指出潜在的全球力量将在何处以何种方式出现并相互攻击、制造分歧,最终导致重大战争的爆发。"(第 26 页)

美国将开始削弱其在国际社会的权力,主要原因有二:替代性权力中心的出现对美国的霸主地位形成挑战,并且美国可能疲于承担全球霸权带来的各种负担。(第 29 页)同时,"最近发生的诸多改变使人们乐观地认为:相对于封闭的时代,开放的时代将带来更少血腥和暴力。而各国也将不再出台相同的激励机制以鼓励掠夺性征服"(第 34 页)。

库普钱对于欧洲作为世界一极的出现及其与美国的未来关系做了更多分析。他认为,过去美国和欧洲被认为是世界的单级力量,这是恰当的;但冷战结束后,随着欧洲的日渐融合,这一单级力量也一分为二:"北美和欧洲有可能在地位、财富和权力上一争高下,这一直是并将继续是人类经验中非常重要的一部分。"(第 120 页)库普钱列出了可能会引发两者争端的一系列问题:(1) 中东政策,特别是有关伊朗、伊拉克及阿拉伯—以色列和平进程的政策问题;(2) 导弹防御系统。布什已明确表示,他将在其任期内继续发展这一项目;(3) 贸易和金融领域的竞争;(4) 以国家为中心的经济主义(欧洲)与自由放任的资本主义(美国)之间的矛盾;(5) 在关键组织机构中的投票权,如

224

国际货币基金组织、世界银行、世贸组织以及联合国等；(6) 国际刑事法院。(第 156—158 页)

"如果推行正确的政治和政策，那么美国也许能够和平地从单极世界过渡到多极世界，从而确保在美国的监管下实现世界的稳定和繁荣，这一点的重要性将超越美国的首要地位。"(第 247 页)

安东尼·内格里（Negri, Antonio）、**迈克尔·哈特**（Michael Hardt）：**《帝国》**（*Empire*），**剑桥、马萨诸塞州和伦敦：哈佛大学出版社，2000 年。**

两位作者从历史唯物主义的立场探讨帝国的相关问题。他们的主要论点是：新帝国将是全球性的，并不是像英国、美国一样仅局限于一个国家实体内。他们认为，促进向全球性帝国转变的主要因素有：(1) 随着现代化项目的推进，旧帝国秩序不断被侵蚀；(2) 全球性资本主义市场的出现；(3) 对国家—民族的侵蚀；(4) 从现代社会向后现代社会的转变。

(1) 紧随第三世界反帝斗争的是导致新资产阶级诞生的现代化话语，这一新兴的资产阶级将反帝斗争和现代化联合起来，成为正在形成的全球经济秩序的一部分："从甘地和胡志明一直到纳尔逊·曼德拉的反帝斗争，终被证明是一种荒谬的把戏。"(第 133 页)   225

(2) 世界资产阶级可以为了共同的目标和是非观念团结合作。

(3) 在 (1) 和 (2) 之后，国家主权遭到破坏并转化为帝国主权。人们都有一种普遍的是非观念，并要以此为依据，使得任何战争都像内部战争一样合法化。全球帝国功能的正常发挥是通过协商形成共识的方式实现的。新帝国的存在不能全部归因于美国："美国没有且世上确实没有任何民族国家能够在今天形成帝国主义的中心。帝国主义是全方位的，没有任何一个国家可以像现代欧洲国家一样，成为世界的领袖。在新帝国中，美国确实占据特权地位，但这种特权不是来自于美国与欧洲古老帝国主义列强的相似之处，却恰恰源自两者的差异。"(第 xiv 页)

(4) (1, 2, 3) 之后，标榜分歧、分裂和破坏的世界市场思想开始具有后现代主义的色彩："贸易带来各种各样的差异，并且多多益善。(商品、人口、文化等) 差异在当今世界市场上似乎具有无限生命力。"(第 150 页)

(1, 2, 3, 4 = 共识)。随着向全球性帝国的过渡，一种新的权利形式已经出现。当然，这不是帝国主义强国所具有的特权，而是由世界各国的共识合法化形成的全球性权威。20 世纪末"正义战争"概念的重新出现，标志着世界范围内帝国的形成。现在进行的局部战争，看起来更像是帝国内部的警务行动。(第 12—13 页)

评论：这种思路是对接受帝国主义经济学的人们实际需求的抽象概述。从这个意义上说，这就是一种准法西斯主义的思路。此外，作者也刻意忽略了美国是大多数军事干预行动的幕后推手的事实。"9·11"事件、伊拉克战争和阿富汗战争及各种反应，都是对他们2001年之前和2003年出版的论文的驳斥。

威廉·E.奥多姆（Odom，William E.）、**罗伯特·杜加里克**（Robert Dujarric）：《**美国无意成为帝国**》（*America's Inadvertent Empire*），**纽黑文和伦敦：耶鲁大学出版社，2004年。**

226　　杜加里克和奥多姆认为，美帝国的出现形成了一种史无前例的帝国新形式。使用帝国和君主国这样的字眼来描述美国，很容易将美国与其他帝国混淆，因为这些字眼传达的是等级社会的权力观念，有从属地位和主导地位之分，而这实际上恰恰是美帝国所缺少的，或者说只有非常稀少、散乱的痕迹。两位作者进一步讨论并认为，美国的世界霸权实际上对世界各地的很多人都大有裨益："例如，美国科学和大学的优势所带来的益处实际是广泛共享的，正如美国的军事霸权和进入美国市场的外资所产生的利益也是广泛共享的。"（第4页）（1）是一种意识形态的帝国，而不是领土上的帝国；（2）是一个创造财富的帝国，而不是挥霍财富的帝国；（3）各个国家都将参与帝国建设，而不是制衡帝国的发展。（第40页）

　　作者承认不同文明之间存在冲突："非西方文化的国家集团如伊斯兰教和儒家，常常对自由机构深怀敌意"（第43—44页），但西方文化却不能推翻它们。

　　作者得出结论说，美帝国可能将在很长一段时间内存在，因为它有令人难以置信的实力的支撑，"特别的制度安排对美帝国的稳定作出了极大贡献，尤其是美帝国经济体制的性质，大学、精英和大众媒体以及文化的某些方面"（第205页）。因此，作者作出总结，认为美国现在并没有面临世界上任何一个可确认的威胁。（第206页）

　　杜加里克和奥多姆能想出的唯一威胁是："如果美国领导人在思想和行动方面变得更加孤立，那么将失去帝国。"因此，如果2003年伊拉克战争能够普及美帝国的规范，那么它是合情合理的："如果那场战争的最终结果能对美帝国的规范起到建设性作用，那么总统的单方面行动则是合情合理的。"（第207页）

　　两位作者也为美帝国提供了一些建议性战略：（1）维护美国的自由主义机构，因为它们能增进人民对政府的信任，并有利于经济的发展。（2）提高美国的军事实力："只要美国经济仍然是健康发展的，美国就能轻而易举地支付维持美军全球霸权所需的费用。"（第217页）（3）培育一些自由主义机构，并考虑与帝国利益相关的盟友的利益。（4）"重新思考如何在尚未实现自由、民主的国家推动民主进程。"（第217页）"这些国家的军事存在已持续几十年之久，紧随其后，必然要经历一段时间的美国直接军事统治时期，227　这是推进民主的唯一出路，并且我们有理由相信，自由制度将在这些国家生根发芽。"

（第 217 页）换言之，自由体制的建立必须依靠美帝国的军事力量。（5）美国政府应该承担帝国所应承担的责任。他们不应该只为美国利益服务，同时也应该为世界各地的大量盟国利益服务。（第 217 页）

齐亚乌丁·萨达尔（Sardar, Ziauddin）、玛丽·怀恩·戴维斯（Merry Wyn Davies）:《人们为什么痛恨美国?》(*Why do People Hate America?*), 剑桥: 图标书籍，2002 年。

两位作者认为，人们痛恨美国的原因体现在经济、政治和文化方面。而产生仇恨的核心原因是，美国试图将他国文化转化成"正确"的文化:"他们所谓的理论总是'我们的价值观'——所谓正义、民主、人权、自由、公民关怀、同情、决心、责任以及西方文明的所有伟大美德等，并且被置于全球性的高度。"（第 106 页）双重标准的存在，也是产生仇恨的一个主要原因。

经济:世界各地很多人都仇恨美国，因为美国控制了很多重要机构的政策，如国际货币基金组织、世界银行和世贸组织等。通过 20 世纪 80 年代的结构调整方案，这些机构对全世界的穷人具有很大权力。（第 71—72 页）作者认为，国际货币基金组织一直致力于国家私有化、自由化和裁员政策，并在大多数国家经济领域内让渡外来所有权。（第 74—75 页）1982 年和 1983 年，在将教育、工作、医疗保健、适当营养和国家发展定义为人权的议程中，美国是唯一投反对票的国家。1996 年联合国主办的世界粮食首脑会议上，美国参加了有关"人人有权获得安全和营养食物"的讨论，并肯定它。（第 70 页）美国"已在重塑全球经济结构，其目的是永久地丰富自身，并减少非西方社会的赤贫"（第 195 页）。

政治:为了证明人们仇恨美国的政治起源，萨达尔和戴维斯列出了自 1890 年美国所参与的一系列军事干预行动。（第 92—101 页）

文化:两位作者认为，美国正在通过大肆扩张其产品——包括有形产品和无形产品，来缩减世界上除美国人之外的每个人的文化空间。

228

双重标准也导致了对美国的诸多不满:"虽然它（美国）在向世界各地人民兜售其民主和多样性的价值观，但实际上隐藏在其行为深处的是深刻的不民主，它不能容忍任何国家对其行为提出反对意见，更无法容忍任何国家不走华盛顿为它们选择的道路。"（第 114 页）

结论:人们对美国的仇恨有更深的根源;它存在于"对其他充分自主和自由的社会和文化施加压力，使之无能，并希望它们最终按照美国的意志生活"（第 195 页）。五角大楼和世界贸易中心的目标一致并非巧合:"它们的选择关系到人们仇恨美国的原因。世界贸易中心——这一当前世界上最高的摩天大楼，在全球化经济秩序形成过程中象征了

全球化经济。五角大楼则是人类历史上最强大国家的军事指挥中心。"（第 57 页）

维达尔·戈尔（Vidal, Gore）：《**永久的战争是为了实现永久的和平**》（*Perpetual War for Perpetual Peace*），**纽约：雷霆之口出版社 / 民族图书出版社，2002 年。**

维达尔介绍了在联邦政府治下，许多人反感政府对人身自由的侵犯："根据 1995 年 11 月美国有线电视新闻网所做的民意测验，55% 的人认为联邦政府已变得如此强大以至于能够威胁到普通公民的权利。"（第 14 页）"1990—1996 年间，处于联邦政府电子监控之下的人们的数量从每年的 800 万增至每年 3000 多万。"

维达尔讲述了 1995 年蒂莫西·麦克维（Timothy McVeigh）如何产生轰炸俄克拉荷马城联邦大楼的想法。很多和蒂莫西·麦克维观点相同的人都对联邦政府有诸多不满，因为它对全球化运动无所作为，并对 20 世纪 90 年代出现的大量兼并现象也无动于衷。这一过程往往意味着集权化以及美国农村地区被吞并。这肯定导致了人们的仇恨。维达尔写道："在红宝石岭和韦科，政府的受害者们包括蒂莫西·麦克维——他本来可能在俄克拉荷马城展开大规模屠杀——都坚信，美国政府是他们不共戴天的敌人，而且他们只有隐藏在荒山野岭或者加入一个以救世主义的人物为核心的公社组织中才能保全自己。"（第 60 页）对于美国农业的集中化、规模化经营，政府已有一个总体规划。在这一过程中，小规模的农场主被淘汰。维达尔引用 1964 年农业发展计划中的话说道："早在 1964 年，像皮尔斯伯里、雨燕卫星、通用食品公司以及金宝汤等行业巨头将告知国会议员们说，农业所面临的最大问题是农民的数量过于庞大。"（第 62 页）

麦克维是经历 1991 年第一次海湾战争的老将，在这次战争中，他看清了政府告诉他的很多事情都是虚假的、不真实的："媒体将萨达姆和阿拉伯人妖魔化，其程度如此夸张以至于当麦克维到达伊拉克，他竟吃惊地发现伊拉克人原来是像你我一样的正常人。"（第 79 页）"是战争令我醒悟。我们已经见到了那些饥饿的孩子们，有时还有成年人出现在我们面前乞讨食物。这样的场景的确令人情绪激动。他们就像徘徊在桌边乞食的小狗，甚至情况更加糟糕。我们越早离开这里越好。在越南，我甚至可以看到小孩杀掉美国军人的惨剧。"（第 80 页）1993 年韦科被封锁时，麦克维加入了抗议游行，希望美国联邦调查局解除封锁。他亲眼看到了韦科社区被拆除——这是政府实施的暴行。（第 88 页）也正是这一行为，使得麦克维想报复联邦政府，于是 1995 年他制造了俄克拉荷马城联邦大楼的爆炸案。

维达尔在"9·11"事件后惊讶地发现，"尽管自 1950 年以来，我们在'国防'事务（这是一种委婉的称呼）上花费了大约七万亿美元，美国联邦调查局或中央情报局或国防情报局的提前预警机制竟丝毫没有得到改进"（第 3 页）。而据维达尔看来，本·拉登已经注意到美国在阿拉伯世界和其他地区继续推行其并不友善的行为方式。因此，美国必须为此受到惩罚。（第 15 页）

参 考 文 献

第一、第二部分参考文献

Amin, Samir, *Beyond US Hegemony*? (London: ZED,2006).

Archer, Jules, *The Plot to Seize the White House* (New York: Hawthorn Books,1973).

Bacevich, Andrew J., *American Empire* (London and Cambridge MA: Harvard University Press,2002).

Bartlett, Donald L., and James R. Steele, *America, What Went Wrong*? (Kansas: Andrews and McMeel,1992).

Bello, Walden, "The Economics of Empire", *International Movement for a Just World*, May 2004.

Blum, William, *Freeing the World to Death* (Monroe, Maine: Common Courage Press,2005).

Blum, William, *Rogue State, A Guide to the World's Only Superpower* (Monroe, Maine: Common Courage Press,2000).

Brendon, Piers, *The Decline and Fall of the British Empire 1781-1997* (New York: Knopf,2008).

Brenner, Robert, *The Boom and the Bubble: The US in the World Economy* (London: Verso,2002).

Brzezinski, Zbigniew, *Second Chance: Three Presidents and the Crisis of American Superpower* (New York: Basic Books,2007).

Brzezinski, Zbigniew, *The Grand Chessboard: American Primacy and Its Geostrategic Imperatives* (New York: Basic Books,1997).

Che Guevara, Ernesto, *Reminiscences of the Cuban Revolutionary War* (London: Harper,2009).

Chomsky, Noam, *Hegemony or Survival: America's Quest For Global Dominance* (New

York: Metropolitan Books,2003）．

Chua, Amu, *Day of Empire: How Hyperpowers Rise to Global Dominance-and Why They Fall* (New York: Doubleday,2008）．

Cole, Beth Ellen, Richard Roane and Edith B. Wilkie, *A Force for Peace and Security: US and Allied Commanders'Views of the Military's Role in Peace Operations* (Washington, DC: Peace Through Law Education Fund,2002）．

Congressional Records and The Library of Congress Congressional Research Service, with 133 *American military interventions* during 111 years, from 1890-2001.

Cox, Michael,"September 11th an U.S. World Hegemony-Or Will the 21st Century be American too?", *International Studies Perspectives*, Number 3, pp.53-70, 2002.

Dalrymple, William, *The Last Mughal: The Fall of a Dynasty Delhi 1857* (New York: Knopf,2007）．

Dirks, Nicholas B., *The Scandal of Empire: India and the Creation of Imperial Britain* (Cambridge MA: Harvard University Press,2007）．

Dubois, Jean-Pierre,"Citizenship and Human Rights - About the European Union's Charter of Fundamental Rights", *Lecture in the Cicero Foundation Great Debate seminar* "The French Presidency and the Treaty of Nice – EU Reforms or European Vanguard?", Paris,16-17 November 2000.

Engdahl, William,"War and'Peak Oil'", *Global Research*,26 September 2007.

Engelhardt, Tom, *The End of Victory Culture* (New York: Basic Books,1995）．

Frank, Andre Gunder, *ReORIENT* (Berkeley: University of California Press,1998）．

Galtung, Johan, *A Theory of Development* (TRANSCEND University Press, www.transcend.org/tup, Volume 8, 2009, forthcoming）．

Galtung, Johan, and Graeme MacQueen, *Globalizing God: Religion, Spirituality and Peace* (TRANSCEND University Press, www.transcend.org/tup, Volume 4, 2008）．

Galtung, Johan,*50 Years:25 Intellectual Landscapes Explored* (TRANSCEND University Press, www.transcend.org/tup, Volume 3, 2008）．

Galtung, Johan, and Paul D. Scott, *Democracy · Peace · Development* (TRANSCEND University Press, www.transcend.org/tup, Volume 2, 2008）．

Galtung, Johan,*50 Years:100 Conflict & Peace Perspectives* (TRANSCEND University Press, www.transcend.org/tup, Volume 1, 2008）．

Galtung, Johan, *Pax Pacifica* (London: Pluto; Boulder Colorado: Paradigm Press,2005）．

Galtung, Johan,"On the Social Cost of Modernization: Social Disintegration, Atomie,

Anomie and Social Development", in: Sohail Inayatullah (Ed.) *The Causal Layered Analysis (CLA) Reader* (Taipei: Tamkang Univ. Press,2004), pp.84-118.

Galtung, Johan, and Richard Vincent, *U.S. Glasnost: Missing Political Themes in U.S. Media Discourse* (Cresskill, New Jersey: Hampton,2004).

Galtung, Johan, and Håkan Wiberg (Eds.), *Democracy Works: People, Experts and the Future*. Special Issue of Futures, Vol.35, No.2, March 2003.

Galtung, Johan, *Peace by Peaceful Means* (London: Sage,1996).

Galtung, Johan, *Human Rights in Another Key* (Cambridge: Polity Press,1994).

Galtung, Johan, *Transarmament and the Cold War: Essays in Peace Research Volume VI* (Copenhagen: Ejlers,1988).

Galtung, Johan, *United States Foreign Policy as Manifest Theology* (San Diego: University of California,1987).

Galtung, Johan, *Hitlerisme, stalinisme, reaganisme. Tre variasjoner over et tema av Orwell* (Hitlerism, Stalinism, Reaganism. Three Variations on a Theme by Orwell), in Norwegian (Oslo: Gyldendal,1984), also in German & Spanish.

Galtung, Johan, Dag Poleszynski and Erik Rudeng, *Norge foran 1980-årene* (in Norwegian: Norway facing the 1980s) (Oslo: Gyldendal,1980).

Galtung, Johan, *The True Worlds* (New York: Free Press-Macmillan,1980).

Galtung, Johan,"A Structural Theory of Imperialism", *Journal of Peace Research*, Volume 8, Number 2, 1971, pp.81-117.

George, Susan,"The Corporate Utopian Dream", *The WTO and the Global War System* (Seattle,1999).

Gilligan, Carol, *In a Different Voice* (Cambridge, Massachusetts: Harvard University Press,1982).

Grossman, Zoltan,"From Wounded Knee to Iraq: A Century of US Military Interventions", in Carolyn Baker, *U.S. History Uncensured: What Your High School Textbook Didn't Tell You* (Lincoln, Nebraska: IUniverse,2006; see also http://academic.evergreen.edu/g/grossmaz/interventions.html).

Haas, Michael, *George W. Bush, War Criminal? The Bush Administration's 269 War Crimes* (Westport, Connecticut: Praeger,2009).

Hayes, Peters, Lyubza Zarsky and Walden Bello, *American Lake: Nuclear Peril in the Pacific* (London: Penguin,1986, 1987).

Hofstadter Richard, *Great Issues in American History* (New York: Vintage,1969).

Information Office of the State Council of the People's Republic of China, *Human Rights Record of the United States* (Beijing,2005, 2006, 2007, 2008).

Johnson, Chalmers, *The Sorrows of Empire* (New York: Holt,2004).

Kapuscinski, Ryszard, *Imperiet* (Stockholm: Albert Bonniers Forlag,2007).

Kende, István,"Kriege nach 1945- Eine empirische Untersuchung" (in German: Wars After 1945- An Empirical Investigation), *Mililitärpolitik Dokumentation, Volume* VI. No.27, Jg.1982.

Kinzer, Stephen, *All the Shah's Men: An American Coup and the Roots of the Middle East Terror* (New York: Wiley,2007).

Kohn, George F., *Dictionary of Wars* (Garden City, New Jersey: Anchor,1987).

Kundera, Milan, *Identity* (London: Faber & Faber,1996).

Kupchan, Charles A., *The End of the American Era* (New York: Vintage Books,2002).

Lewis, William Roger, *The Scramble for Empire, Suez and Decolonization* (London and New York: I. B. Tauris,2007).

Little, Reginald, *A Confucian-Daoist Millennium* (Ballan, Victoria, Australia: Connorcourt,2006).

Luce, Henry,"The American Century", *Life Magazine*,1941.

Lundestad, Geir, *The United States and Western Europe since 1945- From" Empire" by Invitation to Transatlantic Drift* (Oxford: Oxford University Press,2003).

Mackinder, Halford John,"The Geographical Pivot of History", *The Royal Geographical Society*,1904.

Magdoff, Harry, *The Age of Imperialism* (New York: Modern Reader,1969).

Mandelbaum, *Michael, The Case for Goliath: How America Acts as the World's Government in the 21st Century* (New York: Public Affairs,2006).

Matyók, Tom, *Constructing Counter-Narrative:A Key to Challenging Neo-Slavery in the De-nationalized World of Globalization-the Shipping Industry and the Case of the M/V Aglos Minas*, on www.transcend.org/tri,2009.

Mazower, Mark, *Hitler's Empire: How the Nazis Ruled Europe* (New York: Penguin,2008).

Menzies, Gavin,*1421* (New York: Harper,2008).

Mjöset, Lars,"The Turn of Two Centuries: A Comparison of British and U.S. Hegemonies", Chapter 2 in David P. Rapkin (Ed.), *World Leadership and Hegemony* (Boulder, Colorado, and London: Lynne Rienner,1990).

Muzaffar, Chandra,"The Dollar's Reign Coming to an End", in *Just Commentary*, Volume 8, Number 7, 2008.

Negri, Antonio, and Michael Hardt, *Empire* (Cambridge, MA, and London: Harvard University Press,2000).

Odom, William E., and Robert Dujarric, *America's Inadvertent Empire* (New Haven and London: Yale Univ. Press,2004).

Ornauer, Helmut, Håkan Wiberg, Andrzej Sicinski and Johan Galtung (Eds.), *Images of the World in the Year 2000: A Comparative Ten Nation Study* (Atlantic Highlands, New Jersey: Humanities Press; The Hague: Mouton,1976).

Paxman, Jeremy, *The English, A Portrait of a People* (New York: The Overlook Press,2000).

Perkins, John, *Confessions of an Economic Hitman* (San Francisco, California: Berrett-Koehler,2004).

Rapkin, David P., (Ed.), *World Leadership and Hegemony* (Boulder, Colorado, and London: Lynne Rienner,1990).

Rheingold, Howard, *Smart Mobs* (Cambridge, Massachusetts: Perseus,2003).

Roth Philip, *The Plot Against America* (New York: Vintage International, a Division of Random House,2007).

Santa Barbara, Jack, Fred Dubee and Johan Galtung, *Peace Business: Humans and Nature Over Markets and Capital* (TRANSCEND University Press, www.transcend.org/tup, Volume 5, 2008).

Sardar, Ziauddin, and Merry Wyn Davies, *Why do People Hate America?* (Cambridge: Icon Books,2002).

Shafarman, Steven, *Peaceful, Positive Revolution-Economic Security for Every American* (Aurora, Colorado: Tendril,2008).

Shiller, Robert J., *Irrational Exuberance* (Princeton: Princeton University Press,2000).

Todd, Emmanuel, *After the Empire* (New York: Columbia University Press,2002).

UNICEF, *Child Poverty in Perspective: An Overview of Child Well-Being in Rich Countries* (Florence: UNICEF Innocenti Research Centre, Innocenti Report Card 7, 2007).

US State Department, *Country Reports on Human Rights Practices* (Washington, DC: US State Department, annually).

Vanhanen, Tatu,"Index of Democratization", in George Thomas Kurian (Ed.), *The New Book of World Rankings* (New York: Facts on File,1984).

Vidal, Gore, *Perpetual War for Perpetual Peace* (New York: Thunder's Mouth Press/Nation Books,2002) .

Vidal, Gore, *The Golden Age* (New York: Doubleday,2000) .

Wallerstein, Immanuel (Ed.), *Review* (New York: Research Foundation of the State University of New York, Volume IV,1980) .

Woodward, Bob, *The War Within: A Secret White House History 2006-2008*. New York: Simon & Schuster,2008) .

Zakaria, Fareed, The *Post-American World* (New York: Norton,2008) .

第三部分参考文献

Abrahamowski, G.1966. *Das Geschichtsbild Max Webers: Universalgeschichte am Leitfaden des okzidentalen Rationalisierungsprozesses*. Stuttgart.

Anderson, P.1974. Passages *from Antiquity to Feudalism*. London.

Anderson, P.1974. *Lineages of the Absolutist State*. London.

Barraclough, G., Ed.1970. *Eastern and Western Europe in the Middle Ages*. London.

Bautier, Robert-Henri.1971. *The Economic Development in Medieval Europe*. London.

Baynes, Norman H.1958. *The Byzantine Empire*. London.

Beloch, K.J.1886. *Bevölkerungsgeschichte der griechisch-römischen Welt*. Leipzig.

Bernardi, A.1970."The Economic Problems of the Roman Empire at the Time of Its Decline." In C. Cipolla, Ed., *The Decline of Empires*, pp.16-83. London.

Bok, Sissela.1978. Lying: *Moral Choice in Public and Private Life*. New York.

Borkenau, Franz.1965."The Concept of Death." In Robert Fulton, Ed., *Death and Identity*. New York.

Bowersock, Glen, et al., eds.1977. *Edward Gibbon and the Decline of the Roman Empire*. Cambridge, Mass.

Britton, A.1977. *The Privatised World*. London.

Brown, Peter.1972. *Religion and Society in the Age of Saint Augustine*. London.

Bruun, Patrick.1975."Erovring och kontroll av periferi från centrum: Det romerske imperiet." In *Studier i historisk metode 10, Periferi og sentrum i historien*. Oslo.

Carcopino, J.1941. *Daily Life in Ancient Rome*. London.

Cartwright, Frederick.1972. *Disease and History*. London.

Chambers, Mortimer.1966."Crisis of the Third Century." In Lynn White, Jr., Ed., *The Transformation of the Roman World*, pp.30-58. Berkeley and Los Angeles.

Chanduri, K.N.1965. *The English East India Company: The Study of an Early Joint-Stock Company, 1600-1640*. London.

Cipolla, Carlo M., Ed.1970. *The Economic Decline of Empires*. London.

Cipolla, Carlo M.1976. Before *the Industrial Revolution: European Society and Economy,1000-1700*. London.

Collingwood, George.1936."Roman Britain." In Frank Tenney, Ed., *An Economic Survey of Ancient Rome*, Vol. III. Baltimore.

Collingwood, R.G., and Myers.1937. *Roman Britain and the English Settlement*. Oxford English History, Vol. I. Oxford.

Conolly, Violet.1974. *Siberia Today and Tomorrow: A Study of Economic Resources, Problems and Achievements*. London.

Dodds, E.R.1965. *Pagan and the Christian in an Age of Anxiety*. Cambridge.

Duby, Georges.1974. *The Early Growth of the European Economy: Warriors and Peasants from the Seventh to the Twelfth Centuries*. Trans. H.B. Clarke. Ithaca, N.Y.

Elgin, D.S., and R.A. Bushnell.1977."The Limits to Complexity: Are Bureaucracies Becoming Unmanageable?" *The Futurist*, va I. XI, No .6.

Elliot, J.H.1976. *Imperial Spain*,1469-1716. Harmondsworth.

Elvin, Hark.1973. *The Pattern of the Chinese Past*. London.

Finley, M.I., Ed.1968. *Slavery in Classical Antiquity*. New York.

Finley, M.I.1973. *The Ancient Economy*. London.

Forster, E.M.1924. *A Passage to India*. London.

Fowles, Kib.1976. Mass *Advertising as Social Forecast: A Method for Future Research*. Westport, Conn.

Freund, vi-H.C.1959."The Failure of Persecution in the Roman Empire." In *Past and Present*, No.16.

Frobel, Folker, Jürgen Heinrichs, and Otto Kreye.1977. *Die neue internationale Arbeitsteilung*. Hamburg.

Fuller, J.F.C.1970. The *Decisive Battles of the Western World*, Ed. John Terraine, Vol.1, London.

Galtung, Johan.1971."A Structural Theory of Imperialism." *Journal of Peace Research*, Vol.3, pp.81-117. Oslo.

Galtung, Johan.1973. *The European Community: A Superpower in the Making*. Allen & Unwin, London.

Galtung, Johan.1973."Japan and Future World Politics." *Journal of Peace Research,* Vol.10, pp.81-117. Oslo.

Galtung, Johan.1973."Limits to Growth and Class Consciousness." *Journal of Peace Research*, Vol.10, pp.101-114. Oslo.

Galtung, Johan.1975."Social Imperialism and Sub-Imperialism: Continuities in the Structural Theory of Imperialism." Paper No.22, Chair in Conflict and Peace Research, University of Oslo.

Galtung, Johan.1976."Alternative Lifestyles in Rich Countries." *Development Dialogue*, No.1, pp.83-98.

Galtung, Johan.1978."Military Formations and Social Formations: A Structural Analysis." Paper No.66, Chair in Conflict and Peace Research, University of Oslo.

Galtung, J., 1. Heiestad, and E. Rudeng.1979."On the Last 2500 Years of Western History." In the *New Cambridge Modern History, Companion Volume*, chap.13. Cambridge.

Garaudy, Roger.1977. *Pour un dialogue des civilisations: L'Occident est un accident.* Paris.

George, Susan.1977. *How the Other Half Dies.* London.

Gibbon, Edward.1901. *A History of the Decline and Fall of the Roman Empire,* Ed. J. Bury. London.

Goff, Jacques Le.1974."Mentalities: A New Field for Historians." *Social Science Information*, Vol.13, pp.81-97.

Goldsmith, Edward.1975."The Fall of the Roman Empire." *The Ecologist* (July), pp.196-206.

Grant, Michael.1971. *The Gladiators.* Harmondsworth.

Grant, Michael.1976. *The Fall of the Roman Empire.* Radnor, Pa.

Halecki, O.1951. *The Limits and Division of European History.* London.

Heiestad, Tore.1977."Nomad Migration in Eurasian History." Paper No.13, Chair in Conflict and Peace Research, University of Oslo.

Howard, Michael.1976. *War in European History*, pp.51-52. London.

Hyams, Edward.1952. *Soil and Civilization.* London.

Innis, H.A.1950. *Empire and Communication.* Oxford.

Innis, H.A.1951. *The Bias of Communication.* Toronto.

Jacoby, Henry.1969. *Die Bürokratisierung der Welt.* Neuwied and Berlin.

Jones, A.H.M.1952."The Economic Basis of the Athenian Democracy." In *Past and Pres-*

ent, Vol.1, pp.13-31. Also appearing in Jones, *Athenian Democracy*, pp.3-20. Oxford,1964.

Jones, A.H.M.1958."The Roman Colonate." In *Past and Present*, No.13. Also in M. I. Finley, Ed., *Studies in Ancient Society*, pp.238 ff.

Jones, A. H . M.1964."The Athens of Demosthenes." In *Athenian Democracy*, pp.23-38. Oxford.

Jones, A.H.M.1964. *The Later Roman Empire*. Oxford.

Jones, A.H.M.1968."Slavery in the Ancient World." In M.I. Finley, Ed., *Slavery in Classical Antiquity*. New York.

Jones, A.H.M.1970. *Augustus*. London.

Katz, Solomon.1955. *The Decline of Rome and the Rise of Medieval Europe*. Ithaca, N.Y.

Buchholz, Kirsten, Köllmann.1968. *Raum und Bevölkerung in der Weltgeschichte*. Würzburg.

Kohr, Leopold.1957. *The Breakdown of Nations*. London.

Laulan, Yves.1978."Of Machines and Men." *Newsweek*, 9 May.

Levenson, Joseph R.1967."Introduction." In J.R. Levenson, Ed., *European Expansion and the Counter-Example of Asia,1300-1600*. Englewood Cliffs, N.J.

Lichtheim, Miriam.1966."Autonomy versus Unity in the Christian East-" In Lynn White, Jr., Ed., *The Transformation of the Roman World*, pp.119-146. Berkeley and Los Angeles.

Luttwak, E.N.1977. *The Grand Strategy of the Roman Empire*. Johns Hopkins University Press.

Momigliano, A., Ed.1963. *The Conflict between Paganism and Christianity in the Fourth Century*. Oxford.

Momigliano, A.D.1969."Gibbon's Contribution to Historical Method." In *Studies in Historiography*, pp.40-55. London.

Mumford, Lewis.1961. *The City in History*. Harmondsworth.

Murray, Sir Gilbert.1935. *Five Stages of Greek Religion*. London.

Nairn, Tom.1977. *The Break-Up of Britain: Crisis and Neo-Nationalism*. London.

McNeill, William.1976. *Plagues and Peoples*. New York.

Nisbet, R.1975. *Twilight of Authority*. New York.

Nixon, Richard M.1971. *Weekly Compilation of Presidential Documents*, July 12, p.1039.

Ogilvie, R.M.1975. *Early Rome and the Etruscans*. London.

Packard, Vance.1960. *The Waste Makers*. New York.

Pirenne, Henri.1952. *Medieval Cities*. Princeton.

Pornian, Krzyztof.1976. "Les limites écologiques des civilisations." *Social Science Information*, Vol.15, no.1.

Pounds, Norman J.G.1973. *An Historical Geography of Europe, 450 B. C.-A. D.1330.* Cambridge.

Robinson, E.A.G.1960. *Economic Consequences of the Size of Nations.* London.

Rostovtzeff, M.1926. *Social and Economic History of the Roman Empire.* Oxford.

Rougemont, Denis de.1966. *The Idea of Europe.* New York and London.

Rudeng, Erik.1975. "Pattern of Western History: Unity in Diversity." Trends in Western Civilization Program, No.8, Chair in Conflict and Peace Research, University of Oslo, pp.54-56.

Russell, Jeffrey B.1966. "Celt and Teuton." In Lynn White, Jr., Ed., *The Transformation of the Roman World.* Berkeley and Los Angeles.

Russell, Josiah Cox.1958. "Late Ancient and Medieval Population." In *Transactions from the American Philosophical Society.* Philadelphia.

Sansom, George B.1950. *The Western World and Japan.* London.

Sansom, George B.1952. *Japan in World History.*-London.

Sansom, George B.1964. *History of Japan, 1615-1867.* London.

Sauvant, Karl P.1976. "Multinational Enterprises and the Transmission of Culture: The International Supply of Advertising Services and Business Education." *Journal of Peace Research*, Vol.13, pp.49-65. Oslo.

Sennett, R.1977. *The Fall of the Public Man.* Cambridge.

Sinar, D.1954. *Orientalism and History.* Cambridge.

Smith, Joseph C.1964. "The Theoretical Constructs of Western Contractual Law." In Northrop and Livingston, eds., *Cross- Cultural Understanding: Epistemology in Anthropology.* New York.

Stang, Håkon.1979. *Cinggis Han and the Role of a Legend: Rise of the Central Asian Idea of World Domination.* Papers, Chair in Conflict and Peace Research, University of Oslo. Oslo.

Stavrianos, L.S.1976. *The Promise of the Coming Dark Age.* San Francisco.

Stevens, C.S.1952. "Agriculture and Rural Life in the Later Roman Empire." In M.M. Postan and E. Rich, eds., *The Cambridge Economic History*, Vol.1, pp.89-117. Cambridge.

Stevenson, Adlai, III. 1978. In *Time*, 9 May. New York.

Thompson, E.A.1974. "Peasants Revolt in Late Roman Gaul and Spain." In M.I. Finley, Ed., *Studies in Ancient Society*, pp.304 ff. London and Boston.

Vilar, Pierre.1974."The Age of Don Quixote." In Peter Earle, Ed., *Essays in European Economic History,1500-1800*, pp.100-112. Oxford.

Vives, Jaime Vicens.1970."The Decline of Spain in the Seventeenth Century." In Carlo Cipolla, Ed., *The Economic Decline of Empires*, pp.121-167. London.

Vryonis, Speros, Jr.1966."Hellas Resurgent." In Lynn White, Jr., Ed., *The Transformation of the Roman World*, pp.92-118. Berkeley and Los Angeles.

Vogt, Joseph.1974. *Ancient Slavery and the Ideal of Man*. Oxford.

Wallbank, F.W.1952."Trade and Industry under the Later Roman Empire in the West," chap.2, in M.M. Post and E.E. Rich, eds., *The Cambridge Economic History*, Vol 2, *Trade and Industry in the Middle Ages*, pp.33-85. Cambridge.

Wallbank, F.W.1969. *The Awful Revolution: The Decline of the Roman Empire in the West*, Liverpool.

Wallerstein, Immanuel.1974. *The Modern World-System*. New York.

Weber, Max.1976."The Social Causes of the Decline of Ancient Civilizations." In *Agrarian Sociology of Ancient Civilizations*, pp.389-411. London.

Weizsäcker, C.F. von.1976. *Wege in der Gefahr*. Munich.

West. M.L.1971. *Early Greek Philosophy and the Orient*. Oxford.

White, Lynn, Jr., Ed.1966. *The Transformation of the Roman World: Gibbon's Problem after Two Centuries*. Berkeley and Los Angeles.

White, Lynn, Jr., 1966."Conclusion: The Temple of Jupiter Revisited." In White, Ed., *The Transformation of the Roman World*. Berkeley and Los Angeles.

Ziegler, Jean.1975. *Les vivants et la mort*. Paris.